AF554022

हिंदी कविता : अभी, बिल्कुल अभी

(आलोचना)

हिंदी कविता : अभी, बिल्कुल अभी

नंदकिशोर नवल

राजकमल प्रकाशन

ISBN : 978-81-267-2690-5

मूल्य : ₹995

पहला संस्करण : 2014
पहली आवृत्ति : 2023
This book is printed on **Print on Demand** Technology : 2026

प्रकाशक : राजकमल प्रकाशन प्रा. लि.
1-बी, नेताजी सुभाष मार्ग, दरियागंज
नई दिल्ली-110 002

शाखाएँ : अशोक राजपथ, साइंस कॉलेज के सामने, पटना-800 006
पहली मंजिल, दरबारी बिल्डिंग, महात्मा गांधी मार्ग, प्रयागराज-211 001
1, अनमोल सोराबजी संतुक लेन, धोबी तलाव, मरीन लाइंस, मुम्बई-400 002

वेबसाइट : www.rajkamalprakashan.com
ई-मेल : info@rajkamalprakashan.com

HINDI KAVITA : ABHI, BIKUL ABHI
Criticism by Nandkishore Nawal

राजेश जोशी, आलोकधन्वा,
ज्ञानेंद्रपति और अरुण कमल को
प्रीतिपूर्वक

भूमिका

साहित्य में कई धाराएँ एक साथ प्रवाहित होती हैं । कभी एक-दूसरे के समानांतर, कभी एक-दूसरे से मिलती-जुलती और कभी एक-दूसरे को काटती भी । कविता को देखें, तो अभी हिंदी में चार धाराएँ प्रवहमान हैं । पहली धारा उन कवियों की है, जो नई कविता से आए हैं । इस धारा की बृहत्त्रयी कुँवर नारायण, केदारनाथ सिंह और अशोक वाजपेयी को मिलाकर बनती है । दूसरी धारा में धूमिल की पीढ़ी के कवि आते हैं, जिनमें दो नाम प्रमुख हैं—लीलाधर जगूड़ी और चंद्रकांत देवताले । धूमिलोत्तर पीढ़ी में ढेर सारे कवि सक्रिय हैं । मैंने इसी पीढ़ी के चुने हुए कवियों को प्रस्तुत पुस्तक में विषय बनाया है । ये मेरे समकालीन हैं, जिनके साथ मैं उठा हूँ, दौड़ा हूँ और झगड़ा हूँ । इस पीढ़ी में और भी अनेक कवि हैं, यथा विजेंद्र, ॠतुराज, कुमार विकल और वेणु गोपाल । इनकी कविताओं पर भी मैं इस पुस्तक में विचार कर सकता था, लेकिन इनमें से कोई कवि मेरे मन पर पूरा नहीं चढ़े । इसके पीछे मेरी व्यक्तिगत रुचि भी हो सकती है, यद्यपि यथासंभव मैंने उसे अपने चुनाव पर हावी नहीं होने दिया है । स्वभावत: मैंने अपने पसंदीदा कवियों को ही लिया और उक्त कवियों को छोड़ दिया । मेरे समकालीन कवियों के बाद भी एक नई कवि-पीढ़ी वजूद में आ गई है, जिसमें कुमार अंबुज से लेकर राकेश रंजन-जैसे कवि हैं । ऐसे ही ग्यारह कवियों की कविताएँ अपनी टिप्पणी के साथ मैंने 'संधि-वेला' नामक संकलन में दी हैं ।

उपर्युक्त कथन के आलोक में इस पुस्तक का नाम 'हिंदी कविता : अभी, बिल्कुल अभी' रखना अतिव्याप्ति दोष से युक्त हो सकता है, लेकिन यह नाम मुझे इतना प्रिय रहा है कि बहुत दिनों से मैं इसे मन ही मन दुहराता रहा हूँ । स्पष्टत: इस नाम का उत्तरार्ध केदारजी के पहले कविता-संग्रह के नाम से लिया गया है, जो चुस्ती से भरा हुआ है । प्रो. देवेंद्रनाथ शर्मा के परामर्श से 'बिल्कुल'

में मैं पूरे 'ल' का प्रयोग करता हूँ, लेकिन केदारजी के सम्मान को ध्यान में रखकर पुस्तक के नाम में उनके द्वारा प्रयुक्त रूप ही रहने दिया है । निस्संदेह पुस्तक में आद्यंत 'बिलकुल' का ही प्रयोग किया गया है । इसमें कवियों को एक तो मैंने वय:क्रम से रखा है और दूसरे, उनके संग्रहों पर ही विचार किया है । अपवाद केवल आलोकधन्वा हैं, जिनकी एक ही पुस्तक प्रकाशित है । उनका चित्र यथासंभव पूरा हो सके, इसलिए एक लंबी चुप्पी के बाद उन्होंने पत्र-पत्रिकाओं में जो नई कविताएँ छपवाई हैं, उन्हें भी मैंने अपने विचार की सीमा में ले लिया है । प्रबुद्ध पाठक गौर करेंगे तो पाएँगे कि आलोकजी का लंबा मौन अपनी कविता को विकास के एक नए धरातल पर पहुँचाने की तैयारी थी ।

कुछ मित्रों ने जानना चाहा है कि मेरी यह पुस्तक क्या 'आधुनिक हिंदी कविता का इतिहास' का परिशिष्ट होगी ? उन्हें मैं यह याद दिलाऊँ कि रेने वेलेक ने लिखा है कि कवि की परीक्षा तीन कसौटियों पर की जानी चाहिए—कवि की व्यक्तिगत कसौटी, उसके युग की कसौटी और इतिहास की कसौटी । जिन कवियों को मैंने लिया है, वे अपनी कसौटी पर खरे उतरते हैं, क्योंकि उन्होंने अपनी रुचि से ही अपनी कविताएँ लिखी हैं । युग की कसौटी पर भी मैं उन्हें खरा उतरता हुआ पाता हूँ । यदि ऐसा न हुआ होता, तो उन पर मेरे विचार करने का कोई सवाल ही नहीं था । लेकिन इतिहास की कसौटी के बारे में मैं निश्चय-पूर्वक कुछ नहीं कह सकता, तथापि मेरा विश्वास है कि इन कवियों में से अनेक उस पर भी खरे उतरेंगे । चूँकि इतिहास की कसौटी पर उनकी कविता अभी नहीं चढ़ी, इसलिए मैं इस पुस्तक को अपने 'इतिहास' का परिशिष्ट नहीं कह सकता । ये कवि अभी भी लिख रहे हैं और इनका कवि-व्यक्तित्व एक हद तक अभी भी निर्माण की प्रक्रिया में है । मुझे इसका पूरा विश्वास है कि कई कवियों की कविता में अभी नए-नए आयाम प्रकट होने को हैं । यहीं मैं यह बात भी कह दूँ कि इन्होंने मुझे अपनी पीढ़ी के कवियों पर गर्व करने का अवसर दिया है ।

पिछले दिनों मेरी तीन पुस्तकें प्रकाश में आईं—'सूरदास', 'दिनकर : अर्धनारीश्वर कवि' और 'रीतिकाव्य' । मेरा अनुभव है कि सूरदास के पाँच हजार पद अभी पढ़े नहीं गए । यदि उन्हें पूरा पढ़ा गया होता, तो आचार्य रामचंद्र शुक्ल की उनके संबंध में बनाई गई धारणा गलत साबित हो चुकी होती । मैं पाँचों हजार पदों को पढ़ने के बाद इस निष्कर्ष पर पहुँचा कि वे पूर्ण जीवन के कवि हैं । यहाँ तक पहुँचने में उनकी 'कविता' हमेशा मेरे ध्यान में रही और यह देखकर मैं रोमांचित होता रहा कि उनके असंख्य पद अत्यंत सुंदर हैं, पर अफसोस कि वे अभी तक विद्वानों की नजर में नहीं आए । निश्चय ही मेरी यह पुस्तक भाष्यमूलक

है, लेकिन संपूर्ण पुस्तक में मेरी आलोचना-दृष्टि अनुस्यूत है, जो प्रबुद्ध पाठकों की तीक्ष्ण दृष्टि से छिपी न रहेगी । यह तो सूरदास के संपूर्ण कृतित्व की हलकी-सी झाँकी है, जिसे आधार बनाकर उसके विस्तृत सौंदर्यात्मक विश्लेषण का कार्य अभी शेष है । 'रीतिकाव्य' में भी मेरा ध्यान उसके संबंध में पूर्वस्थापित धारणा को तोड़ना रहा है, पर हवा में शस्त्र भाँजते हुए नहीं । यह पुस्तक भी भाष्यमूलक है, जो रीतिकाव्य के सौंदर्य की हमें झलक ही नहीं दिखलाती, प्रत्येक कवि के वैशिष्ट्य को भी रेखांकित करती है । यह वह वैशिष्ट्य है, जिसे एक सिरे से नकारा जाता है और आचार्य शुक्ल-जैसे आलोचक भी जिसे स्वीकार कर भी अपनी कसौटी के आड़े आ जाने के कारण अस्वीकार कर देते हैं । ज्ञातव्य है कि कबीर और सूर अथवा सूर और तुलसी में वैशिष्ट्य दिखलाना तो आसान है, पर देव और पद्‌माकर तथा ठाकुर और बोधा में वैशिष्ट्य दिखलाना उतना आसान नहीं । इसके अलावा एक बात यह भी है कि वास्तविक आलोचना लिखने के पहले आधार-कार्य ('ग्राउंडवर्क') करना आवश्यक होता है । 'सूरदास' और 'रीतिकाव्य' नामक इन दोनों पुस्तकों को उसी दिशा में एक छोटा-सा और विनम्र प्रयास माना जाए ।

जहाँ तक दिनकरजी वाली पुस्तक की बात है, वह नई पीढ़ी के पाठकों को दिनकर के संपूर्ण कवि-रूप से परिचित कराने के लिए लिखी गई है । यह हिंदी के लिए दुर्भाग्य की बात है कि कोई इस बड़े कवि को सिर्फ गर्जन-तर्जन का कवि कहता है और कोई सत्ता का पक्षधर । हमारे एक मित्र तो बेलौस होकर आचार्य शिवपूजन सहाय को प्रूफरीडर और दिनकरजी को कांग्रेस का दलाल कहते हैं । इस पुस्तक में मुझे विशेष परिश्रम नहीं पड़ा है, क्योंकि जब किसी कविता को उठाकर सिर्फ उसके संदर्भ में रख देने से उसका पूरा सौंदर्य और उसकी पूरी शक्ति स्पष्ट हो जाती है, तो उसकी चीर-फाड़ करने से क्या फायदा? जहाँ संकेत-मात्र से काम चल जाता है, वहाँ विस्तार में जाने की कोई आवश्यकता नहीं है । 'लेमन-स्क्वीज्ड' आलोचना को टी.एस. इलियट बहुत पहले खारिज कर चुके हैं । तात्पर्य यह कि थोड़ा रस पाठकों के लिए भी छोड़ें, जिसे वे स्वयं प्राप्त करें । तभी कविता और पाठक की संगति बैठती है । दिनकर वाली मेरी पुस्तक से यह स्पष्ट हो जाता है कि उनकी पहली प्रतिबद्धता भारतीय जनता के प्रति थी, हिंदुत्ववादियों की तरह न राष्ट्र के प्रति, न किसी दल के प्रति और न किसी नेता के प्रति । आजादी मिलने के पहले से ही वे सत्ताप्राप्त कांग्रेस में विपक्ष की भूमिका निभाने लगे थे और आजादी मिलने के बाद तो उनका स्वर तल्ख से तल्ख होता गया । इसके अलावा दिनकर-काव्य के और पक्ष भी हैं,

जिन्हें उजागर करने के लिए उक्त पुस्तक में प्रयास किया गया है । इस पर उनके पाठकों ने शायद ध्यान नहीं दिया कि ख्याति तो उन्हें 'हुंकार' से मिली, लेकिन उन्हीं के शब्दों में, उनकी आत्मा 'रसवंती' में बसती है । मैंने पुस्तक के अंत में कवि के तीनों उदात्त प्रबंध-काव्यों—'कुरुक्षेत्र', 'रश्मिरथी' और 'उर्वशी'—पर लिखे गए तीन निबंध भी दिए हैं, जिन पर दृष्टि डालने का भी मैं अपने पाठकों से अनुरोध करता हूँ । लेकिन ये सब पेशबंदी की बातें हैं, जिन्हें नजरअंदाज भी किया जा सकता है ।

आज के काव्यालोचन का एक नमूना दरपेश है : "कविताओं में...की एक और कलात्मक विशेषता ग़ौरतलब है । वे एक ओर वर्तमान के अलग-अलग संदर्भों और स्थितियों को लेते हैं, पृथक् और विच्छिन्न दुनियाओं को साथ-साथ रख देते हैं, ये पिघलकर एक इकाई बन जाते हैं । इनके 'फ्यूजन' से एक समग्र समय बनता है, हम इन पृथक् और विच्छिन्न दिखते संदर्भों और स्थितियों के भीतर की तारतम्यता (?) तक पहुँचते हैं । यही कविता का अभीष्ट है । कुछ कविताओं में...ने बीज से वृक्ष बनने तक की पूरी प्रक्रिया को उलट दिया है । जैसे कोई विपरीत दिशा में चलती फिल्म हो । यह एक रचनाकार का नियति के क्रम में हस्तक्षेप है ।" दिलचस्प है कि कवि स्वयं ऐसी आलोचना को पसंद करता है और उसे अपनी पुस्तक में उद्धृत करता है । मुझे ऐसी आलोचना को देखकर डा. नामवर सिंह द्वारा सुने गए एक शेर से आलोचक को यह कहने की इच्छा होती है कि 'तूने जाने क्या निकाला है किधर का रास्ता/तेरे घर से दो कदम है मेरे घर का रास्ता' । जाहिर है, ऐसी आलोचना से मैं हमेशा बचकर चलने की कोशिश करता रहा हूँ । अंग्रेजी के विख्यात प्रोफेसर डा. आर.के. सिन्हा कहा करते थे कि स्पष्टता के लिए गंभीरता छोड़ने को भी तैयार रहना चाहिए । यहाँ तो छद्मगंभीरता है, जिसे उघाड़ना जरूरी था ।

इस पुस्तक में जिन कवियों को मैंने लिया है, उनकी भाषा के संबंध में दो शब्द कहना जरूरी है । सारे कवि 'भाषा-भाषा' चिल्लाते हैं, लेकिन उनका आशय सिर्फ भाषा की सर्जनशीलता से होता है, भूलकर भी उसकी व्याकरणिक शुद्धता से नहीं । यह कहते भी मैं डर रहा हूँ कि 'शुद्धता' से कहीं मेरा आशय 'शुद्धतावाद' न लिया जाए, जिसका मैं भी शुरू से विरोधी रहा हूँ । स्वयं निराला ने कहा था कि खड़ीबोली एक खिचड़ी भाषा है, सो भाषा की अपनी प्रकृति की रक्षा करते हुए मैं उसमें मिलावट का पक्षपाती रहा हूँ । ज्ञातव्य है कि अंग्रेजी हो, या उर्दू-फारसी, या कोई और भाषा, उसने हमेशा दूसरी भाषाओं के शब्दों को अपना बनाकर लिया है । ज्यादा दूर जाने की जरूरत नहीं है, अंग्रेजी में आकर

हिंदी का 'जंगल' 'जंग्ल' हो गया है और 'कढ़ी' 'करी' । इसी तरह उर्दू में 'कृष्ण' 'किशन', 'चंद्र' 'चंदर' हो गया है और 'राजेंद्र' 'राजेंदर' । इन भाषाओं में दूसरी भाषा के शब्दों में जो प्रत्यय लगाए जाते हैं, वे भी उन्हीं भाषाओं के होते हैं । फिर इस जिद का क्या मतलब है कि अपनी भाषा को चुस्त बनाने के लिए हम फारसी के शब्दों को तत्सम रूप में ही स्वीकार करें और जहाँ जरूरत हो, वहाँ नुक्ता लगाना नहीं भूलें । विडंबना यह है कि वे शब्द तो यथावत् ले लेते हैं, पर उनमें विकार उत्पन्न करने के लिए प्रत्यय अपनी भाषा का लगाते हैं । उदाहरणार्थ 'गरीब' को वे 'ग़रीब' लिखते हैं, लेकिन 'ग़ुरबत' की जगह 'गरीबी' से काम चलाते हैं । मजेदार यह है कि एक कवि को बाद में जब मालूम हुआ कि 'नाखून' का तत्सम रूप है 'नाख़ुन', तो उसके बाद से वह अपनी कविता में 'नाख़ुन' लिखने लगा। लिंग की तो बात ही छोड़ दें, उसे तो ये कवि हिसाब में ही नहीं लेते हैं और आचार्य शिवपूजन सहाय के शब्दों में भाषा-भाभी से छूटकर होली खेलते हैं ! क्या यह संभव है कि प्रत्येक हिंदी लेखक फारसी का भी जानकार हो और फारसी अथवा अरबी के सभी शब्दों का तत्सम रूप में प्रयोग करे? यह तत्समता भाषा की समृद्धि में बाधक है, एक तरह से अपना कपाट बंद कर लेना । अंग्रेजी में भी जब हम 'कॉलेज' को 'कालेज' और 'कॉलेजेज' को आवश्यकता पड़ने पर 'कालेजों' कर लेते हैं, तो अन्यत्र भी क्या दिक्कत है? उन्हें यह भी सोचना चाहिए कि भाषा के प्रवाह में 'लैनटर्न' 'लालटेन' हो गया है, 'हॉस्पीटल', 'अस्पताल' और 'स्टैबुल' 'अस्तबल', तो क्या इस सिलसिले को बंद कर देना हिंदी के हित में होगा? प्रो. नलिनविलोचन शर्मा, जो यशस्वी समीक्षक ही नहीं, आलोचक भी थे, कह गए हैं कि प्रकाशक जैसे प्रूफरीडर को अपने यहाँ रखते हैं, वैसे ही भाषा-संशोधक भी रखा करें । तभी हिंदी लेखकों की पुस्तकें शुद्ध भाषा में प्रकाशित हो सकती हैं । यह देखकर शर्म महसूस होती है कि उर्दू का नया से नया कवि भी गलत उर्दू नहीं लिखता, जबकि मेरी समकालीन पीढ़ी के महत्त्वपूर्ण कवि भी अनेक बार भाषा में व्याकरणिक भूलें कर बैठते हैं । मैं यह नहीं कहता कि वे *सर्वथा* व्याकरणसम्मत भाषा लिखें, पर उनसे भाषा के न्यूनतम आवश्यक ज्ञान की अपेक्षा अवश्य रखता हूँ ।

यह पुस्तक अपने चार प्रिय कवियों को समर्पित है, लेकिन पुस्तक शुरू होने के पहले जो मुक्तिबोध की कुछ पंक्तियाँ प्रायः यथावत् उद्धृत की गई हैं, वे इसके सभी कवियों को संबोधित हैं ।

यह पुस्तक न लिखी जाती, यदि ख्यातिप्राप्त मनश्चिकित्सक डा. विनय कुमार ने अत्यंत अपनापन के साथ मेरा इलाज न किया होता । इस कारण

उन्हें मैं धन्यवाद तो क्या दूँ, मेरे अनुजवत् होने के कारण उन्हें गले से लगाता हूँ । उनके अलावा भारत भारद्वाज ने मुझे आधार-सामग्री सुलभ कराकर जो मेरी सहायता की है, उसके लिए मैं उन्हें स्नेहाशीर्वाद देता हूँ । प्रो. अपूर्वानंद ने टोक-टोककर मुझे इस पुस्तक को पूरा करने की प्रेरणा दी है । वे तो मेरे स्नेहपात्र हैं ही । इनके अलावा मेरे धन्यवाद के पात्र तरुण समीक्षक अरुण नारायण हैं, जिन्होंने ठीक समय से आकर इस पुस्तक का 'डिक्टेशन' लिया है । उनकी अनुपस्थिति में उनका काम कभी-कभी डा. पंडित विनयकुमार और मेरी धर्मपत्नी श्रीमती रागिनी शर्मा ने किया है । मैं क्रमशः इनका आभारी और कृतज्ञ हूँ । मैं राकेश रंजन, संजय शांडिल्य, मनोज कुमार झा (हाजीपुर) और डा. योगेश का भी आभारी हूँ, जिनके सहयोग के बिना मेरी कोई साहित्यिक योजना चरितार्थ नहीं होती । इस पुस्तक के साथ मेरा योजनाबद्ध आलोचनात्मक लेखन का कार्य समाप्त होता है । अब मैं विद्वानों और मित्रों से विदा लेता हूँ । कवि 'रुद्र' के शब्दों में—

विदा उनसे, जो अच्छे लगे;
विदा उनसे, जिनके अरमान
दु:ख में रात-रात भर जगे;
विदा उनसे भी, बनकर मीत
जिन्होंने मेरे मोती ठगे ।

यदि स्वास्थ्य ने इसी तरह मेरा साथ दिया, तो आनेवाले दिनों में अब मैं कालिदास, विद्यापति और रवींद्रनाथ पर एक पुस्तक लिखूँगा, फिर संस्मरणों की एक पुस्तक, कुछ स्फुट लेख और कुछ संकलनों का संपादन करूँगा । आशा है, पाठक पहले की तरह मेरी इस पुस्तक को भी अपनी आत्मीयता देंगे, क्योंकि मैं उन्हीं के लिए लिखता हूँ, इस धरती को छोड़कर आकाश में ऊँची उड़ान भरने वाले विद्वानों के लिए नहीं । इति नमस्कारान्ते ।

नंदकिशोर नवल

301, राजप्रिया अपार्टमेंट
बुद्धा कॉलोनी, पटना-800001

अनुक्रम

राहगीर को जैसे राहगीर मिल जाए,
बंजारे को गाहक,
पंडित को जैसे लघुसिद्धांतकौमुदी
वैसे ही तुम मिले मुझे यह काफी;
भूल–चूक की माफी !

मुक्तिबोध

विनोदकुमार शुक्ल

विनोदकुमार शुक्ल मुक्तिबोध की खोज हैं । उनकी कविताएँ छापने के लिए 1960 में उन्होंने श्रीकान्त वर्मा को पत्र लिखा था, जिसके फलस्वरूप 'कृति' में उनकी अनेक कविताएँ निकलीं । लेकिन उनकी तरफ किसी का ध्यान नहीं गया । विनोदजी को प्रकाश में लाने का श्रेय वस्तुत: अशोक वाजपेयी को है । उन्होंने 1971 में पहले 'पहचान' सीरीज में उनकी काव्य-पुस्तिका 'लगभग जयहिंद' छापी, फिर उन्होंने उन्हें अपनी पत्रिका 'पूर्वग्रह' का नियमित कवि बना लिया । इससे वे संपूर्ण हिंदी भाषा के पाठकों और विद्वानों के लिए परिचित हो गए । 1981 में कायदे से उनका पहला कविता-संग्रह 'वह आदमी नया गरम कोट पहिनकर चला गया विचार की तरह' प्रकाशित हुआ । किसी कविता-संग्रह के लिए इतना बड़ा नाम एक नई बात थी । नए कवि आपस में मिलने पर उपहास के लिए इसका नाम दुहराते थे, पर सबसे उसका कोई न कोई शब्द जरूर छूट जाता था । और कुछ नहीं, तो वे 'पहिनकर' के बदले 'पहनकर' ही कहते । आज 'गरम कोट' विनोदजी का महत्त्वपूर्ण संग्रह मालूम पड़ता है । पहले यह अपने वैचित्र्य के लिए जाना गया, पर अब अपने वैलक्षण्य के लिए जाना जाता है । इसमें उपर्युक्त पुस्तिका 'लगभग जयहिंद' की सारी महत्त्वपूर्ण कविताएँ संकलित कर ली गई हैं । बस 'लगभग जयहिंद' शीर्षक कविता ही उनके दूसरे कविता-संग्रह 'सब कुछ होना बचा रहेगा' के अंत में दी गई है । यह कविता थोड़ी लंबी भी है ।

विनोदजी की कविता में प्रवेश करने के लिए सबसे पहले उसकी अत्यधिक विशिष्ट शैली से परिचित होना जरूरी है । मैं पाठकों की सुविधा के लिए सबसे पहले कुछ उदाहरणों के साथ उसी पर रोशनी डालना चाहता हूँ । विनोदजी प्राय: अपनी कविता की पहली पंक्ति को ही उसका शीर्षक बना दिया

करते हैं । इस तरह 'वह आदमी नया गरम कोट पहिनकर चला गया विचार की तरह' भी इस संग्रह की पहली कविता की पहली पंक्ति है । उनकी काव्य-शैली के छिटपुट उदाहरण मैं बाद में दूँगा, अभी उक्त कविता के पाठ का संपूर्ण विश्लेषण करना उपयोगी होगा, क्योंकि उसमें उनकी कविता के अनेक सूत्र एकत्र मिल जाते हैं । कविता है :

वह आदमी गरम कोट पहिनकर चला गया विचार
की तरह ।

रबर की चप्पल पहिनकर मैं पिछड़ गया ।
जाड़े में उतरे हुए कपड़े का सुबह छः बजे का वक्त
सुबह छः बजे का वक्त, सुबह छः बजे की तरह ।
पेड़ के नीचे आदमी था ।
कुहरे में आदमी के धब्बे के अंदर वह आदमी था ।
पेड़ का धब्बा बिल्कुल पेड़ की तरह था ।
दाहिने रद्दी नस्ल के घोड़े का धब्बा,
रद्दी नस्ल के घोड़े की तरह था ।
घोड़ा भूखा था तो
उसके लिए कुहरा हवा में घास की तरह उगा था ।
और कई मकान, कई पेड़, कई सड़कें इत्यादि कोई घोड़ा नहीं था ।
अकेला एक घोड़ा था । मैं घोड़ा नहीं था
लेकिन हाँफते हुए, मेरी साँस हूबहू कुहरे की नस्ल की थी ।
यदि एक ही जगह पेड़ के नीचे खड़ा हुआ वह मालिक आदमी था
तो उसके लिए
मैं दौड़ता हुआ, जूते पहिने हुए था जिसमें घोड़े की तरह नाल ठुकी थी ।

पाठकों से अनुरोध है कि वे पहले इस कविता को इस तरह गद्य में समझें, फिर कविता के रूप में उसका आस्वादन करें : कविता की पहली पंक्ति का कविता से संबध है भी और नहीं भी है । जाड़े का मौसम है । जिसके पास ठंढ से बचने के लिए गरम कोट है, उसके साथ कोई समस्या नहीं है । एक ऐसा ही आदमी है, जो हाड़ कँपा देनेवाले जाड़े में अपना गरम कोट पहनकर जहाँ उसे जाना है, चला जाता है । उसका जाना बहुत ही आसान है, क्योंकि उसे कोई दिक्कत नहीं है । विचार मस्तिष्क में आते हैं और बड़ी सहजता से फिर उससे चले जाते हैं । इसी

सहजता से वह आदमी भी चला गया है । उसकी तुलना में जो सिर्फ रबर की चप्पल पहने हुए था, वह पिछड़ गया । वह कविता का मुख्य चरित्र ही है, लेकिन कविता उसके बाद शुरू होती है । इसमें एक मालिक है और एक नौकर । जाड़े की सुबह में घोड़े पर सवार होकर मालिक कहीं जाता है, जिसके पीछे दौड़ता हुआ उसका नौकर चलता है । रास्ते में एक जगह मालिक रुक जाता है और घोड़े को पेड़ से बाँध देता है । अब नौकर के स्वर में कवि कहता है कि सुबह छः बजे का वक्त था । काफी ठंढ थी, जैसी कपड़े उतार देने के बाद महसूस होती है । इस छः बजे के वक्त के संबंध में नया क्या कहा जाए, वह वैसा ही था, जैसा प्रायः जाड़े में छः बजे का वक्त होता है । चारों ओर घना कुहरा फैला था । पेड़ के नीचे खड़ा मालिक आदमी के धब्बे की तरह दिखलाई पड़ता था, यानी वह साफ-साफ नजर नहीं आ रहा था । लेकिन आदमी के उस धब्बे के भीतर आदमी ही था । पेड़ भी एक धब्बे की तरह लग रहा था, जैसा आम तौर पर कुहरे में लगा करता है । दाएँ रद्दी नस्ल का घोड़ा बँधा था, जो भी घोड़े के धब्बे की तरह ही लग रहा था । घोड़ा मुँह चला रहा था, जिससे लग रहा था कि वह भूखा है और हवा में कुहरा जैसे घास की तरह उगा है, जिसे वह चर रहा है । आसपास कुछ मकान, कुछ पेड़ और कुछ सड़कें तो थीं, लेकिन कोई घोड़ा नहीं था । नौकर की तरफ से कवि कहता है कि वह घोड़ा नहीं था, लेकिन घोड़े पर सवार मालिक के पीछे दौड़ते-दौड़ते उसकी साँस जो फूल रही थी, उससे निकलनेवाली वायु भाप की शक्ल लेकर कुहरे में मिल रही थी । जब उसका मालिक घोड़े पर चढ़कर दौड़ लगाता है, तो उसके पीछे-पीछे उसका नौकर भी दौड़ता है, जिसके जूते में घोड़े की तरह ही नाल ठुकी थी ! इस तरह कविता ध्यान देने पर पूरी तरह से खुल जाती है और उससे यह भी स्पष्ट हो जाता है कि इसमें वर्णित प्रसंग एक शोषक मालिक और शोषित नौकर से जुड़ा हुआ है, पर इस सामाजिक स्थिति पर हम आगे थोड़ा विस्तार से विचार करेंगे ।

अब विनोदजी की काव्य-शैली के कुछ स्फुट उदाहरण । एक कविता में यह व्यंजित करने के लिए कि संसद सरकार का कुछ बिगाड़ नहीं सकती, वे कहते हैं कि 'संसद के कंघी के आकार के होने की प्रक्रिया में/सरकार के सिर पर बाल नहीं थे ।' अक्सरहा वे बाहर से कोई उपमान न लाकर इस तरह की अभिव्यक्ति का सहारा लेते हैं : 'स्थिर उतना ही/जितना एक पहाड़ के चित्र में एक पहाड़ ।' ध्यातव्य है कि यह सादी अभिव्यक्ति पहाड़ और चित्रित पहाड़ की समानता दिखलाने से जोरदार हो गई है । एक ढंग विनोदजी का यह है : 'या लोग

कोई झोपड़ी नहीं कि अंदर जाकर/कोई दरवाजा नहीं को बंद कर लेते ।/कोई खिड़की नहीं को खोल लेते/या छोटा सा झरोखा भी नहीं/के पास आकर बैठ जाते हैं ।/दुनिया देखते हैं ।' बात सिर्फ इतनी है कि न कोई झोपड़ी है, न कोई दरवाजा, न कोई खिड़की और न कोई झरोखा ही । सिर्फ लोग हैं, जो एकांत में बैठकर दुनिया के बारे में सोचते हैं । इस मामूली-सी बात को कवि ने किस तरह कवित्वपूर्ण बना दिया है, यह देखने लायक है । इस तरह का एक उदाहरण और : 'सारा बाहर/कमरे की खिड़की दरवाजे बंद होते ही/बरामदे में रुक गया ।/मेरे साथ अंदर आना चाहता है—/सारा बाहर,/दृश्य मुझको ठेलकर/मुझसे आगे आना चाहता है कमरे के अंदर/बदमाश ! गुंडा !! रईस !!!' इसमें भी ऊपरवाली बात ही देखने को मिलती है । जो नई बात है, वह यह कि घरवाले को ठेलकर घर में घुसने की कोशिश करनेवाले बदमाश, गुंडे और रईस होते हैं । बदमाशों और गुंडों के साथ रईसों को रखना भी विनोदजी की क्रांतिकारी सामाजिक दृष्टि का ही सूचक है । अपनी लंबी कविताओं में उन्होंने मुक्तिबोध के प्रभाव में अक्सरहा फैंटेसी का प्रयोग किया है, यथा 'अपनी तलाशी लेते समय/जेब में हाथ डालता हुआ/जो उसमें पहले से घुसा/कोई और हाथ/जेब के अंदर मुझसे हाथ मिलता है/कि मैं गिरफ्त में !!'

बहुत पहले विनोदजी की चर्चा चलने पर स्व. सोमदत्त ने मुझसे कहा था कि वे प्रगतिशील कवि हैं । इस पर मैं चौंका था, क्योंकि मेरे सामने प्रगतिशील कविता का ढाँचा केदार-नागार्जुन वाला था, ज्यादा से ज्यादा उसमें मैं त्रिलोचन को भी शामिल करता था, पर जब शमशेर और मुक्तिबोध पूरे प्रगतिशील कवि के रूप में स्वीकार नहीं किए जा रहे थे, तो विनोदजी का उस रूप में स्वीकृत न होना स्वाभाविक था । आज जब डा. नामवर सिंह की यह बात ध्यान में रखकर कि 'यथार्थवाद कोई शैली नहीं, बल्कि जीवन-दृष्टि है', मैंने विनोदजी के पूरे काव्य का अत्यंत मनोयोग, श्रम और रुचि से पारायण किया है, सोमदत्त की बात याद आती है और वह शत-प्रतिशत सही लगती है । मैंने एक दिन फोन पर विनोदजी से पूछा कि आप कभी प्रगतिशील लेखक संघ से जुड़े थे ? उत्तर में उन्होंने कहा कि जुड़ा तो था, पर मुझे किसी ने प्रगतिशील कवि माना नहीं । प्रगतिशील कविता के मानदंड को देखते हुए यह भी स्वाभाविक था ।

सामाजिकता या सामाजिक चेतना कोई संकीर्ण वस्तु नहीं है । वह मुट्ठी बाँधकर और गला फाड़कर क्रांतिकारी नारा लगाने में ही नहीं है । वह अत्यंत व्यापक है, आकाश की तरह, जो हमारे भीतर भी है और बाहर भी । वस्तुतः

समाज से बाहर कुछ भी नहीं है । यदि कोई ऐसी वस्तु हमें दिखलाई पड़ती है, तो यह हमारा दृष्टि-दोष है । स्वभावत: सामाजिकता के अनेक रूप और रंग हैं । इस कारण उसे किसी सीमित परिभाषा में नहीं बाँधा जा सकता । जहाँ तक प्रगतिशीलता की बात है, वह साहित्य का बुनियादी मूल्य है । कामू ने एक बार कहा था कि हमें कोई ऐसी कविता दिखला दे, जो शोषण और उत्पीड़न के पक्ष में हो ! उनका कोई विरोधी ऐसी कविता ढूँढ़कर नहीं ला सका । लूकाच 'यथार्थवाद' के बड़े पक्षधर थे, लेकिन जब सोवियत संघ ने आक्रमण करके हंगरी की जनतांत्रिक सरकार को, जिसके वे एक नेता थे, हटा दिया और उन्हें पकड़कर रोमानिया के जेल में डाल दिया, तो उन्होंने जैसे पहली बार यथार्थ का साक्षात्कार किया । इस प्रसंग में एडोर्नो का एक कथन देखना उपयोगी होगा । वे कहते हैं : "आजकल वस्तुनिष्ठ और सौंदर्यात्मक यथार्थवाद एक दूसरे के विरुद्ध हैं । और *सच में* जब यथार्थवाद के मानदंड पर ब्रेख्त के साहित्य की परीक्षा की जाती है, तो वे समाजवादी यथार्थवादियों की तुलना में अधिक यथार्थवादी ठहरते हैं, जो यथार्थ को अपने सिद्धांत से खोटा बना देते हैं । यदि वे यथार्थ को पूरी गंभीरतापूर्वक लें, तो वे अंतत: लूकाच ने जिसकी भर्त्सना की, उसे महसूस करेंगे । ऐसी सूचना है कि रूमानिया की जेल में उन्होंने अंतिम रूप से यह महसूस किया कि *काफ्का* (जिन्हें उन्होंने टॉमसमान की तुलना में हमेशा नापसंद किया) *एक यथार्थवादी लेखक था* ।" उसके पहले सोवियत संघ के प्रभुत्ववाली जर्मनी में जो क्रांति हुई थी, उस समय ब्रेख्त ने जनतांत्रिक आंदोलन का पक्ष लेते हुए यह विश्वप्रसिद्ध कविता लिखी थी : 'महाशय, संसद ने जनता का विश्वास खो दिया है,/तो ऐसा करें/कि संसद को रहने दें और जनता को भंग कर दें ।' लूकाच और ब्रेख्त में कभी सहमति नहीं रही, क्योंकि लूकाच जहाँ यथार्थवाद को विभिन्न श्रेणियों में बाँटकर देखते थे, वहाँ ब्रेख्त उसे मुक्त रखते थे और सच पूछा जाए, तो वे भी उसे कोई शैली न मानकर जीवन-दृष्टि मानते थे । कहने की आवश्यकता नहीं कि अपने जीवन के आखिरी दौर में जैसा कि हमने देखा, लूकाच अपने सिद्धांत पर कट्टरतापूर्वक कायम नहीं रह सके और यथार्थवाद की मुक्ति की दिशा में बढ़ने के लिए तैयार थे । ऐसी स्थिति में जल्दबाजी में किसी कविता को गैरयथार्थवादी या गैरसामाजिक करार देना समाज और यथार्थ के संबंध में अपने अज्ञान का परिचय देना है ।

संकेत किया जा चुका है कि विनोदजी मूलत: एक प्रगतिशील कवि थे, यद्यपि उनकी प्रगतिशीलता किसी साँचे में ढली हुई नहीं थी । यह बात हम 'गरम कोट' की कविताओं से कुछ पंक्तियाँ लेकर देखेंगे । कहने की आवश्यकता नहीं

कि वे भी मध्यवर्ग से ही आनेवाले कवि हैं । स्वभावतः वे उस वर्ग और उसके युवकों की मानसिकता से अच्छी तरह परिचित हैं । निम्नवर्ग के पास खोने को वाकई कुछ नहीं है, लेकिन मध्यवर्ग के पास उसकी नौकरी और उसकी छोटी-सी संपत्ति है । इससे वह हमेशा भयभीत रहता है कि विद्रोह और क्रांति के रास्ते पर कदम बढ़ाने से कहीं उसकी ये चीजें उससे छिन न जाएँ । मेरे एक मित्र थे, जो चारु मजुमदार और नक्सलपंथ के उदय के दशक में मुझे नक्सलवाद की शिक्षा दिया करते थे । वे काफी सक्रिय भी थे, लेकिन आज आत्मरक्षा के लिए भारतीय जनता पार्टी के सदस्य हैं । विनोदजी की 'घर से बाहर निकलने की गड़बड़ी में' शीर्षक कविता की ये पंक्तियाँ देखें—

सब्जी बाजार में खड़ा होकर
मैं सोचता हूँ कि विद्रोही न कहलाने के लिए
मुझे कौन-कौन सी सब्जी नहीं खरीदनी चाहिए ।

मैं हमेशा जाता हुआ दिखलाई देता हूँ ।
मैं अपनी पीठ बहुत अच्छी तरह पहिचानता हूँ ।

पाठक देखेंगे कि मध्यवर्गीय युवक विद्रोही न कहलाने के लिए कितना सावधान है और इस विडंबना का शिकार भी कि वह अपनी पलायनवादिता को अच्छी तरह जानता है । सब्जी खरीदनेवाली बात में एक अजनबीपन लगता है, लेकिन कवि को दाद देनी चाहिए कि उसने अपनी सावधानी का परिचय किस हद तक जाकर दिया है । ऐसी ही एक कविता है 'बाजार की सड़क', जिसमें भी कवि ने अपनी चरम भीरुता का आख्यान किया है । बाजार की सड़क पर एक आदमी अपने दोनों हाथों में सब्जी भरा गंदा झोला लिए हुए गुजर रहा है । कवि कविता के अंत में कहता है कि 'काश ! मैं !!/दस रुपए का नोट बनकर/उसकी झोली में पनाह पाता ।/मैं अपनी ही झोली में/घुसा हुआ था ।' अंतिम पंक्ति का यह अर्थ है कि कवि दस रुपए की नोट की तरह अपनी जेब में ही छिपा है । इसमें वह कुछ असुरक्षित महसूस करने के कारण दूसरे के भरे हुए झोले में छिप जाना चाहता है ! हमारा समाज और परिवेश कैसा है यह आप 'स्टेशन की तरफ आते-जाते' शीर्षक कविता की निम्नलिखित पंक्तियों में देख सकते हैं । जेल स्टेशन के रास्ते में पड़ता है । उसके करीब कवि के एक मित्र का मकान है, जो गरीबों को बहुत प्यार करता है । उसके यहाँ वह बराबर आता-जाता है, लेकिन कभी जेल के अंदर नहीं गया, सो कहता है :

मैं नहीं गया जेल के अंदर
पर दोस्त कहता है
उससे भी ज्यादा तकलीफदेह और खौफनाक
जेल के अंदर जो कुछ है
वह जेल के बाहर है ।

विनोदजी की इन कविताओं में सर्वत्र एक पस्ती और पराजय का भाव है । 'नाके के पास' शीर्षक कविता में उन्होंने एक बढ़ई का वर्णन करने के साथ पुन: अपने बारे में कहा है :

थका हुआ देखा मैंने कि
बेचने के लिए
सिर पर बेंच रखकर
जाता हुआ वही बढ़ई
दो कदम बाद ही
उसी बेंच पर बैठकर सुस्ताने लगा
(वह उसे क्यों बेच रहा था?)

अपने को बैठाकर
मैं भी बैठ गया ।

सिर पर बेंच रखकर
बढ़ई खड़ा हुआ
मैं अपने को लादकर खड़ा हुआ
उसे बाजार जाना था
मुझे दफ्तर
नाके के पास सड़क पर मेरा घर ।

'अपने को बैठाकर/मैं भी बैठ गया' और 'अपने को लादकर खड़ा हुआ' इन दोनों उक्तियों में कवि का अपना रंग है, जो उसके कथ्य को मूर्त बनाकर अत्यंत सशक्त बना देता है । इससे अधिक सशक्त पस्ती का वर्णन क्या होगा? एक और कविता है 'मैं दीवाल के ऊपर', जिसमें एक कौए का वर्णन है, जो किसी से अपना हिस्सा यानी रोटी का एक टुकड़ा छीनकर लाया है । कवि उस कौए को देखकर अपने पर तरस खाता है और कहता है 'कि हाय !/न मैं कौआ हूँ/न मेरी

चोंच है–/आखिर किस नाक-नक्शे का आदमी हूँ/जो अपना हिस्सा छीन नहीं पाता'। एक दिलचस्प कविता है 'प्यारे नन्हें बेटे को', जिसमें कवि अपनी बिटिया से पूछता है कि कहाँ-कहाँ लोहा है? वह अपनी नजर में आनेवाली लोहे की चीजों का नाम लेती है । उसमें कवि और उसकी पत्नी भी उसकी मदद करते हैं । तत्पश्चात् कवि अपनी बिटिया को यह बतलाना चाहता है 'कि हर वो आदमी/जो मेहनतकश/लोहा है/हर वो औरत/दबी-सताई/बोझ उठानेवाली, लोहा !' तात्पर्य यह कि कवि को मध्यवर्ग और श्रमिक-वर्ग के बीच का अंतर मालूम है । मध्यवर्ग के लोग जहाँ मोम की तरह मुलायम होते हैं, जरा-सी आग दिखलाने पर पिघल जानेवाले, श्रमिक वर्ग के लोग लोहे की तरह कठोर होते हैं ।

यह भी कहा जा चुका है, समाज का विस्तार पूरे विश्व तक है । विनोदजी की 'आकाश की तरह' शीर्षक कविता में जहाँ वर्तमान विश्व की युद्धप्रियता और उसके माध्यम से ध्वंसात्मकता का वर्णन है, वहाँ सामान्य जन के न-कुछ होने का । दिलचस्प ढंग से कवि कहता है कि मैंने आकाश की तरफ अपनी चाबियों का गुच्छा उछाला, तो वह खुल गया, यानी जरूर उसमें उसकी कोई चाबी लगती है । आगे–

खुले आकाश में
बहुत ऊँचे
पाँच बममारक हवाई जहाज
दिखे और छुप गए–
अपनी खाली संदूक में
दिख गए दो चार तिलचट्टे
संदूक उलटाने से भी नहीं गिरते !

एक तरफ आकाश के संदूक में पाँच बममारक हवाई जहाज और दूसरी तरफ सामान्य जन के संदूक से चिपके हुए दो-चार तिलचट्टे, जो उलटाने से भी नहीं गिरते ! जाहिर है कि इन दो बातों से शक्ति-संपन्न राष्ट्र और सामान्य जन के बीच का अंतर बहुत सशक्त ढंग से उजागर किया गया है । एक बात यह भी कि बममारक हवाई जहाज जहाँ कहर बरपा कर सकते हैं, वहाँ तिलचट्टे हर तरह से अहिंसक अर्थात् मानवीय हैं ।

मध्यप्रदेश सरकार ने विनोदजी को 1975-76 की गजानन माधव मुक्तिबोध फेलोशिप प्रदान की । इस अवधि का उपयोग उन्होंने विशेष रूप से लंबी कविताएँ लिखने में किया । निस्संदेह उन्होंने कुछ लंबी कविताएँ उक्त

अवधि के बाद भी लिखीं, लेकिन उन्हें पढ़ने पर ऐसा लगता है कि वे एक ही क्रम में लिखी गई हैं । लंबी कविताओं की रचना प्रत्यक्षत: उन्होंने मुक्तिबोध के प्रभाव में की, क्योंकि उनकी अपनी प्रकृति लंबी कविताओं की ओर न होकर छोटी या अधिक से अधिक मँझोली कविताओं की ओर है । उनकी लंबी कविताओं पर मुक्तिबोध की कविताओं की अंतर्वस्तु और शैली दोनों की छाया मँडराती है, यद्यपि उन्होंने यथासंभव अपने को उनसे अलग रखने का प्रयास किया है । कहा जा सकता है कि उन्होंने उनका अनुकरण नहीं किया, अनुसरण किया है ।

इस काल की विनोदजी की उल्लेखनीय लंबी कविताएँ हैं– 'बहुत बड़ा पहाड़', 'कितना कुछ नुकसान हानि', 'फिर सड़क पर मैं चला गया', 'विचारों का विस्तार इस तरह हुआ' और 'रायपुर विलासपुर संभाग' । 'बहुत बड़ा पहाड़' वस्तुत: एक प्रकृति-कविता है । यह चार पृष्ठों से भी लंबी है । मेरा खयाल है, प्रकृति को विषय बनाकर इतनी लंबी कविता हिंदी में कम ही लिखी गई है । चूँकि यह कविता लंबी है, इसलिए मैं लंबी कविताओं के साथ ही इस पर विचार कर रहा हूँ, वर्ना विनोदजी ने छोटी प्रकृति-कविताएँ भी लिखी हैं । 'बहुत बड़ा पहाड़' में पहाड़ का तरह-तरह से वर्णन किया गया है, जिसमें कवि की कल्पना-शक्ति ने विशेष रूप से उसकी सहायता की है । इस कल्पना-शक्ति का उसकी रचना-प्रक्रिया में विशेष महत्त्व है । इसी कल्पना-शक्ति का विकसित रूप फैंटेसी है, जो स्वप्न की तरह अतार्किक होती है । पहाड़ पर सड़क है और उसकी ढलान पर टूटे-फूटे घर । अब इसे विनोदजी के शब्दों में देखिए–

गोल चक्करदार सड़क
फेंकी हुई रस्सी जैसी
ऊपर तक रस्सी जादू से !!
पर सचमुच में बड़ी मेहनत मजूरों से ।
घर टूटे फूटे
चढ़ते चढ़ते लुढ़क गए से ।
नीचे थमकर
इधर-उधर
गाँव हुए से
परंतु मौके की तलाश में
कि गाँव को
और ऊँचे में होना चाहिए ।

पहाड़ के चित्रण के क्रम में ही उन्होंने अपनी जन-चेतना का परिचय दे दिया है और अपनी कविता के नायक से भी हमारा परिचय करा दिया है—

नीचे से ऊपर की तरफ देखें
तो कुहरा हिलता है
उसकी आड़ में पहाड़
थरथराता हुआ सा ।
उसी कोहरे से निकल पहाड़ी आदमी
पुराना काला बदरंग कोट पहिने,
कोट की दाहिनी बाँह गायब,
वही उघरा दाहिना
नंगा हाथ उठा
बर्फीली हवा में
जिसकी मुट्ठी में
दबी बर्फ
हथेली की गरमी से
पिघलती है
लगता है
नदी ऐसी ही बनती है—
कोई गंगा जमुना ।

फटी जेब से लटका
पहाड़ी फूलों का गुच्छा
या घाटी फूलों से भरी
साफ है
हिमालय ही गायब है
अकेला वह खड़ा है ।

मुक्तिबोध के पाठक आसानी से पहचान जाएँगे कि यह भव्य चित्र और किसी का नहीं, मुक्तिबोध के अंतर्गुहावासी 'प्रचंड शक्तिमान रक्तालोक-स्नात पुरुष' का ही है ।

'कितना कुछ नुकसान हानि' एक ऐसी लंबी कविता है, जिसमें परस्पर संबद्ध अनेक बातें आती हैं । पत्नी से दस रुपये का नोट खो गया है । कवि इस

संबंध में जो कुछ कहता है, उससे मध्यवर्ग की स्थिति सटीक रूप में सामने आती है, उसके साथ-साथ व्यापारी-वर्ग की भी, जिसका एकमात्र उद्देश्य होता है मुनाफा कमाना । पंक्तियाँ हैं—

गया दस रुपये का नोट
मानी पाँच किलो चावल
या सात किलो गेहूँ
पंद्रह दिन का दाना पानी
या नगदी के पंद्रह दिन गए
उतने ही दिन बदले में
और जुड़ गए उधारी के,
जीना उधारी का इतना कुल नुकसान ।
वसूल लिए जाने का डर
मर जाने का डर ।
—परन्तु कोई जरूर नफे में
बहुत मजे में,
व्यापार की दुनिया में,
जिसकी चौखट के आजू बाजू जैसे
पूर्व दिशा
सिंदूरी सुबह
लिखा हुआ वाकई 'शुभ है'
और 'लाभ' सिंदूरी अक्षर
पश्चिम-शाम का सच ।

जब शाम की बात आती है, तो कवि का ध्यान उत्तर दिशा की ओर जाता है । वहाँ आकाश में उसे एक विशाल कमरा दिखलाई पड़ता है, जिससे बादलों का परदा हट गया है—

तब सप्तऋषि तारों का
पूरे ब्रह्मांड में अनोखा
कीमती पलंग दिखता है
दुनिया के व्यापारी का बेडरूम
नींद में जहाँ सुख से

एक और नींद सोता वह
उन सबकी नींद
जो सो नहीं पाते
गरीबी और भूख में ।
...   ...
सप्तऋषि पलंग के सिरहाने
हाथ बाँधे कुछ दूर
ध्रुव तारा खड़ा दिखेगा
बुझा बुझा
हुक्म बजा लेने को मजबूर
बिल्कुल तैयार
रात भर
बिना हिले डुले मुस्तैद

विनोदजी ने यहाँ पर यह भी कहा है कि यही ध्रुवतारा हवाई जहाज से लेकर समुद्री जहाज तक का दिशा-निर्देशक है । संकेत स्पष्ट है कि वह श्रमिक-वर्ग का प्रतिनिधि है । एक बात इस कविता में उन्होंने यह भी कही है कि व्यापारी और पूँजीपति तो इस पृथ्वी को तौलकर बेच देना चाहते हैं, लेकिन मेहनतकशों की मेहनत उसे भारी बनाए है, जिससे चंद्रमा और सूरज के बाटोंवाला पलड़ा ऊपर ही टँगा रह जाता है और पृथ्वी का पलड़ा काफी नीचे झुका रहता है । ये पंक्तियाँ देखिए–

गरीबी सच
व्यापार की दुनियाँ में
पृथ्वी बहुत भारी मेहनत से
यह भी सच है
कि तराजू के एक पलड़े में
भारी होकर पृथ्वी नीचे
और आसमान टँगा हुआ
दूसरा पलड़ा है
चंद्रमा और सूरज के बाटों के साथ

मुक्तिबोध की तरह ही विनोदजी की भी प्रत्येक कविता भविष्य में आस्था के साथ

समाप्त होती है । प्रमाणस्वरूप इस कविता की ये अंतिम पंक्तियाँ :

उत्तर दक्षिण ध्रुव
नदी पहाड़ महासागर समुद्र
ग्लेशियर तूफान
मरुस्थल दलदल
उत्तर दिशा से दक्षिण
पूर्व पश्चिम दिशा तक
दिन सुरक्षित होंगे,
नगदी के दिन जैसे
ऐसी बेफिक्री
कि जिंदगी जीने की
सँवारी मेहनत से ।

'सँवारी मेहनत से' का मतलब स्पष्ट है कि ऐसा तब होगा, जब इस धरती पर मेहनतकशों का राज होगा ।

'जिस सड़क पर मैं चला गया' कविता में सड़क के नीचे दबी हुई एक इमारत है—

बीती इमारत के अंदर—
तूतनखामन, नादिरशाह, जार्ज, हिटलर
ब्रेकफास्ट लेते हुए एक टेबिल पर
हाजिर उनका खानसामा बटलर ।
हाजिर वे भी
जो भूख से अधमरे थे
मजबूरी में और मरे
दफन होकर घेरे में पहुँच गए
सबने सोचा कि यही नरक है
पिछले जन्म में उनसे पाप हुआ
जो गरीब हुए
हाय ! क्योंकर ! आखिरकार !!

ये पंक्तियाँ सीधे मुक्तिबोध की कविता 'बारह बजे रात के' की इन पंक्तियों की याद दिलाती हैं—

भवन के सातवें तल्ले पर कुछ लोग
दुनिया की आत्मा की चीड़-फाड़
करने के बाद ही
टेबल पर बहती हुई लोहू की धारा में
उँगलियाँ डुबोकर
खून की लकीरों से
देशों की नई-नई खूनी लाल खूनी लाल
सरहदें सीमाएँ बनाते ही जाते हैं
हवाई अड्डों के प्रस्तावित स्थानों पर
खूनी क्रास लगाकर
फौजी घेरे मोर्चे
नए-नए रक्त के चिह्नों से जाते हैं बनाते ।
कौन हैं वे लोग बोलो,
कौन हैं वे लोग, अजी ।
अँधेरे के घने-घने काले-काले बुर्कों में
बैठे हुए लोगों के खोलो न नकाब सब
उन्हीं के मकानों के पिछवाड़े बनते हैं
दुनिया को जीतने के नक्शों के ख्वाब सब !

विनोदजी की उपर्युक्त कविता की तरह यह कविता भी आशा से भरपूर है, यथा—

क्या जमींदोज इमारत के गमले की जड़ से
आसमान तक पेड़ होगा ?
पेड़ की फुनगी का यही लक्ष्य होगा
कि सूर्य और चंद्रमा का घोंसला उसी में हो
मंगल-बुध का भी,
सौर मंडल उसी में बसेरा ले ।
आकाश गंगा की झालर से
पेड़ जगमग सजा रहे ।
अंतरिक्ष का शून्य
शाखाओं और पत्तियों में फँसा रहे कभी न निकले ।
सच तो यह है

मैं भी चाहता हूँ यही
लेकिन पेड़ सार्वजनिक
और आम का
दुनिया के लिए अमराई ।

कहने की आवश्यकता नहीं कि यह वर्णन अत्यंत मोहक है, जो कवि की कवित्वशक्ति से हमारा परिचय कराता है । इस उद्धरण की ये पंक्तियाँ गौरतलब हैं : 'पेड़ सार्वजनिक/और आम का/*दुनिया* के लिए अमराई ।'

'विचारों का विस्तार इस तरह हुआ' कविता पर मुक्तिबोध की कविता 'सूखे कठोर नंगे पहाड़' का प्रभाव है । उसमें मुक्तिबोध ने महाश्रमिक यानी मजदूरों के नेता से कहा है कि—

साँवले अतल गंभीर जलधि के महाकूल
पर खड़ा हो कि
छू आसमान
आवेग–रुद्रता की विकृताकृति मुद्रा में होकर प्रभीम
दे फें ऽ ऽ ऽ क
पहाड़ों की कठोर प्रस्तरी देह, प्रस्तरी प्राण
प्रस्तरी घोर मस्तिष्क–कोष

उसी मस्तिष्क–कोष के काले विवरांधकार में मानवता के दमनशील शासनकर्ता बैठे हैं । इसके बरअक्स विनोदजी ने एक बैलगाड़ी का जिक्र किया है, जिसमें 'लदा होगा/टूट–फूटकर पहाड़ वह/गाड़ी के कोने में,/जो जिंदगी के रास्ते में अड़ा है ।'... 'और बैलगाड़ी में होंगे/हँसते अपने सब मुस्काते/गरीब बुलबुल/गरीब खंजन मैना/गरीब गौरय्या/औरत बच्चे बूढ़े ।' 'रायपुर विलासपुर संभाग' एक ऐसी लंबी कविता है, जिसमें विनोदजी ने अपनी यह इच्छा प्रकट की है कि मजदूर अपने गाँव से निकलें, पर यह नहीं कि वे रायपुर विलासपुर छोड़कर बाहर जाएँ । मध्यप्रदेश की भी हालत खराब है, उसे भी सुधारने की जरूरत है । इस कविता में कवि ने ग्रामीणों की गरीबी का और उनकी एकता का बहुत सजीव और सशक्त वर्णन किया है । जब कविता अंत की ओर बढ़ती है, तो वह कहता है—

अरे ! रोक दो मत जाने दो
मजबूर विस्थापित मजदूरों को
कहाँ गया लाल झंडा ! लाल बत्ती !! गाड़ी रोकने को

आ क्यों नहीं जाता सामने सूर्योदय लाल सिगनल सा
खींच दे उनमें से ही कोई जंजीर खतरे की
या पहुँचे कोई इंजन तक
कर ले कब्जा गाड़ी के आगे बढ़ने पर
पलटा दे दिशा गाड़ी की
कूदें सब खिड़की दरवाजे से डिब्बे की
लौटें लेकर फैसले का विचार लश्कर
छोड़ दें पीछे मोह कचरे की गृहस्थी का
टट्टा कमचिल बासी की बटकी हंडी भी
पर भूल न जाएँ ढिबरी कंदिल
जरूरत अँधेरे में रास्ता ठीक देखने की ।

मुक्तिबोध की कविताओं में भी बीच-बीच में कोमल स्थल मिलते हैं, जिन्हें उन्हीं के शब्दों में 'गीतात्मक संवेदन के कोमल पारिजात' कहा जा सकता है । विनोदजी की लंबी कविताएँ भी ऐसे कोमल और सार्थक स्थलों से भरी हैं । उपर्युक्त पंक्तियों में वे गाँव के गरीबों से कचरे की गृहस्थी का मोह छोड़ देने के लिए कहते हैं, लेकिन यह नहीं कि वे अपनी ढिबरी और कंदील को भी भूल जाएँ, जो उन्हें अँधेरे में ठीक रास्ता दिखलाएगा ।

त्रिलोचन का कहना था कि जिस कवि ने प्रकृति की कविता नहीं लिखी है, उसे वे प्रगतिशील कवि नहीं मानते । इसमें प्रेम को भी जोड़ना चाहिए, क्योंकि प्रकृति जहाँ कवि की व्यापक संवेदनशीलता का परिचय देती है, वहाँ प्रेम कवि की व्यक्तिगत संवेदनशीलता का । प्रकृति के प्रति आकर्षण तो शुद्ध सौंदर्य-भावना का परिणाम है, रवींद्रनाथ की एक प्रसिद्ध कविता का शीर्षक लेकर कहें तो 'निरुद्देश्य यात्रा' । यदि सच्चे प्रेम की बात की जाए, तो वह भी उपयोगिता से परे की सौंदर्य-भावना की ही देन है । यह व्यक्तिगत अनुभूति हो, लेकिन अपने आपमें इतनी पूर्ण है कि उसकी तुलना ब्रह्मानंद से ही की जा सकती है । विनोदजी की प्रकृति और प्रेम की कविता का नमूना देखने के पहले मैं उनकी एक-दो और कविताओं का जिक्र करना चाहता हूँ, जो साफ-साफ किसी श्रेणी में नहीं आतीं । एक कविता है 'घर से दूर', जो समुद्र पर है । समुद्र बहुत बड़ा होता है और उसमें डूबकर लोग आत्महत्या करते हैं । यह बात कवि को बर्दाश्त नहीं है, इसलिए वह समुद्र के किनारे टहलता है कि कोई डूबने आए, तो उसे रोक ले । वह समुद्र को पाट नहीं सकता, इसलिए रेत पर दौड़ना शुरू कर देता है, जिससे कि अधिक से

अधिक लोगों से मुलाकात हो और उन्हें अपना दोस्त बना ले । कविता के अंत में वह कहता है :

दौड़ते हुए समुद्र को
इतना छोटा कर देना है
कि उसके चारों तरफ
चौकस नजर रहे
दोस्तों की संख्या बढ़ाकर
दुश्मन को घेर लेना है ।

इसी तरह एक दूसरी कविता है 'दो आम के पेड़', जो प्रेम–कविता प्रतीत हो सकती है, लेकिन इसमें प्रेम पर कवि का जोर कम है और दो पेड़ों के परस्पर गुँथे होने पर अधिक । कुछ पंक्तियाँ : 'दो आम के पेड़/बहुत घने/बहुत ऊँचे/बहुत पास उगे/इतने पास/कि शाखाएँ/शाखाओं से गुँथी/पंत्तियाँ/पत्तियों से/वह जो चिड़ियों का घोंसला है/समझ में आता नहीं/कि किस पेड़ में बना है/इसमें या उसमें !' तात्पर्य यह कि दो मित्रों या दो प्रेमियों के बीच ऐसी ही एकता होनी चाहिए । एक प्रेमी दो पेड़ों के नीचे अपनी प्रेमिका की प्रतीक्षा कर रहा है । कवि प्रसन्न होकर कहता है–

दो पेड़ों के नीचे
एक पेड़ के नीचे जैसे
इंतजार कर रहा वह
इस तरह
कि इसी तरह परेशान रहे–
इस आम के पेड़ से
या उस आम के पेड़ से
उसके आने तक

अब विनोदजी की दो कविताएँ, जो क्रमशः शुद्ध प्रकृति और प्रेम की कविताएँ हैं । पहली कविता का शीर्षक है 'प्रकृति में', जिसमें कवि ने दिलचस्प ढंग से यह दिखलाया है कि शहरी आदमी प्रकृति से इतनी दूर चला गया है कि वह उसे पहचान भी नहीं पाता । 'बस में चढ़ने के लिए लोगों की लाईन/इस तरह लगती है/कि आदमियों के बीच/किनारे का पेड़ भी/लाईन में शामिल हो जाता है/उस पेड़ के पीछे अकेला मैं/सबसे पीछे/बस के आने के बाद/मैं पढ़ा–लिखा

समझदार/खड़ा रहा/कि बस में पेड़ चढ़े फिर उसके पीछे मैं/तब मुझे मालूम होता है/कि पेड़ बस में नहीं चढ़ता ।' विडंबना यह है कि 'मैंने अपने कमरे में/पूरे जंगल की तस्वीर लगा रखी है ।' यहाँ केदारनाथ सिंह की चंद्रोदय पर लिखी गई कविता की याद आना स्वाभाविक है, जिसमें प्रकृति से शहरी व्यक्ति के अलगाव का उन्होंने लाजवाब ढंग से चित्रण किया है । दूसरी कविता प्रेम-कविता है, जिसका शीर्षक है 'जाना भी दिखता रहता है' । इन चार पंक्तियों से विनोदजी के तेवर का अंदाजा पाठकों को लग जाएगा :

जाना भी दिखता रहता है
बहुत देर तक ।
उसे देखते रहना
न दिखने के बाद देर तक ।

1992 में विनोदजी का दूसरा कविता-संग्रह 'सब कुछ होना बचा रहेगा' प्रकाशित हुआ और 2000 में 'अतिरिक्त नहीं' नामक तीसरा संग्रह । इन दोनों संग्रहों में अनेक उल्लेखनीय कविताएँ हैं । बार-बार यह कहने की आवश्यकता नहीं होनी चाहिए कि कवि की मूल संवेदना सामाजिक है । उपर्युक्त पहले संग्रह की कविताएँ तो इस दृष्टि से और उल्लेखनीय हैं । उसकी पहली ही कविता 'जो मेरे घर कभी नहीं आएँगे' में वह कहता है : 'पहाड़, टीले, चट्टानें, तालाब/असंख्य पेड़ खेत/कभी नहीं आएँगे मेरे घर/खेत खलिहानों जैसे लोगों से मिलने/गाँव-गाँव, जंगल-गलियाँ जाऊँगा ।' 'जंगल के दिन भर के सन्नाटे में' में एक आदिवासी लड़की का वर्णन है, जो बेखौफ जंगल में महुआ बीनने के लिए जाती है, जेकिन आज के लोगों से वह खौफ खाती है : 'एक अकेली आदिवासी लड़की को/घने जंगल जाते हुए डर नहीं लगता/बाघ-शेर से डर नहीं लगता/महुवा लेकर गीदम के बाजार जाने से/डर लगता है ।' परिमाणतः सीधे-सादे वनवासी लोग पेड़ के नीचे इकट्ठे होते हैं और इकट्ठे बाजार जाते हैं । संकेत स्पष्ट है कि आज आदमी जंगली जानवरों से भी अधिक हिंसक हो गया है । कवि की इच्छा है कि 'सबसे गरीब आदमी की/सबसे कठिन बीमारी के लिए/सबसे बड़ा विशेषज्ञ डाक्टर आए/जिसकी सबसे ज्यादा फीस हो'। आगे की बात यह कि 'सबसे बड़ा डाक्टर सबसे गरीब आदमी का इलाज करे/और फीस माँगने से डरे ।' कवि की यह सदिच्छा से उसके आदर्श समाज की कल्पना का पता चलता है । 'ऐसे छोटे बच्चे से लेकर' कविता में कवि ने इस मानवीय विश्वास का परिचय दिया है कि

दरवाजा खोलते ही स्टेनगन लिए हत्यारे घुस आते हैं, फिर भी जब कभी दरवाजे के खटखटाने की आवाज होती है, तो कोई भी दौड़ पड़ता है, उसे खोलने के लिए ! 'रोज दिखाई देता वह' कविता में उसने अपनी कविता के नायक का पुनः परिचय दिया है :

एक ही मुहल्ले में जन्म से रहा
पर उसे पूछनेवाला इक्के दुक्के लोगों को
मुहल्ले वाले दूर-दूर तक भटका देते
उसे कोई क्यों लिखेगा चिट्ठी
पोस्टमैन उसके घर कभी नहीं आते
किसी तरह वह अपना
और अपने बच्चों का पेट भरता रहा
वह एक साधारण था
इतना कि मरा पहले
और मरने का अंत समय जीवन भर जिया ।

विनोदजी में व्यर्थता-बोध से उपजा अकेलापन और असुरक्षा का भाव भी है । 'किसी के बीच रहना' कविता में उन्होंने बहुत सशक्त ढंग से असुरक्षा के भाव का वर्णन किया है । देखिए–

अगर कोई बाहर सड़क में आ गया है
तो वह एक लगातार कर्फ्यू वाले शहर में निकल आया है
जितने कदम वह चलेगा
इसका मतलब
मृत्यु उससे उतने ही कदम के फासले पर थी ।

'शरारतन मैंने मुड़कर देखा एक पेड़ को' इस संग्रह की एक लंबी कविता है, जो वर्णनात्मक है । उसमें उन्होंने श्रमजीवियों और कपड़े की मिल के मजदूरों की व्यथा-कथा और दिनचर्या के बारे में लिखा है । इस कविता में बीच-बीच में बहुत सुंदर वर्णन आए हैं । जब मिल बंद रहती है, तो आकाश धुआँरहित तथा चाँद-तारों से भरा होता है । उस समय का यह विलक्षण दृश्य :

धीरे-धीरे, अँधेरा होते ही
काली चिमनी

अँधेरे से मिलकर
एक ऐसी ऊँचाई लगती
जिसकी अंतरिक्ष की गहराई तल में
वही बिंदु तारा है ।
फिर एक एक कर चिमनी के अंदर आकर
भर जाते तारे अनगिन
छलकने छलकने को तारे होते तब
चिमनी के मुँह पर धीरे से
लग जाता आकर चंद्रमा का गोल ढक्कन
अब नहीं अंदेशा तारों के नीचे गिरने का—
आकाश में इस तरह चाँदनी फैली ।

इस उद्धरण में 'वही बिंदु' का अर्थ उस तारे से संबद्ध है, जो कवि को पहले आकाश में एक बिंदु के रूप में दिखलाई पड़ा था । कुल बात इतनी है कि झकाझक चाँदनी में तारे ही नहीं विलुप्त होते, चिमनी भी ओझल हो जाती है । यथार्थ के भयावह दौर से गुजरते हुए भी विनोदजी जिंदगी में आस्था नहीं खोते । यह हमें उनकी 'प्रत्येक आवाज खटका है' कविता के अंत में देखने को मिलता है :

बचाओ ! बचाओ !! चिल्ला सकनेवाले लोग
बचाओ भी नहीं चिल्लाते
कोई बचा है
यह पूछनेवाला भी नहीं बचेगा ।
लगता है दुनिया को नष्ट करने का धमाका
अभी शायद हो
हो सकता है जिंदगी को नष्ट करने के धमाके के पहले
जिंदगी का बड़ा धमाका हो ।

निश्चय ही यह हवाई कल्पना नहीं है, क्योंकि इस दुनिया को नष्ट करनेवालों की तरह इसे बचाने के लिए संगठित प्रयत्न करनेवाले लोग भी हैं, जो हमें कभी-कभी देखने को मिलता है । वही लोग मनुष्यता की आशा हैं । इसी संग्रह के अंत में विनोदजी की 'लगभग जयहिंद' कविता भी संकलित है, जो कि कहीं से संप्रेषणीय नहीं है ।

'अतिरिक्त नहीं' नामक संग्रह में भी अनेक उत्कृष्ट कविताएँ हैं । सबसे पहले हम उसकी सामाजिक यथार्थवाली कविताओं को ही देखें । ज्ञातव्य है कि ऐसी कविताओं में श्रेष्ठ कवि यथार्थ का अनुकरण नहीं करता, बल्कि उसके समानांतर एक सौंदर्य-सृष्टि करता है । वही पाठकों को कविता का आनंद प्रदान करने में समर्थ होती है । उक्त संग्रह की पहली ही कविता देखें, जो संयोग से छोटी है और इसलिए उद्धरणीय है :

हताशा से एक व्यक्ति बैठ गया था
व्यक्ति को मैं नहीं जानता था
हताशा को जानता था
इसलिए मैं उस व्यक्ति के पास गया
मैंने हाथ बढ़ाया
मेरा हाथ पकड़कर वह खड़ा हुआ
मुझे वह नहीं जानता था
मेरे हाथ बढ़ाने को जानता था
हम दोनों साथ चले
दोनों एक दूसरे को नहीं जानते थे
साथ चलने को जानते थे ।

कुछ पाठकों को इसमें केवल शब्द-क्रीड़ा दिखलाई पड़ सकती है, लेकिन सच्चाई यह है कि इसमें विनोदजी ने एक हताश व्यक्ति की हताशा दूर करने की भावना और क्रिया को अत्यंत सशक्त ढंग से 'फोकस' किया है । जो व्यक्ति हताश है, वे उसे नहीं जानते और वह भी उन्हें नहीं जानता, इससे इस कविता में अभिव्यक्त वस्तु का महत्त्व और बढ़ गया है । विनोदजी बहुत ही सूक्ष्म और अप्रत्याशित विषयों पर कविता लिखते हैं । आगे की एक कविता में वे कहते हैं—

कितना बहुत है
परन्तु अतिरिक्त एक भी नहीं
एक पेड़ में कितनी सारी पत्तियाँ
अतिरिक्त एक पत्ती नहीं
एक कोंपल नहीं अतिरिक्त
एक नक्षत्र अनगिन होने के बाद ।

कविता का समापन इन पंक्तियों से होता है, जो इस मतलबी युग के गाल पर

तमाचे की तरह बैठती हैं–

कितनी कमी है
तुम ही नहीं हो केवल बंधु
सब ही
परंतु अतिरिक्त एक बंधु नहीं ।

कवि में यत्र–तत्र, भले काफी बदले हुए रूप में, पूर्ववर्ती कई कवियों की प्रतिध्वनियाँ सुनाई पड़ती हैं । मुक्तिबोध का प्रभाव हम देख चुके हैं । उसकी एक कविता में शमशेर की महान् कविता 'अम्न का राग' की यह प्रतिध्वनि सुनिए :

भोपाल हो अबकी साल
बांकल, पनियाजोब के पास ।
गंगा के किनारे से हटकर
काशी महानदी के पास ।
गरियाबंद गंगा से,
चंडीगढ़ साँची से,
नांदगाँव से फरीदकोट,
और मद्रास से जुड़ा हो मुरादाबाद ।
सब जगह इस तरह विस्थापित हो
सब जगह के पास
कि सब जगह हो सब जगह के पास
और अकाल, आतंक, दुकाल में अबकी साल
गाँव से एक भी विस्थापित न हो ।

शमशेर की कविता जहाँ विशाल फलक पर रखकर रची गई है, वहाँ इस कवि की कविता का फलक काफी छोटा है । अंतिम पंक्ति में जो विस्थापन वाली बात है, उसे भी संपूर्ण कविता की अभिव्यंजना से ही जोड़कर देखना चाहिए । अब एक दिलचस्प कविता, जो पुन: प्रमाणित करती है कि बेफायदा इंसानियत को बचाकर निचली श्रेणी के लोग ही रखनेवाले हैं, बाबू–श्रेणी का विश्वास तो लेन–देन और छोटे मुनाफे में है, जबकि इंसानियत कुछ कीमत माँगती है । एक सुबह कवि सब्जी खरीदने जाता है । वह एक बूढ़ी औरत से सब्जी खरीदता है, जो पालक रुपये के दस जूड़ी कहती है और गिनते समय बारह देती है । कवि कहता है : 'मैं दो जूड़ी लेने से इनकार करता हूँ/कि दाई ज्यादा है/तो गुस्सा

होकर/नहीं बेचना है कहकर/सब पालक वापस करने को कहती है ।' यह है नुकसान उठाकर भी आदमीयत को बचाए रखना । उक्त बूढ़ी औरत साधारण जन है । उस साधारण जन की शक्ति देखिए, जो एक कविता के निम्नलिखित उद्धरण की अंतिम दो पंक्तियों में प्रकट हुई है–

किसी तरह धरती पर अच्छे से रहने के लिए
करोड़ों वर्ष पुरानी कितनी खँडहर हुई धरती पर
करोड़ों वर्ष पुराने कितने खँडहर हुए आकाश के नीचे
झोपड़ी की दीवाल को
हर बरसात के बाद
मिट्टी से छाबने का काम शुरू होता है
तो बरसात के पहले छानी छप्पर का,
यह धरती के खँडहर को छाबने का काम है
और आकाश के खँडहर को छाने का ।

इसमें 'छाबने' और 'छाने' का अंतर भी ध्यातव्य है । 'छाने' इसलिए कि वह बड़े अर्थ में प्रयुक्त है ।

एक दिन कवि पुराने और कुछ ध्वस्त मंदिरों के बीच पहुँच जाता है । वह घूमता रहता है । अंत में कहता है :

जगह–जगह इतना प्राचीन है
कि घूमते–घूमते थक चुका हूँ
अँधेरा हुआ
आठवीं शताब्दी के अँधेरे की तरह
मुझे लगता है वही चाय की दुकान होगी
उसके पुराने जर्जर दरवाजे को खटखटाता हूँ
दरवाजा खुलता है
यह दरवाजा भी मंदिर का है
एक गरीब छोटी लड़की
ढिबरी लिए खड़ी है
यह एक छोटा सा बहुत गरीब शिव का घर है ।

कहना व्यर्थ है कि कवि के लिए असली मंदिर या शिवालय गरीबों का घर है । रवींद्रनाथ ने भी 'गीतांजलि' के एक गीत में कहा है कि देवता या ईश्वर खेतों में

काम करनेवाले लोग हैं, मंदिरों में स्थापित प्रतिमाएँ नहीं । नागार्जुन ने संस्कृत में भोपाल के भारत भवन पर एक कविता लिखी थी और असली भारत का वर्णन करते हुए प्रत्येक छंद के अंत में इस तरह कहा था : 'दृष्टं भारतभवनं मया' । हम कितने गैरसंवेदनशील हो गए हैं कि असाधारण घटनाएँ भी इस युग में हमारे लिए साधारण हो गई हैं । इस गैरसंवेदनशीलता का ऐसा व्यापक प्रसार हुआ है कि जनता भी ऐसा ही समझती है । विनोदजी कविता में चीखते-चिल्लाते नहीं, न विलाप करते हैं, बस पूरी सहजता, संयम और संक्षिप्तता में अपनी बात कहते हैं, जो हमारी चेतना को जोरों से डंक मारती है । उदाहरण के लिए उनकी 'साधारण' शीर्षक कविता की पंक्तियाँ देखें—

दफ्तर में छः बजे छुट्टी होती है
जो सात बजे हुई साधारण
सबके साथ घर जाने को बस के लिए खड़ी—
दफ्तर की लड़की को अचानक
चार गुंडे आकर जबर्दस्ती ले जाने लगे
तभी बस आई
बस में बैठे लोग यह देख रहे थे
तब दफ्तर के लोग भी उसी बस में बैठ गए
साधारण ।

यह देश के दुर्भाग्य की बात है कि बँटवारे के बाद भी सांप्रदायिक दंगे का अंत नहीं हुआ । यह स्वाभाविक भी है, क्योंकि बँटवारे के बाद पाकिस्तान में जितने मुसलमान रहे, उससे ज्यादा भारत में रह गए । इसी कारण भारत को संसार का सातवाँ मुस्लिम राष्ट्र कहा जाता है । चूँकि सांप्रदायिक हिंदुओं में भी हैं और मुसलमानों में भी, इसलिए जब कभी दंगा छिड़ता है, दोनों धर्मों के लोगों के जान-माल को क्षति पहुँचती है । दंगे का दूसरा कारण यह है कि दोनों धर्मों में संकीर्णतावादी विचारवाले लोग हैं, जो देश में मिली-जुली संस्कृति को विकसित नहीं होने देना चाहते और रात-दिन देश की धर्मनिरपेक्षता को खतरे में डालते रहते हैं । 2002 में गुजरात में मुसलमानों का जो भारी पैमाने पर कत्लेआम हुआ, उसे लोग न भूले हैं, न कभी भूलेंगे । विनोदजी के लिए भी सांप्रदायिकता एक बड़ी समस्या है । उन्होंने 'शायद' शीर्षक से अपने तीसरे संग्रह में सांप्रदायिकता- विरोधी एक ही कविता दी है, जो सैकड़ों कविताओं से बढ़कर है । इसमें 'शायद' शब्द चुपचाप हमारी चेतना को किस गहराई से आहत करता है, यह देखने लायक है—

बचा हो सकता है इक्के-दुक्के घर में
बँधी बछिया, कुत्ते का पिल्ला
काली मुर्गी या पिंजड़े का तोता,
शायद नहीं ।
बचा हो सकता
एक स्तब्ध व्यक्ति
शायद वह भी नहीं ।
शायद बचा हुआ—
शायद ।

कहा जा चुका है कि विनोदजी अमुखर कवि हैं । उनकी ऐसी कविताओं को देखकर लगता है कि मुखरता पर और मूर्तता पर क्रमशः अमुखरता और अमूर्तता भारी पड़ती है । अब उनकी नेताओं पर लिखी गई एक कविता का आरंभिक अंश देखिए, जिसमें शब्द बम की तरह फटते हुए दिखलाई पड़ते हैं—

वह व्यक्ति व्यक्तित्व ही
व्यक्तित्व के हाथ-पैर-नाक-नक्श थे ।
बढ़ते-बढ़ते वह कुछ
इस तरह बढ़ा
कि वह खूब पोले ढोल के पेट के अंदर समाया तो
बस दो हाथ ही बाहर रह गए
ताकि यह ढोल जोरों से पीटा जा सके ।

कविता यहीं समाप्त हो जाती है, लेकिन कवि ने इसके बाद दो पंक्तियाँ लिखना आवश्यक समझा है : 'व्यक्ति से मैंने हाथ नहीं मिलाया/व्यक्तित्व से कभी मुलाकात नहीं की', जिसकी कोई जरूरत नहीं थी ।

नारी की लज्जा बचाने को लेकर 'उछलती-कूदती' शीर्षक विनोदजी की कविता एक बेजोड़ कविता है । एक उछलती-कूदती लड़की को फ्रॉक छोड़कर साड़ी पहनने को कहा गया ! वह दौड़ते हुए लगातार आड़ में होने लगी । पेड़ की आड़ में हुई, तो पेड़ कट गया; जंगल की आड़ में हुई तो जंगल कट गया; धान के खेतों की आड़ में हुई तो धान कट गया । तत्पश्चात् वह तालाब में कूदकर पानी की आड़ में हुई, तो तालाब सूख गया; फिर तो वह पहाड़ की आड़ में हुई, लेकिन पहाड़ भी टूट गया । अब दूर तक मैदान था, जहाँ आड़ में

होने के लिए कुछ भी नहीं था । कविता का अंतिमांश स्वयं कवि के शब्दों में :

भागकर क्षितिज में खड़ी हो गई
खड़े-खड़े कमर के नीचे जमीन हुई
कमर से ऊपर आकाश हुई
इस खुले मैदान में आड़ होने को एक दृश्य रहता है ।

निस्संदेह यह स्त्री जाति पर लिखी गई एक भयानक कविता है, जिसमें एक बच्ची अपनी लज्जा नहीं बचा पाती है, तो स्वयं आड़ बन जाती है । नारीवाद से प्रेरित होकर आजकल ढेरों कविताएँ लिखी जाती हैं, जिनके मूल में ज्यादातर उनके लिए यौन स्वच्छंदता की माँग रहती है । विनोदजी ने स्त्री-जाति की लज्जा को लेकर यह ऐसी कविता लिखी है, जिसकी व्यंजना बहुत ज्यादा है । उनकी एक कविता पिंजड़े के पक्षी पर है, जिसकी अंतर्वस्तु है मुक्ति । यह भी एक अनमोल कविता है । पिंजड़े के पक्षी को पिंजड़ा खोलकर उड़ा दिया जाता है, तो वह पहले आसपास उड़ता और बैठता है, फिर उसके सामने खुला आकाश होता है । यह कविता कितनी संवेदनशील है, इसका अंदाजा इस बात से लगाया जा सकता है कि एक पत्थर से उस पक्षी की तुलना की गई है । एक सज्जन बेतवा से एक गोल पत्थर उठा लाए, जो खुले आकाश के नीचे वर्षों पड़ा रहा । अगली बार वे जब पुनः बेतवा गए, तो उस पत्थर को लेते गए और—

पारदर्शी जल के नीचे
याद कर, वहीं उसी जगह
दूसरे पत्थरों के बीच
पकड़े पत्थर को छोड़ स्वतंत्र किया
स्वयं उन्मुक्त हुए
देखकर मैं
जिसे बताया मैंने, वह भी ।

ध्यातव्य है कि पत्थर के पहले 'पकड़े' विशेषण का प्रयोग किया गया है, जैसे वह भी पिंजड़े का पक्षी हो, जिसे किसी पेड़ से पकड़ा जाता है । स्पष्ट है कि पत्थर के साथ प्रयुक्त एक 'पकड़ा' विशेषण पत्थर को पक्षी की तरह सजीवता प्रदान कर देता है और उसे बेतवा में उसी की जगह पर रखना वैसा ही है, जैसे पिंजड़ा खोलकर पक्षी को उड़ा देना । कविता कभी-कभी सजीव का वर्णन

निर्जीव की तरह करती है, लेकिन मजा तब है, जबकि निर्जीव को वह पूर्णत: सजीव बना दे ।

विनोदजी के दूसरे संग्रह में भी एक–दो प्रेम–कविताएँ थीं, लेकिन तीसरे संग्रह में तो उनकी संख्या पर्याप्त है । वे प्रेम का ढिंढोरा नहीं पीटते, बल्कि चुपचाप सूक्ष्म और प्राय: अमूर्त ढंग से अपनी मन:स्थिति को रख देते हैं । शमशेर का 'मौन' प्रसिद्ध है । वह मौन विनोदजी में भी है । वे चुप ही नहीं रहते, शब्दों का इतना कम प्रयोग करते हैं कि जो पाठक उनके संकेतों को ग्रहण करने में असमर्थ होगा, वह उनकी कविताओं से अस्पृष्ट रह जाएगा । हम अज्ञेय के शब्दों को याद करें : 'एक मौन ही है जो अब भी नई कहानी कह सकता है' । निश्चय ही इस मौन का महत्त्व शमशेर और विनोदजी दोनों ने समझा है । हिंदी आलोचना में दो शब्दों के बीच की जगह को समझने पर बहुत जोर दिया जाता है । वह व्यंजना के अलावा और कुछ नहीं है, लेकिन मौन शायद व्यंजना से आगे की चीज है, जो हमें चिकोटी नहीं काटता, बल्कि हमारे मर्म को हिलाकर रख देता है । तीसरे संग्रह की पहली प्रेम–कविता के दो प्रारूप हैं । मैं दूसरे प्रारूप से कुछ पंक्तियाँ उद्धृत करना चाहता हूँ, जिससे कवि के तेवर का अंदाजा अच्छी तरह से लग जाता है–

उसके दर्शन में
मैं अपने दिखने से
आत्मसात होना चाहता हूँ ।
अपने होने से
समा जाना चाहता हूँ
उसके होने में ।

मैं सम्मुख हो जाना चाहता हूँ
उसी के होने के एकांत में
अपने को भस्म कर डालने का
माथे पर प्रेम का भभूत लगाए ।

एक कविता में कवि ने अपनी प्रेमिका से बिछुड़ने का अद्‌भुत वर्णन किया है । पहले वह आकाश में देखता है, 'चंद्रमा देखने के लिए/चंद्रमा के नहीं होने को' । फिर वह बिछुड़ने की घटना को इस तरह देखता है–

कि मेरे इस एकटक के पिंजड़े में
उसका नहीं दिखना

पंख फड़फड़ाता है
और पिंजड़े से निकलकर
उड़ता हुआ
उसी तरफ जाता है
जिस तरफ उसका दिखना उड़ता हुआ
ओझल होता है ।

स्पष्टत: यहाँ जो अमूर्त है, उसको अत्यंत सुंदर ढंग से मूर्त बना दिया गया है, जैसे कवि आवश्यक होने पर मूर्त को अमूर्त रूप में चित्रित करते हैं । अब प्रेमिका के स्पर्श का अनुमान लगाने के लिए कवि द्वारा किया गया प्रयास । पहले उसने अग्नि का अनुमान लगाया, जिससे वह थोड़ा जल गया; फिर उसने जल का अनुमान लगाया, इस बार वह थोड़ा भीगकर डूब गया; फिर धूप का अनुमान लगाया और उसने छुआ कि सूर्य को ढँके हुए बादल हट गए हैं । अंत में उसने अंतरिक्ष का अनुमान लगाया और उसका ऐसा गहरा स्पर्श किया कि नक्षत्रों की बाढ़ में इस बार थोड़ा डूबकर भीग गया । 'जब उसने उसके स्पर्श का अनुमान लगाना चाहा/तब वह उसके स्पर्श का अनुमान/ठीक-ठीक नहीं लगा सका' । यह है प्रेमिका के स्पर्श का अनुमान, जो निश्चय ही इतना सशक्त है कि शब्दों में उसका वर्णन नहीं किया जा सकता । विनोदजी ने 'आदिम रंग' शीर्षक कविता में सृष्टि के प्रथम पुरुष और प्रथम स्त्री के मिलन का बहुत ही उदात्त वर्णन किया है । आप भी देखें–

पृथ्वी अंधकार में
पहला पुरुष अकेला नहीं था
न पहली स्त्री
सूर्योदय का रंग अंधकार में
दोनों के साथ होने से बन रहा था ।

अंतिम दो पंक्तियों में जो कहा गया है, वह केवल मनोहारी नहीं, बल्कि वस्तुत: उदात्त है ।

'प्रतिमाएँ पत्थर की हैं' शीर्षक कविता का बीज-शब्द है 'पथराना' । इस कविता के संदर्भ को समझने के लिए इसे पूरा देखना जरूरी है–

प्रतिमाएँ पत्थर की हैं
मूर्तियों में आनंद पत्थर का

सुख पत्थर का है
इस सुख से मुस्कुराहट पत्थर की ।
हमारी चितवन के सामने पत्थर है
परंतु सब कुछ सजीव
कि प्रतिमा के चितवन के सामने
हम दोनों पथराए
हमारे पथराने में मूर्तियों का सौष्ठव
मूर्तियों की नक्काशी
हम दोनों आलिंगन में पथराए ।

'पथराना' शब्द को विनोदजी ने अपनी कवि-प्रतिभा से नकारात्मक से सकारात्मक बना दिया है और उसे प्रेमानुभूति की कैसी गहराई प्रदान की है, यह देखने ही लायक है । अब इस संग्रह की अंतिम प्रेम-कविता । यह भी एक कमाल की कविता है । प्रमाण प्रस्तुत है :

हमारा मूक सिनेमा देखते हैं हमी दोनों
कि एक खिले फूल का प्लेबैक है
मुर्झाये हुए फूल पर
एक पीली चिड़िया का चुपचाप
एक काली चिड़िया के चुपचाप का प्लेबैक है ।
एक लता पर पाँच अलाप
पाँच पंखुड़ियों का फूल है
जो सुनाई नहीं दे रहा
परंतु है दिखाई दे रहा ।

कविता का शेष अंश इसी का विस्तार है । अंतिम तीन पंक्तियाँ तो शायद बिलकुल जरूरी नहीं थीं । यह मूक सिनेमा प्रेमानुभूति की गहराई के क्षणों में प्रेमी-प्रेमिका बराबर देखते हैं । जरूरत थी, उसे सवाक् करने की, जो विनोदजी ने इस कविता में बेहद खूबसूरती के साथ किया है ।

प्रस्तुत संग्रह में प्रकृति की तीन सुंदर कविताएँ दी गई हैं । मैं पुनः निवेदन करूँ कि जैसे यथार्थवादी कविता सामाजिक यथार्थ का अनुकरण नहीं है, वैसे ही कविता में प्रकृति का प्रतिरूप अंकित करना उसके सौंदर्य को नष्ट कर देना है । प्रकृति से बचपन से परिचय आवश्यक है, बाद में उसका विचारधारात्मक पक्ष

छूट जाना चाहिए, यथा अपने कर्तव्य पर मुस्तैद सूर्य समय पर पूरब से निकलता है । वस्तुतः प्रकृति-कविता प्रकृति की नकल नहीं, बल्कि उसके स्वाभाविक सौंदर्य की नकल है । यह सोचकर आश्चर्य नहीं होता कि मार्क्सवादी आलोचक डा. रामविलास शर्मा ने केदार द्वारा वर्णित एक वृक्ष के सौंदर्य के बारे में कहा था कि यह कविता महत्त्वपूर्ण है, क्योंकि इसकी पत्ती-पत्ती ऑक्सीजन बनाने का कारखाना है । यह विचारधारा और उससे उपजे उपयोगितावाद का चरम बिंदु है ! केदार की एक दूसरी कविता वृक्ष पर ही है, जिसके सारे पत्ते झड़ चुके हैं । एक बार इसकी फुनगी पर एक हरा तोता बैठा दिखा, तो उन्हें लगा कि एक हरी पत्ती झड़ने से रह गई है ! पता नहीं, इस सुंदर कविता के बारे में डा. शर्मा क्या कहते । मुझे एक आपबीती घटना याद आती है । करीब डेढ़ दशक पूर्व की बात है । अनुग्रह नारायण सिंह संस्थान के विशाल सभा-कक्ष में भारतीय जन नाट्य संघ की ओर से एक संगोष्ठी रखी गई थी । संघ के महासचिव मेरे पास आए और मुझसे अनुरोध किया कि मैं उसमें संस्कृति और साहित्य पर आलेख पाठ करूँ । मैंने उनसे कहा कि आप यह अनुरोध छोड़ दें, क्योंकि मेरी बातों का विरोध सारे प्रगतिशील करेंगे और वह स्थिति प्रीतिकर न होगी । लेकिन उन्होंने जिद पकड़ ली और मुझे आश्वस्त किया कि मैं प्रत्येक स्थिति के लिए तैयार हूँ, आप आलेख-पाठ अवश्य करें । अंततः मुझे स्वीकृति देनी पड़ी और मैंने अपने निष्कर्षों के अनुसार वह आलेख तैयार किया । कैफी आजमी संगोष्ठी की सदारत कर रहे थे । मेरे आलेख-पाठ के बाद सारे प्रगतिशील एक पाँव पर खड़े हो गए और कहने लगे कि इसमें रूपवादियों के सौंदर्य की बहुत चर्चा की गई है, जबकि चर्चा का मूल विषय प्रगतिशील सामाजिक यथार्थ होना चाहिए । कैफी साहब तो प्रगतिशीलों की शिरोमणि ही थे । उन्होंने भी कहा कि हाँ, इस पर्चे में हुस्न पर बहुत जोर है । बाद में मुझे उनकी एक नज्म की दो पंक्तियाँ याद आईं, जिनमें सीपीएम और सीपीआई के करीब आने पर उर्दू की बहुधाप्रयुक्त शैली में उच्छ्वासपूर्ण उल्लास प्रकट किया गया था : 'जा चुके थे जो बहुत दूर, क़रीब आए हैं ।/कितना रंगीन नज़ारा है, कहो है कि नहीं ?' फिर मुझे उनका एक फिल्मी गीत याद आया : 'चलो दिलदार चलो ।/चाँद के पार चलो ।/हम हैं तैयार चलो ।' शायद उन्हें भी पता नहीं था कि 'रंगीन नज़ारा' इस गीत की तीसरी पंक्ति में है, जो आज भी हमें आनंद से सिहरा देती है, न कि ऊपर उद्धृत की गई दो राजनीतिक पंक्तियों में, जिसकी असलियत इतिहास ने स्वयं जाहिर कर दी है । मैं कुछ देर बैठा वह दिलचस्प विरोध देखता-सुनता रहा, फिर शांत मन से

उठकर गाँधी मैदान में लगे पुस्तक-मेले में चला गया । आखिर अमूर्तन और विकृतीकरण ही तो वे चीजें हैं, जो पेंटिंग्स को फोटोग्राफी से अलग करती हैं । कविता भी, वह समाज की हो या प्रेम की, या प्रकृति की, मात्र छव्यंकन नहीं, बल्कि कला है । यहाँ भारत में गिनाई गई चौंसठ कलाओं के फेरे में पड़ने की जरूरत नहीं है । आचार्य रामचंद्र शुक्ल के साथ वह बात समाप्त हो गई । यह ताज्जुब की बात नहीं कि 'साहित्यालोचन' (श्यामसुंदर दास) का पहला लेख कला पर है, रस पर नहीं ।

विनोदजी की इस संग्रह की पहली लाजवाब प्रकृति-कविता है 'स्थिरता यदि पहाड़ न हो' । वे पहाड़ को देखकर कहते हैं कि 'फॉसिल हो चुकी उड़ान है यह पहाड़/आकाश की ओर/जो पंख ने भरे थे ।' फिर कविता के अंत में—

पहाड़ पर शिखर तक एक डगर है
डग भरते हुए मुझे लगता है—
मैं उड़ते हुए एक पक्षी के
पीछे-पीछे जा रहा हूँ ।
पक्षी ! मैं तुम्हारे पीछे हूँ !!

दूसरी कविता है 'इस छुआ-छुआइल के खेल में' । इस खेल में बच्चे नजदीक आकर एक-दूसरे को छूते हैं और फिर दूर जाकर छिप जाते हैं । प्रकृति के साथ विनोदजी ने इसी क्रीड़ा का इस कविता में अंकन किया है । उनके सामने बरसात का एक दृश्य रहता है, फिर अचानक 'मूक चुपचाप वह/दूर चला गया दूर का दृश्य है ।' कविता इन पंक्तियों के साथ समाप्त होती है—

इस छुआ-छुआइल के खेल में
मुझे मालूम है मेरे पीछे भी
इसी तरह का एक दृश्य है
बहुत दूर एक हरे टीले के साथ
वह इस तरह है
जैसे मुझे मालूम नहीं
कि वह पीछे है ।
छुआ-छुआइल में
मुझे लगता है कि मैं चौकन्ना हो गया हूँ

कि पीछे की सबसे अधिक दूरी
मुझे छूने के करीब आ रही है
अगर मैं मुड़ा तो पीछे की सबसे अधिक दूरी
सबसे अधिक दूर चली जाएगी ।
मैं मुड़ा और
पीछे की सबसे अधिक दूरी
सबसे अधिक दूर चली गई ।

इस विलक्षण कविता से यह स्पष्ट है कि हम छायावाद से कितनी दूर निकल आए हैं । तीसरी कविता 'हवा के भरोसे से झोंका आया' भी कम विलक्षण नहीं है । चूँकि विनोदजी की कविता में बात खुद बोलती है, इसलिए उस पर अलग से कोई टिप्पणी न करके मैं सीधे कविता की पंक्तियाँ उद्धृत कर रहा हूँ—

आँधी में खो गया झोंका
कितनी बयार, पुरवाई से होकर
पछवाकर, हवा की सड़क पर
हवा का रिक्शा
हवा ने रिक्शा चलाया
रिक्शे में बैठ झोंका आया ।

घंटी बजाकर नहीं
हवा की हेंडिल पर घंटी की जगह
उड़ता पपीहा
पियू ! पियू ! से
दूरी को सामने से हटाता
थोड़ा सा स्पर्श आया ।

हवा रिक्शा चलाती है और रिक्शे की घंटी की जगह पपीहे की 'पियू ! पियू !' से दूरी को सामने से हटाती है ! इसे पढ़कर मुँह से एक बात निकलती है—क्या कहने हैं ! विनोदजी का चौथा कविता-संग्रह 'कविता से लंबी कविता' (2012) उनकी पुरानी लंबी कविताओं का संग्रह है । अंत में जो नई कविता है 'आरपार शायद इसी को कहते हैं', कई बार ध्यानपूर्वक पढ़ने पर भी दुर्भाग्यवश मेरे लिए असंप्रेषणीय ही बनी रही ।

'कभी के बाद अभी' विनोदजी का पाँचवाँ कविता-संग्रह है, जो 2012

में प्रकाशित हुआ । इस संग्रह की महत्त्वपूर्ण कविताएँ वे हैं, जो सांप्रदायिकता और पड़ोस से जुड़ी हुई हैं । सांप्रदायिकता के पीछे निश्चय ही गुजरात का दंगा है, जो सांप्रदायिकता के इतिहास में दर्ज हो चुका है । एक कविता में कवि ने कहा है कि—

किसी मुसलमान के हाथों मरूँ
तो मुझे हिंदू न समझना
मुसलमान समझना
अगर हिंदू के हाथों मरूँ
तो मुझे मुसलमान न समझना
हिंदू समझना ।

सच्चा आदमी वस्तुतः हिंदू या मुसलमान नहीं होता और होता भी है, तो उसकी धार्मिकता सांप्रदायिकता से शून्य होती है । 'गुजराती मुझे नहीं आती' एक बहुत ही सशक्त कविता है, जो छोटी भी है, इसलिए मैं उसे पूरा उद्धृत कर रहा हूँ । देखने की बात यह है कि कवि ने गुजरात की भयानक स्थिति का किस कलात्मकता से वर्णन किया है । असली कला वही है, जो कविता की विषय-वस्तु को आलोकित कर दे, न कि उसे आच्छादित कर उस पर अपनी सत्ता स्थापित कर ले, यथा—

गुजराती मुझे नहीं आती
परंतु जानता हूँ
कि गुजराती मुझे आती है—
वह हत्या करके भाग रहा है
यह एक गुजराती वाक्य है ।
दया करो, मुझे मत मारो
मेरे छोटे-छोटे बच्चे हैं
अभी लड़की का ब्याह करना है
ब्याह के लिए बची लड़की
बलात्कार से मर गई—
ये सब गुजराती के वाक्य हैं ।

'गुजारिश' एक गुजराती शब्द है ।

'पड़ोस' अशोक वाजपेयी का प्रिय शब्द है । विनोदजी ने उसे पूरी

गंभीरता से लेकर उसे 'सामाजिक' का पर्याय बना दिया है । सांप्रदायिकता की तुलना में पड़ोस पर अनेक कविताएँ हैं । पहली कविता है 'गेंद का पड़ोस', जिसमें कवि पहले यह कहता है कि गेंद सभी दिशाओं में जा सकती थी, इसलिए सभी दिशाएँ उसका पड़ोस थीं, फिर 'और गेंद का घर/हमारा घर' । अंत में कवि एक अफसोस के साथ कहता है, जो छिपाए नहीं छिपता । यह बदली हुई स्थिति पर सटीक प्रकाश डालता है । कविता की अंतिम पंक्तियाँ हैं—

कितनी गेंदें पड़ोस में खो चुकी थीं
गेंद ढूँढ़ने हम
किसी के भी घर घुस जाते
घरों में जाना और खो जाना

हमने गेंद से सीखा ।

अगली कविता है 'पैदल अपने पड़ोस जा रहा हूँ' । इसमें विनोदजी यह कहने के बाद कि क्या दूर जाना ही यात्रा है, पैदल पड़ोस में जाना नहीं ? कहते हैं—

घर से निकला हूँ
अब पड़ोस जा रहा हूँ
दो कदम ही चला हूँ
घर से दूर
मैं यात्रा में—
तीर्थ-यात्रा में ।

काशीनाथ सिंह के साहित्य अकादेमी से पुरस्कृत उपन्यास 'रेहन पर रग्घू' के अंत में जो 'तीर्थाटन' शब्द आया है, उपर्युक्त पंक्तियों के अंत में प्रयुक्त 'तीर्थ-यात्रा' उसका एकदम उलटा है । देखने की बात है कि साहित्य में एक ही शब्द एकाधिक रूप में प्रयुक्त होकर एकाधिक अर्थ ग्रहण कर लेता है । कहना व्यर्थ है कि जैसे काशीनाथजी के उपन्यास में 'तीर्थाटन' शब्द उसका चरम बिंदु है, वैसे ही विनोदजी की इस कविता के अंत में आने वाला 'तीर्थ-यात्रा' शब्द ही उसे कविता बनाता है । 'चार पेड़ों की' शीर्षक कविता भी पूरी देखिए, क्योंकि यह एक असाधारण रूप से सुंदर कविता है—

चार पेड़ों की
एक दूसरे के पड़ोस की अमराई
पेड़ों में घोंसलों के पड़ोस में घोंसले

सुबह-सुबह पक्षी चहचहा रहे हैं
यह पड़ोसियों का सहगान है—
सरिया-सोहर की गवनई
पक्षी, पड़ोसी-पक्षी के साथ झुंड में उड़े
परंतु मेरी नींद
एक पड़ोसी के नवजात शिशु के रुदन से खुली ।

यह नवजात भी दिन
सूर्य दिन को गोद में लिए है
सूर्य से मैंने दिन को गोद में लिया ।

कविता का पूर्वार्ध तो सुंदर है ही, उतरार्ध उदात्त है । नवजात शिशु भी दिन है, जैसे सूर्य के लिए दिन । कवि सूर्य से दिन को गोद में लेता है । इन पंक्तियों में 'यह नवजात भी दिन' सर्वाधिक उदात्त है, क्योंकि उसका रुदन दिन के आगमन का सूचक है । 'पड़ोस' कवि के लिए क्या मानी रखता है, यह 'जब बाढ़ आई' शीर्षक कविता से मालूम होता है । जब बाढ़ आती है, एक टीले पर बसा घर डूब जाता है, जिसका मतलब है, नीचे के घरों का निश्चित रूप से डूब जाना । 'क्षितिज के पार से/एक पड़ोसी सबको उबारने/एक डोंगी लेकर चल पड़ा है ।' संभवत: उसी के घर के बारे में कविता के अंत में कवि कहता है : 'इस टीले के ऊँचे शिखर पर/मंदिर की तरह/एक और पड़ोसी का घर है ।' यहाँ घर के लिए जो 'मंदिर' शब्द का प्रयोग किया गया है, वही इस पूरी कविता को ऊँचाई प्रदान करता है । पड़ोसीपन आज मनुष्यों में भले कमता जाए, लेकिन पक्षियों में वह पूर्ण रूप से मौजूद है । यह हमें 'पक्षियों का झुंड उड़ा' शीर्षक एतद्विषयक अंतिम कविता बतलाती है । मुलाहिजा हो—

पक्षियों का झुंड उड़ा—
सभी पक्षी,
सभी पड़ोस के पक्षियों के साथ ।
आकाश पक्षियों की उड़ान से पछाड़ा हुआ
औंधा है
चलते-चलते सिर उठाकर देखा
कि मेरे चलते रहने का पड़ोसी
पक्षियों की उड़ान है

घर में रहते रहने का पड़ोसी
बरामदे का घोंसला ।

पड़ोसीपन का उलटा है अकेलापन । उस पर एक ही उल्लेखनीय कविता 'दूसरों के करीब हूँ' मुझे इस संग्रह में मिली है । इसमें कवि कहता है कि अब मैं किसी के पड़ोस में नहीं, स्वयं अपने पड़ोस में भी नहीं । कभी दूसरों के पड़ोस में था, इसे याद करना पड़ता है । वह प्रश्न करता है– 'अकेलापन यही है क्या'? इसका उत्तर देने की जरूरत नहीं । दूसरे प्रगतिशीलों और जनवादियों के लिए, जो अकेलेपन के चित्रण से बहुत घबड़ाकर उसे व्यक्तिवाद का पर्याय मान बैठते हैं, कार्ल मार्क्स की इस उक्ति की याद दिलाना आवश्यक है कि 'अकेलापन भी एक सामाजिक अवस्था है ।' तात्पर्य यह कि यह आसमान से नहीं टपकता, न किसी स्वार्थभावना या बुर्जुआपन की देन है, बल्कि इसी समाज से पैदा होता है और ताज्जुब नहीं कि आज का औद्योगिक और उपभोक्तावादी समाज इसे बढ़ाता जा रहा है । कविता का अंत विनोदजी ने इन्हीं शब्दों में किया है, जिससे पता चलता है कि अकेलापन कितनी मानव-विरोधी वस्तु है :

भूल-भूलइयाँ है लौटने का रास्ता
कभी लौट नहीं सकूँगा के इस
लौटने के रास्ते पर
केवल चल रहा हूँ
न आ रहा हूँ
न कहीं जा रहा हूँ–
ऐसा मैं चला गया ।

लेकिन इतना कहे बगैर मैं नहीं रह सकता कि इन कविताओं को छोड़ दें, तो पूरी पुस्तक पढ़ने से मन पर यह प्रभाव पड़ता है कि विनोदजी की कल्पनाशीलता, जो उनकी सबसे बड़ी शक्ति थी, क्षीण पड़ने लगी है ।

इस किंचित् विस्तृत लेख का अंत मैं पुनः एडोर्नो के दो कथनों के हवाले से करना चाहता हूँ । एक बात उन्होंने यह कही है कि 'वस्तुतः कला जब तक प्रयोगात्मक नहीं होती, मुश्किल से संभव होती है' और दूसरी यह कि 'संपूर्ण सौंदर्य दृढ़तापूर्ण विश्लेषण से ही उद्‌घाटित होता है, जो कला में सचेतता की भूमिका को उजागर करता है ।' विनोदजी की कविताओं के सौंदर्य से परिचित होने के लिए इन दोनों बातों को याद रखना जरूरी है ।

विष्णु खरे

उन्नीस सौ अस्सी के दशक का कोई वर्ष रहा होगा । रघुवीर सहाय किसी सिलसिले में पटना आए हुए थे । बिहार की प्रसिद्ध नाट्य संस्था बिहार कला संगम की ओर से बादल सरकार के बहुप्रशंसित नुक्कड़ नाटक 'जुलूस' की पटना कालेज के विल्सन गार्डेन में प्रस्तुति थी । सतीश आनंद के अनुरोध पर रघुवीरजी ने उसका 'प्रथम दर्शक' बनना स्वीकार कर लिया । मेरे मित्र और सहयोगी डा. रामवचन राय उनसे पहले से परिचित थे, लेकिन मेरा उनसे कोई व्यक्तिगत परिचय नहीं था । फिर भी वे जमीन पर बैठे, तो रामवचनजी और मैं उनके दाएँ-बाएँ बैठ गए । जब वह आनंददायक प्रस्तुति समाप्त हुई, तो हम दोनों उन्हें पटना कालेज के सामने स्थित रीगल नामक होटल में चाय पिलाने ले गए । चाय पीने के क्रम में मैंने उनसे पूछा—'एकदम नई पीढ़ी के कवियों में सबसे अधिक संभावना आपको किस कवि में दिखलाई पड़ती है?' उन्होंने बिना देर लगाए कहा—'विष्णु खरे' । मैं उनसे पूछने ही वाला था कि उनमें खास बात क्या है कि उन्होंने आगे कहा—'वे हिंदी की प्रचलित काव्य-भाषा के 'फॉर्म' को तोड़ रहे हैं ।' उस समय मैं मार्क्सवाद के गहरे प्रभाव में था, सो मैं उनकी बात समझ नहीं सका । भाषा के 'फॉर्म' को तोड़ने का मतलब था उसकी व्याकरणिक व्यवस्था को तहस-नहस करना और 'कंटेंट' के स्थान पर 'फॉर्म' को तो कविता की कसौटी मानने के लिए मैं कतई तैयार नहीं था । लेकिन मैं चुप रहा और रघुवीरजी की बात पर लगातार सोचता रहा । एक तो मैंने खरे साहब की कविता को गंभीरता से पढ़ना शुरू किया और दूसरे 'फॉर्म' पर नए सिरे से खोज-ढूँढ़ शुरू की । मेरी सहायता अंग्रेजी के ख्यातिप्राप्त विद्वान् डा. कपिलमुनि तिवारी ने की । उन्होंने कहा कि 'फॉर्म' को आप तब तक नहीं समझेंगे, जब तक उसे

क्रियापद के रूप में नहीं देखेंगे, यानी 'फॉर्म' नहीं, 'टु फॉर्म' । मेरी समस्या सुलझ गई । मुझे लेनिन का यह कथन याद आया कि कविता में 'फॉर्म' यानी रूप की जगह कोई भी दूसरी चीज नहीं ले सकती । स्वभावत: मेरे लिए भी अंतर्वस्तु की जगह रूप कविता की कसौटी बन गया । जाहिर है कि कोई भी अंतर्वस्तु तब तक कविता नहीं बन सकती, जब तक कि वह एक रूप ग्रहण न कर ले । यह जरूर है कि अंतर्वस्तु और रूप में संबंध है और दोनों एक दूसरे को प्रभावित करते हैं । यह बाद का प्रश्न है कि इससे जो कविता बनी, वह कितनी मूल्यवान् है ।

भाषा के 'फॉर्म' को तोड़ने का मतलब उसकी व्याकरणिक व्यवस्था को तहस-नहस करना नहीं, बल्कि भाषा का नया इस्तेमाल करते हुए उस तरह कविता लिखना है, जिस तरह अब तक नहीं लिखी गई थी । 'दिनमान' में खरे साहब की पहली कविता-पुस्तक 'खुद अपनी आँख से' (1978) की समीक्षा करते हुए रघुवीर सहाय ने कहा था कि 'कहानी में कविता कहना विष्णु खरे की सबसे बड़ी शक्ति है ।' अब तक कविता में कहानी कही गई है, खरे साहब ने संभवत: पहली बार गद्य में, जो कि कविता के अलावा और कुछ नहीं, कहानी कहना शुरू किया । 'कहानी' की जगह मैं किसी 'घटना' या 'वृत्तांत का वर्णन करना' कहना ज्यादा पसंद करूँगा । कायदे से खरे साहब का पहला कविता-संग्रह 1998 में प्रकाशित 'पिछला बाक़ी' है, क्योंकि इसमें 'पहचान' सीरीज में छपी उनकी सारी कविताएँ भी संकलित हैं । इसके अतिरिक्त कुछ नई कविताएँ भी । इस कारण हम इसी संग्रह से उनकी कविताओं पर विचार आरंभ करेंगे ।

'गर्मियों की शाम' कविता में शाम का बहुत ही स्वाभाविक और सटीक वर्णन किया गया है । एक उदाहरण से यह बात प्रमाणित हो जाएगी—

लालटेन की कमज़ोर रोशनी की तरह फैल जाती है सिमटने से पहले धूप
पुलिस लाइन का मैदान क़वायद के बाद सूना हो चुका होता है
कचहरी के पीछे सूखी घास में वह सिर्फ़ हवा की सरसराहट है
पीछे छूट गए दो-तीन ही जानवर लौटते आ रहे हैं
बिना बैलगाड़ी वाले गोंड इतवारी बाज़ार से सौदे की गठरी उठाए
परतला या चंदनगाँव की तरफ़ वापस जा रहे हैं

इस कविता को पढ़कर अनायास हमें निराला की प्रसिद्ध कविता 'संध्या-सुंदरी' का स्मरण हो आता है । इस कविता में उच्च कोटि की एकान्विति है, तथापि वह एक रोमांटिक कल्पना की देन है । उसकी खरे साहब की कविता से तुलना करने

पर कल्पना और यथार्थ का अंतर स्पष्ट हो जाता है । एक कविता है 'प्रारंभ', जिसमें एक क्वाँरी और ब्याही लड़की की सूक्ष्म और अमूर्त मनोदशा का वर्णन है । पुरुष-स्त्री का पारस्परिक आकर्षण एक समस्या है, जिसे खरे साहब ने असाधारण क्षमता से चित्रित किया है । देखिए–

अठारह वर्ष की उम्र से मैं उन आँखों की
इस चमक को जानता हूँ– यह नीली कौंध
जिसकी चिन्गारियाँ पिघलती हुई
सीधी आत्मा नामक किसी चीज़ में समा जाती हैं

अब कवि अड़तीस का हो गया है–

किंतु यह ख़तरनाक चमक दिखती ही रही है बीच बीच में
जो सारा दिन दमकती रहती है
वत्सला स्त्री की आँखों में
जब उसका पुरुष बहुत दिनों बाद उससे मिलता है

अंत में कवि सोचता है : 'स्त्रियों और पुरुषों के दरम्यान वह क्या है जो रिश्तों को ऐसा बना देता है/आदमी और औरत की ज़िंदगी का अर्थ क्या है और किसके हाथ में है' । अब शब्द-प्रयोग पर 'मौसम' शीर्षक एक कविता, जिसमें कहा गया है कि जैसे मौसम के मुताबिक कपड़े पहने जाते हैं, वैसे ही जरूरत के मुताबिक शब्दों का प्रयोग किया जाता है । कविता के अंत में कवि कहता है कि 'जब तक कि तुम/शब्दों को अपने नियत मौसम में पहनकर/उनमें/एक धुँधली आश्चर्यान्वित पहचान न जगाओ', लोग 'फीके कपड़ों पर/या किसी रुकी हुई नाली पर आँखें गड़ाए हुए बढ़ जाएँगे'। खरे साहब जानते हैं कि शब्दों का एक नियत मौसम यानी वक्त होता है ।

'दिनचर्या' शीर्षक कविता में आज की भयावह स्थिति का बहुत जोरदार वर्णन है । इससे खरे साहब की भाषा कितनी सशक्त है, इसका भी पता चलता है–

उठकर वहाँ जाते हो
जहाँ शोर अपने सैकड़ों पंजों और दाँतों से
तुम्हें फाड़ खाने दौड़ता है
जहाँ तुम्हारे पीछे पदचापों की फुसफुसाहट

गहरी होती हुई चलती है और तुम्हारी पीठ
किसी नोकीली चीज़ की आशंका में
बार-बार मुड़ना चाहती है
जहाँ रफ़्तारें तुम पर से गुज़रने को आतुर हैं
जो तुम पहने हुए हो उसे अधिकारने
झिल्लीदार अँगुलियाँ छटपटाती हैं
जहाँ तुम्हारे पैरों के लिए
काँच के तिकोने टुकड़े बिछाए जा रहे हैं
और अगले चौराहे पर जो नई टिकठी लगाई जा रही है
उस पर कल जो लटकाया जाएगा
उसे तमाशाइयों में शामिल हो तुम न देखोगे
क्योंकि कहीं तुम ही वह न होओ ।

आज का जीवन मृत्युवत् हो गया है । कवि के शब्दों में 'ज़रूरी नहीं कि मृत्यु एक बार ही हो/ और उसके बाद कुछ भी नहीं हो' । आगे—

एक अँधियारे अपार्थिव बरामदे के सिवाय
हो सकता है पहली बरसात के पश्चात्
घास में बूँदें देखने के लिए तुम उठो
और खिड़की में लगे काँच में
तुम्हारा प्रतिबिंब तुम्हें आश्चर्यान्वित करने के लिए
वहाँ नहीं हो
या जब तुम चुंबन के लिए होठों को तत्पर करो
तो तुम्हें लगे कि तुम पास ही किसी कुर्सी पर बैठे
हँस रहे हो
या स्मृतियों के अलाव में झाँकते हुए पाओ
कि उठती हुई लपटें तुम्हारी भौंह पर कोई बू नहीं छोड़तीं

'गोदान' में होरी जब मरने लगता है, तो उसकी स्मृति में उसके विगत जीवन के दृश्य आने लगते हैं । खरे साहब ने 'अंतिम' शीर्षक कविता में एक साधारण आदमी के मरने की कल्पना की है और बतलाया है कि उसकी स्मृति में कौन-कौन-सी बातें आती हैं । होरी के समय से आज का समय बहुत बदल गया है । इस बदलाव में साधारण आदमी की स्थिति बद से बदतर होती गई है । इस

कविता को पुस्तक में पूरा पढ़ना चाहिए, इसलिए मैं इसका कोई अंश उद्धृत करने से बाज आ रहा हूँ । 'गूँगा' शीर्षक कविता में एक कौए का छोटा बच्चा है, जो अभी उड़ना सीख नहीं पाया है । लड़के उसके पीछे पड़े हुए हैं । अंत में उसे एक गूँगा लड़का पकड़ लेता है और उसे लेकर भागता है, बल्कि अपने घर में घुस जाता है, जिसके दरवाजे लोहे के हैं । लड़के वहाँ भी पहुँचते हैं और शोर मचाते हैं । आखिर कौए का वह बच्चा मर जाता है और वह लड़का उसे लिए हुए दूर नाली में फेंकने जाता है । उसके सिर के ऊपर कौए मँडरा रहे हैं । वह उसे नाली में फेंक देता है, लेकिन लौटता नहीं है । अब कवि के शब्दों में–

उसके लौटने के इन्तज़ार से जब लड़के परेशान हो जाते हैं
तो क्या कर रहा है यह देखने पार्क में आते हैं

उसे नाली के पास वाली टूटी पुलिया पर
छोटा कौआ हाथ में लिए रोता हुआ पाते हैं

यह गूँगे की संवेदनशीलता है, जो और लड़कों में नहीं । अब ऐसी संवेदनशीलता की झलक वहीं मिलती है, जहाँ मनुष्य समाज में अविकसित या अनपेक्षित माना जाता है । 'अंधी घाटी' भी आधुनिक जीवन के यथार्थ पर प्रकाश डालने वाली एक किंचित् लंबी कविता है, जिससे एक उद्धरण नीचे दिया जा रहा है–

पहले कभी सयाने सूर्य का ज़िक्र करते थे
और हमारी मोतियाबिंदी आँखों में कुछ चमक उठता था
हमारे हाथों में कोंपलें उगने लगती थीं
हम उसाँसें भरते थे और ऊपर यूँ देखते थे
कि यदि दृष्टि कगारों तक पहुँचे तो सूर्य को पीकर ही लौटे
जब वे सूर्य की बातें करते तो ऊपर अँगुलियाँ उठाई जातीं
टोलियाँ बनतीं और दबे स्वरों में मंत्रणा होती
किंतु सयानों का रुख़ बदला
और अब वे कहते हैं कि अंधी घाटी ही हमारा प्रारब्ध है
उजियाला नामक कोई वस्तु ही नहीं है और यदि है भी
तो वह हमारे लिए ख़तरनाक साबित हो सकती है
(वे शायद धीरे-धीरे अंधे होते जा रहे हैं)

'पिछला बाक़ी' की अंतिम उल्लेखनीय कविता 'पुनरांतरण' है । इसमें कवि ने

ईसा मसीह से कहा है :

हालाँकि इस धरती पर हमें तुम्हारी ज़रूरत है यीशु
हालाँकि हम तुम्हारा वचन याद करते हैं और तुम्हारी सख़्त ज़रूरत है
लेकिन मैं वह जगह सोच नहीं पाता जहाँ तुम अवतरित होओ
और सुरक्षित रह सको

फिर वे कविता के अंत में कहते हैं—

कोई जगह तुम्हारी नहीं है यीशु
क्योंकि तुम हर अन्याय के खिलाफ़ अपना गुस्सा ज़ाहिर करोगे
हिरोशिमा और हंगरी, क्यूबा और तिब्बत
अल्जीरिया और अंगोला, कश्मीर और कांगो
पास्तरनाक और ट्रॉट्स्की, रोब्सन और रोज़ेनबर्ग !
तुम एक अत्यधिक अलोकप्रिय मसीहा सिद्ध होओगे !

फिर भी एक दिलासा है एक संतोष है
मानवीय पीड़ा कम करने की दिशा में
पोंटियस पाइलेट के ज़माने से अब तक हमने जो प्रगति की है
उसे महसूस कर तुम्हें आश्चर्य होगा ।
इस बार या तो गोली होगी या बिजली की कुरसी
या ज़हरीली गैस का कमरा ।

ध्यातव्य है कि खरे साहब अपनी कविताओं में हर बार किसी घटना या वृत्तांत का वर्णन ही नहीं करते, कभी-कभी उस शैली से हटकर भी अपनी बात कहते हैं । दूसरे, उद्धृत पंक्तियाँ हमें इस बात से परिचित कराती हैं कि उनका मानसिक और वैचारिक क्षितिज बहुत बड़ा है ।

1994 में प्रकाशित खरे साहब का 'सबकी आवाज़ के पर्दे में' उनका बेहतर कविता-संग्रह है, क्योंकि इसमें अपेक्षाकृत उत्कृष्ट कविताएँ हैं । पहली ही 'बँगले' शीर्षक कविता को लीजिए । सड़क के दोनों ओर खूबसूरत बँगले बने हुए हैं, लेकिन उनमें कोई रहता नहीं है । जब कवि ने उधर से गुजरना छोड़ दिया, तो अचानक वे बँगले आबाद हो जाते हैं :

इकट्ठा हो जाते हैं तरह-तरह के चेहरों और पोशाकों वाले लोग
फिर वह सब कुछ होता है जिसकी उम्मीद ऐसी जगहों पर की जाती है

लेकिन अगर कोई वह देख पाए
और उसके बाद भी बचा रह पाए
तो ऐसा तो नहीं कि रातों में चौंक-चौंक कर उठ बैठेगा याद करके
कि शायद किसी की भी परछाईं नहीं पड़ती थी
हर एक के पाँव उल्टे थे

कौन हैं ये लोग? स्पष्टत: ये नेता-वर्ग के लोग हैं, जो जिंदा प्रेत हैं, जिनकी परछाईं नहीं पड़ती, और जिनके पाँव उलटे होते हैं ! दूसरी ओर शहरी निम्न-मध्यवर्ग के लोग हैं, जिनकी दशा ऐसी है :

बिजली वाले आए थे पिछला बिल क्या अब तक भरा नहीं है
बरतन वाली आज फिर बीमार पड़ गई
सुबह बच्चों की पूरी फ़ीस ले जानी है कुछ हुआ क्या
मकान मालिक का लड़का फिर आया था किराया बढ़वाने को
एक के बाद एक विपत्तियाँ
आदि कहती रहती है पत्नी
पढ़ने खाने और खेलने की मेज़ पर संडे मार्केट के प्याले में चाय पीते हुए
दस फ़ीट बाइ बारह फ़ीट के कमरे में किराए के पंखे के नीचे बैठकर
तीन फ़ीट बाई पाँच फ़ीट की रसोई का पसीना
अपनी डेली यूज़ की फीकी साड़ी के पल्ले सुखाते हुए
बीच बीच में चक्की से उसके राशन के गेहूँ का कनस्तर न भूलने
और सही वक्त सलामत लौट आने के सुकून में मुस्कुराती हुई

तफसील खरे साहब की विशेषता है, जिससे पाठकों को ऊब नहीं होती, क्योंकि वह उनके चित्रण को सजीवता और प्रामाणिकता प्रदान करती है । दूसरी कविता है 'लड़कियों के बाप', जिसमें लड़कियों और उनके बाप दोनों की स्थिति बारी-बारी से चित्रित है :

1. *लड़कियाँ जो हर इम्तहान में किसी तरह पास हो पाई हैं*
दुबली पतली बड़ी मुश्किल से कोई जवाब दे पाने वाली
अंग्रेज़ी को अपने-अपने ढंग से ग़लत बोलने वाली
किसी के भी चेहरे पर सुख नहीं
हर एक के सीने सपाट

कपड़ों पर दाम और फैशन की चमक नहीं
धूप से सने हुए दुबले चिड़ियों जैसे साँवले पंजों पर पुरानी चप्पलें

2. *पता लगाने की कोशिश करते हुए कि डिक्टेशन कौन देगा*
कौन जाँचेगा पर्चों को
फिर कौन बैठेगा इंटरव्यू में
बड़े बाबुओं और अफ़सरों के पूरे नाम और पते पूछते हुए
कौन जानता है कोई बिरादरी का निकल आए
या दूर की ही जान–पहचान का
या अपने शहर या मुहल्ले का
उन्हें मालूम है ये चीज़ें कैसे होती हैं

जाहिर है कि ये लड़कियाँ और उनके बाप भी शहरी निम्न–वर्ग से ही आते हैं। जो वस्तु–स्थिति है, उसे कवि ने साफ–साफ हमारे सामने रख दिया है। 'घर' एक बहुत ही मार्मिक कविता है, जिसमें एक जवान औरत अपने तीन बच्चों के साथ एक संभ्रांत कॉलोनी में घर में काम करने आती है और सबसे छोटे बच्चे को साथ लेकर पाँच और तीन वर्ष के बच्चों को एक खुले पार्क के पेड़ के नीचे छोड़ जाती है। दोनों बच्चे खेलने के लिए आसपास से कुछ ईंटें और पत्थर ले आए हैं और उन्हें गोलाकार सजाकार उनके बीच में बैठते हैं, जो कि उनका घर है।—

शाम को पाँच छै के करीब वह लौटती है
चारों बैठते हैं ईंट–पत्थर के घेरे के बीच टाट और चटाई पर
वह निकालती है पोटली में से कुछ भात जैसा
छः साँवले हाथों और मुस्कुराहटों में वह चमकता है
कालनी के दोनों आवारा कुत्ते कुछ दूर पर आकर बैठ जाते हैं
उन्हें भी कुछ मिलता है
दिन भर की थकी माँदी औरत की आँखों में जितना वात्सल्य हो सकता है उसके तहत
तीनों बच्चे छीन–झपट के बीच खाना खाते हैं

मैं नहीं समझता कि इस कवि की कविताएँ सर्वदा व्याख्या की अपेक्षा रखती हैं। डा. नामवर सिंह की इस बात को बार–बार याद करना चाहिए कि लंबे–लंबे लेख लिखना ही आलोचना नहीं है, बल्कि पेंसिल उठाकर 'टिक मार्क' कर देना भी आलोचना है।

हमारा समाज हैवानियत का ऐसा शिकार हो चुका है कि अभी भी बहुओं को जलाकर मार डालने की घटनाएँ होती रहती हैं । 'आग' शीर्षक कविता में एक विवश युवती को जला दिया जाता है । उसका कसूर सिर्फ यह था कि अपने पेशेवर गुंडे भाइयों की निगाह और अधेड़ जीजा की दिखाई गई तसवीरों से बचकर वह एक युवक की शरण में चली जाती है और उससे प्रेम कर बैठती है । यह उसकी शादी के पहले की घटना है, जिसका दंड उसे अपनी ससुराल में भुगतना पड़ता है । प्रश्न यह उठता है कि विवाहपूर्व प्रेम के लिए लड़के अपराधी क्यों नहीं हैं, सिर्फ लड़कियाँ ही क्यों? कवि के शब्दों में घटना का बयान—

जब उन्होंने उसे पकड़ लिया होगा
जब उसके निकम्मे पति, आवारा देवर और लोलुप ससुर ने
उसे हरमज़ादी कुतिया छिनाल कहा होगा
और उसे मुक्कों, लातों और जूतों से मारा होगा
और सास दहकती हुई सलाखें लाई होंगी
दाग़ दो निपूती रंडी को उसके नरक में
जब हर सज़ा उसके पाप के मुकाबले
कम होती गई होगी
तो आख़िर में यह तय किया गया होगा
कि उसका ख़त्म होना ही बचाएगा ख़ानदान को
उसका मुँह बाँध दिया गया होगा
और वह एक जानवर की तरह गुँगिया और छटपटा रही होगी
फिर उसे नहानघर में ले जाकर फेंक दिया गया होगा
चार बोतल मिट्टी का तेल डाल दिया गया होगा उस पर
सलाई उसके काँपते हुए
पहली बार उत्तेजित पति ने ही दिखाई होगी
जिसकी इज़्ज़त वह लेती रही थी

यह बयान जिस आदमी के सीने में इंसान का दिल है, उसे हिलाकर रख देनेवाला है । हम मनुष्य और जीव-जंतु दोनों के प्रति अत्यंत गैरसंवेदनशील हो चुके हैं । क्या यह आधुनिक औद्योगिक युग की ही देन है, क्योंकि प्राचीन युग में गाय-जैसे जानवरों की ही नहीं, मनुष्यों की भी बलि दी जाती थी? आज भी ऊँट से लेकर गाय, घोड़े, सूअर, कछुए और मेढ़क क्या, साँप भी दुनिया के अनेक देशों में

मनुष्य का आहार हैं । बहरहाल, 'घुग्घू' शीर्षक कविता में एक ऐसे उल्लू का वर्णन है, जो दिन की रोशनी में निकल पड़ता है और उसे लोग मार डालते हैं । कवि ने बड़ी कुशलता से एक साथ जंतु-विशेष और मनुष्य के प्रति मनुष्य की गैरसंवेदनशीलता का वर्णन किया है—

वह काँच की दीवार से टकराकर कोने में गिरा
और बीसेक सभी उम्रों वाले लोग
आँखें विस्फारित होठों के किनारे पर सफेद थूक कँपते हाथ
उसे पत्थरों सूखी डालियों और जो भी हाथ आया
उससे सजा देने लगे...

उल्लास खट्टा किया उन्हीं में से एक ने
जो कुछ देर साथ चलने के बाद लकड़ी अलग फेंक
उकड़ूँ होकर उल्टियाँ करने लगा
फिर लस्त होकर वहीं किनारे बैठा रहा
और बाक़ी सब तब तक आ गई तीन सौ बीस में चढ़कर
उसे देखते पहले उसका कुछ तमाशा बनाते
और फिर शायद बस द्वारा खींचे गए पशोपेश में चले गए होंगे

'इक़बाल' एक अपेक्षाकृत जटिल कविता है, जिसमें एक आदमी सोचता है, मैंने कई हत्याएँ की हैं, वे बचाने के लिए गिड़गिड़ाते रहे, लेकिन मैंने दया नहीं की । मैं उनकी तरफ से बिलकुल तटस्थ रहा । न उनके खिलाफ गवाही दी, न उनकी शिनाख्त की और न अपना दस्तखत ही दिया । जब कभी ऐसा अवसर आया, मैंने दूसरी तरफ मुँह फेर लिया । लेकिन यह चिंतन उसे इतना बेचैन बना देता है कि वह आत्मस्वीकार ही नहीं, आत्मसमर्पण करने के लिए तैयार है । वह कविता के अंत में कहता है—

मुझे ज़िम्मेदार ठहराने के लिए सुबूत जुटाने की ज़रूरत नहीं है—
बस सज़ा दो और रोज़-रोज़ की इस साँसत से रिहा करो
उस बुरे सपने का हिस्सा बन जाने दो मुझे
जिसे मेरे बाद अब मुझ जैसे कोई दूसरे देखें

तात्पर्य यह कि खरे साहब में ऐसी कविताएँ भी हैं, जो हमें इंसानियत की याद दिलाती हैं । 'हमारी पत्नियाँ' शीर्षक कविता पुनः स्त्री जाति की नियति पर

प्रकाश डालती है । नीचे दिए जा रहे उद्धरण की पहली पंक्ति में जो 'सजग' और 'संवेदनशील' शब्द आए हैं, उनमें छिपे हुए व्यंग्य को हमें समझना ही चाहिए । उद्धरण देखें—

यदि हम सजग और संवेदनशील व्यक्ति हैं
और ऐसा मानने में झूठा संकोच कैसा कि हम हैं
तो हमने ग़ौर किया होगा
किस किस तरह हमारे लिए हमारी पत्नियों की ज़िन्दगी
सिर्फ़ उस दिन से शुरू होती है
जब हमने उन्हें पहली बार देखा था—
उसके पहले के उनके जीवन के बारे में
एक ही शंका हम अपने अंदेशे को छेड़छाड़ में छिपाते हुए
लगभग आजीवन उनकी बनिस्वत अपने से करते हैं
कि हमसे पहले कोई और तो नहीं था

पुरुषों में यह चिंता बद्धमूल होती है कि उनकी पत्नियाँ कहीं स्वतंत्रता की शिकार न हो जाएँ । कवि के शब्दों में, 'ख़ुद-मुख़्तार शख़्सियत की शिकार होने लगती हैं/और यह ख़्याल ही हमें असुविधा में डाल देता है ।' आधुनिक युग का कहर पारिवारिक विघटन के रूप में भी सामने आया है । 'दिल्ली में अपना फ़्लैट बनवा लेने के बाद एक आदमी सोचता है' लंबे शीर्षक वाली यह कविता भी थोड़ी लंबी है, जिसमें कवि को ऐसा लगता है कि उस व्यक्ति ने, जो फ्लैट लिया है, वह उसका 'घर' कभी नहीं बन पाएगा । उसका पुराना घर ही अपना घर था । इस फ्लैट में सारी आधुनिक सुविधाएँ हैं, लेकिन इसमें न पिता हैं, न माँ, न छोटी बुआ और न बड़ी बुआ । वह उन्हें सिर्फ आवाज दे सकता है और कहता है कि जिस घर में इन लोगों के साथ मैं रहता था, उसके सपने अभी भी उसे आते हैं । वह उनसे कहता है कि 'कुछ ऐसा करो कि इस नए घर के सपने पुराने होकर दिखें/और उनमें मुझे दिखो/बाबू भौजी बड़ी बुआ छोटी बुआ तुम' । निश्चय ही यह नॉस्टेल्जिया नहीं है, बल्कि आधुनिक युग की मार्मिक आलोचना है । 'चौथे भाई के बारे में' भ्रातृत्व-प्रेम के बारे में एक अद्‌भुत कविता है, क्योंकि इसमें अभिव्यक्त भ्रातृत्व-प्रेम आज दुर्लभ है । कवि का एक भाई और था, जो बचपन में ही नहीं रहा था । वह उसे संबोधित कर कहता है—

जब मैं जीवित या मृत शिशुओं को देखता हूँ
तो कभी-कभी मुझे तुम्हारी याद आती है

जो फिर एक विडंबनापूर्ण प्रयोग है
क्योंकि जो देखा ही नहीं गया उसकी स्मृति कैसी
फिर भी ज्ञात से अज्ञात को पहचानने की कोशिश में
मैं जानना चाहता हूँ कि क्या दो साल के मुझे
तब तुम्हें कभी छूने भी दिया गया था
और क्या मैंने तुमसे कुछ कहा था और तुम हँसे थे

खरे साहब की दृष्टि में भ्रष्टाचार सभी दुर्गुणों से खराब है । 1947 के बाद मध्यवर्ग के लोग इतने तरीकों से मालामाल हो गए हैं कि अब जब कवि के सामने कोई पच्चीस पैसे, एक कप चाय या रोटी के लिए हाथ फैलाता है, तो वह समझ जाता है कि उसके सामने एक ईमानदार आदमी, औरत या बच्चा खड़ा है । वह जैसे उससे कहता है–

तुम्हारे सामने बिलकुल नंगा निर्लज्ज और निराकांक्षी
मैंने अपने को हटा लिया है हर होड़ से
मैं तुम्हारा विरोधी प्रतिद्वंद्वी या हिस्सेदार नहीं
मुझे कुछ देकर या न देकर भी तुम
कम से कम एक आदमी से तो निश्चिंत रह सकते हो

यह 'एक कम' कविता की बात है । आश्चर्य नहीं कि यह कविता रघुवीर सहाय को बहुत पसंद थी और वे इसे कवि से साग्रह सुनते थे । 'सोनी' शीर्षक कविता में एक वेश्या की करुण-कथा है, जिसके लिए हमारा समाज ही जिम्मेदार है– कम से कम इसमें आधा सत्य तो अवश्य है, क्योंकि सोनी में प्रतिरोध या संघर्ष की क्षमता नहीं थी । लेकिन कवि ने इस कविता में वह जो थी, सिर्फ उसकी कथा लिखी है ।

'ख़ुशी' शीर्षक कविता में एक निम्न-मध्यवर्गीय परिवार का लड़का नए ढंग के जूतों के लिए अपने पिता से फरमाइश करता है । पिता जेब में सौ रुपए डालकर मुहल्ले की दुकान पर जाता है । दुकान में महँगे जूते थे । तीन सौ और चार सौ से ऊपर के । बाप और बेटा दोनों निराश होकर लौट गए ।–

बाहर निकले तो एक छोटा पिल्ला पूँछ हिलाता आया
बेटे ने कहा पापा देखो कितना अच्छा जूता
फिर हँसा अपनी भूल पर कि कुत्ते की जगह क्या कह गया
कोई और मौका होता तो बाप भी हँसता

फ़िलहाल उसकी ख़ुशी शो-रूम में ऊपर
जूतों के डिब्बों में से किसी में बंद थी

यह है हमारे समाज की स्थिति । उसका एक छोटा-सा हिस्सा चीजें पसंद करता है और उनका दाम नहीं पूछता, दूसरी ओर समाज का बड़ा हिस्सा चीजें पसंद आने पर भी आर्थिक असमर्थता के कारण निराश होकर दुकान से निकल जाता है । 'बेटी' शीर्षक कविता में खरे साहब ने निकम्मे पिता की बेटियों का हाल लिखा है । कवि उन्हें अपनी बेटियाँ मानकर कहता है—

सुबह फिर निकल जाती हैं मेरी हजारों बेटियाँ
एक परेशान डरी हुई अपमानित उम्मीद लिए
अपने असली पिताओं से अलग उस पिता की तलाश में
जो उन्हें बेटी या क़ाबिल माने न माने रख तो ले

खरे साहब में प्रतिरोध की भावना भी है, वरना वे 'सिलसिला'-जैसी कविता न लिखते । वैसे तो प्रत्येक कविता वर्तमान स्थिति से असहमति या उसके प्रति प्रतिरोध होती है, लेकिन उसके बाद भी कभी-कभी मुखर रूप में प्रतिरोध की कविता लिखी जाता है । उक्त कविता में 'कहीं कोई तरतीब नहीं/वह जो एक बुझता हुआ सा कोयला है/फूँकते रहना है उसे/...वह थोड़ा दमकेगा/जलकर छोटा होता जाएगा/लेकिन कोई चारा नहीं फूँकते रहने के सिवा' । कोयले को लगातार फूँकते रहने से दम उखड़ जा सकता है, इसलिए बीच में थोड़ा ठहरा भी जा सकता है । अंत में कवि कहता है : 'इतना अंतराल काफी है/कि अप्रत्याशित कोई दूसरी साँस जारी रखे यह सिलसिला' । 'तब्दील' शीर्षक कविता में एक महत्त्वाकांक्षी औरत की कहानी लाजवाब ढंग से कही गई है । कुछ औरतें आगे निकलने के लिए अधिकारी मर्दों को अपना शरीर सौंप देती हैं । यह भी हमारे समाज का एक पक्ष है, जिसे कविता में लाना जरूरी था । संग्रह की अंतिम उल्लेखनीय कविता 'जो टेंपू में घर बदलते हैं' है, जिसके शुरू में ही निम्न-मध्यवर्गीय शहरी समाज के सामानों का जो वर्णन किया गया है, वह बेजोड़ है । लेकिन मैं इस कविता के अंतिम अंश को उद्धृत कर इस संग्रह पर चर्चा समाप्त करता हूँ :

इतने टेंपो दिखते हैं शहर में ऐसे ही सामान से भरे हुए
यही आइटम रहते हैं उनमें एक ज़्यादा या कम

ये टेंपो कम नहीं हो रहे हैं बल्कि बढ़ रहे हैं
मुमकिन है कुछ का सामान बढ़ता बदलता हो
वे फिर सामने के या पहली मंज़िल के हिस्से में बसते हों
लेकिन उनका पता नहीं चलता पता चलता है
तो इन गिरस्तियों का जो चलता फिरता नृतत्त्वशास्त्रीय संग्रहालय लगती हैं
या हर रोज़ निकलती हुई छब्बीस जनवरी की एक स्थायी झाँकी
लगता है लगातार वही शहर हिस्सों हिस्सों में इधर से उधर बस रहा है
उनमें बैठे हुए लोग भी एक जैसे लगते हैं
वही दंपति वही बच्चे वही बुज़ुर्ग
ठीक अपने सामान की तरह सामान के बीच सामान बने
सड़कों और शहरों को ही नहीं
इस धरती और वक़्त को भी एक टेंपो में तब्दील करते हुए

'छब्बीस जनवरी की एक स्थायी झाँकी' वाले व्यंग्य को खोलने की जरूरत नहीं है, क्योंकि यह एक मध्यवर्गीय कस्बे में तिरंगे की तरह स्वयं फहरा रहा है ।

खरे साहब का 2003 में प्रकाशित तीसरा कविता-संग्रह 'काल और अवधि के दरमियान' उनका सर्वोत्कृष्ट संग्रह है । इसके बाद भी कुछ वर्ष पूर्व उनका 'पाठांतर' नामक संग्रह प्रकाशित हुआ है, लेकिन वह बहुत ही कमजोर है, बावजूद इसके कि उसमें भी कुछ अच्छी कविताएँ मिल जाती हैं । पर इस संग्रह को देखने पर यह साफ लगता है कि कवि शिखर को छूकर अब नीचे उतर रहा है । 'दरमियान' पर मैंने अपनी पत्रिका 'कसौटी' में विस्तार से लिखा था । उसमें कुछ और जोड़ने की जरूरत मुझे महसूस नहीं होती है, इसलिए आवश्यक परिवर्तन के साथ मैं यहाँ उसकी बातों को दुहरा रहा हूँ, बावजूद इसके कि समीक्षा होने के कारण यह मेरे लेख की लय अथवा विधि से पूरा मेल नहीं खाती ।

मैंने जब इस संग्रह की कविताओं को यह जानने के उद्देश्य से पढ़ना शुरू किया कि अंततः खरे साहब की कविता का संसार किन तत्त्वों से बना है, तो मुझे बहुत स्फूर्तिदायक अनुभव हुआ । एक के बाद एक काफी दूर तक मुझे ऐसी कविताएँ मिलती रहीं, जिन्होंने मुझे समकालीन जीवन के त्रासद से लेकर सुखद अनुभव तक से प्रकंपित किया । अंत में हिसाब लगाने पर पता चला कि इस संग्रह में सबसे अधिक कविताएँ सांप्रदायिकता और फासिस्ट मनोवृत्ति के जोर पकड़े जाने को लेकर लिखी गई हैं । पहली ही कविता 'शिविर में शिशु' गुजरात के दंगे से संबंधित है, 'चुनौती' शीर्षक कविता में धर्म-भावना के खतरनाक रूप

का संकेत है, 'न हन्यते' में दंगाइयों का रोंगटे खड़े कर देनेवाला बयान है, 'गुंग महल' धार्मिक कट्टरता को ही सामने लाती है और 'हिटलर की वापसी' शीर्षक कविता जर्मनी की पृष्ठभूमि में लिखी गई है, जिसका अंत इन शब्दों में हुआ है—

हिटलर को चूँकि अब लगभग पूरी तरह समझा ही जा चुका है
तो उसकी वापसी का अर्थ
सिर्फ़ एक सर्वांगीण सांस्कृतिक पुनर्जागरण
राष्ट्र में फिर सारी चीज़ों को वस्तुनिष्ठ ढंग से देखने का माद्दा
और असंगत भय और अपराध-बोध से मुक्ति के सिवा
आख़िर क्या हो सकता है

स्पष्टतः इस उक्ति में बहुत ही ऐंठा हुआ व्यंग्य है और वह सीधे भारतीय स्थिति को परावर्तित करती है । खरे साहब की खूबी है कि उनकी कविताएँ अधिकांश वामपंथी कवियों की तरह सिर्फ जज्बे का इजहार नहीं करतीं और अपने साथ सोच को भी लेकर चलती हैं, जिससे उनमें स्थिति की जटिलता का चित्रण होता है और वे सपाट नहीं रह जातीं । कहीं उनमें आत्मव्यंग्य भी होता है, कहीं व्यंग्य विडंबना के साथ, कहीं सीधा वर्णन, जो ही कवि का वक्तव्य बन जाता है । खरे साहब को मालूम है कि कविता न मात्र सदिच्छा से बनती है और न स्थिति के सरलीकरण से । इसी कारण उनकी कविताएँ इस तरह से समाप्त नहीं होतीं । यदि कभी गलती से हुई हैं, उदाहरणार्थ 'न हन्यते' शीर्षक कविता में विडंबना को उभारने के लिए कवि का सरलता या सपाटता के स्तर पर उतर आना, तो उन्हें अपवाद मानना चाहिए । खरे साहब की असली कला और उनका असली तेवर 'गुंग महल' शीर्षक कविता में दिखलाई पड़ता है, जिसका अंत जितना ही सशक्त है उतना ही कलात्मक, पाठकों को अनुभूति, सोच और कल्पना तीनों ही स्तर पर उत्तेजित करने वाला ।

प्रस्तुत संग्रह के आरंभ में ही एक कविता है 'विनाशग्रस्त इलाक़े से एक सीधी टीवी रपट' । इस कविता में टीवी रपट की शैली में अनुमानतः गुजरात के भूकंप का जिक्र है । अंतर्वस्तु की दृष्टि से इसमें भारत के नैतिक विनाश का ऐसा चित्रण है कि एक बार तो यह प्रतीति होती है है कि खरे साहब हमारे नैतिक विनाश के ही कवि हैं । यहाँ सिर्फ रपट नहीं है, संपूर्ण भारतीय जीवन के यथार्थ का बयान है । इस तरह कविता गुजरात के भूकंप से निकलकर सारे देश पर छा जाती है । इसकी खूबी यह है कि इसमें जिस भाषा का प्रयोग किया गया है, वह वह भाषा है, जिसे विजयदेव नारायण शाही ने 'हिंग्रेजी' कहा था । उनके बाद से

इसमें और निखार आया है । धीरे-धीरे हिंग्रेजी हमारी राष्ट्रभाषा बनती जा रही है । यह हमारी किस सांस्कृतिक प्रगति का सूचक है? दिलचस्प है कि अब लोकप्रिय हिंदी फिल्मों के भी अंग्रेजी नाम रखे जाने लगे हैं । इतना ही नहीं, हिंदी पत्र-पत्रिकाओं के नाम भी अंग्रेजी में चल निकले हैं । भारतीय संस्कृति की दुहाई देनेवाला राजनीतिक दल हिंदी को असमर्थ पाकर अंग्रेजी में अपने नारे बनाता है, जैसे 'फील गुड फैक्टर' और 'इंडिया शाइनिंग' । खरे साहब को दाद देनी चाहिए कि उन्होंने कविता उस भाषा का उपहास करते हुए भी उसी भाषा में लिखी है और उससे गजब की सर्जनात्मकता संभव की है । इससे यह निष्कर्ष निकलता है कि कविता में ताकत हो, तो वह निहायत गैरसर्जनात्मक वस्तु को भी सर्जनात्मक बना सकती है । शायद हमारे नैतिक विनाश का ही एक पहलू हमारी आज की राजनीति है । खरे साहब ने इस राजनीति को विषय बनाकर भी कई कविताएँ लिखी हैं, यथा 'स्वर्ण जयंती वर्ष में एक स्मृति', 'नेहरू-गाँधी परिवार के साथ मेरे रिश्ते', 'एक प्रकरण : दो प्रस्तावित कविता-प्रारूप', 'जर्मनी में एक भारतीय कंप्यूटर विशेषज्ञ की हत्या पर...' और 'पृथक छत्तीसगढ़ राज्य' ! पहली कविता में बहुत आत्मीयता के साथ आजादी की विडंबनापूर्ण परिणति को उजागर किया गया है और दूसरी में निहायत व्यक्तिगत संदर्भ में समकालीन भारतीय राजनीति की पेचीदगी को । दूसरी कविता एक वृत्तांत-मात्र है, लेकिन कवि ने उसके अंत में एक ऐसा बौद्धिक 'स्ट्रोक' देकर उसे कविता में बदल दिया है, जो जितना ही आधुनिक है, उतना ही रचनात्मक भी । वृत्तांत को कविता बनाने का प्रयास और भी कई कवि करते हैं, लेकिन रघुवीर सहाय और खरे साहब वाली क्षमता उनमें कम ही देखने को मिलती है । 'अपने आप और बेकार' शीर्षक कविता भी किंचित् भिन्न अर्थ में व्यक्तिगत संदर्भ की ही कविता है, जिसमें रघुवीर सहाय के वात्स्यायन के यहाँ जाकर अपनी पदावनति रोकने के लिए बेनेट कोलमैन के मालिकों से पैरवी करने का विवरण है, लेकिन इस कौशल के साथ कि यह कविता वर्तमान पूँजीवादी व्यवस्था में एक लेखक या बुद्धिजीवी की विवशतापूर्ण मनोदशा का बहुत करुण आख्यान बन जाती है । साही कभी-कभी अप्रत्याशित विषयों पर कविता लिखा करते थे और उनमें एक ऐसा बिंदु ढूँढ़ लेते थे, जो उनके कथन को उत्कृष्ट कविता बना देता था । उनके बाद यह क्षमता बहुत ही सधे हुए रूप में खरे साहब में दिखलाई पड़ती है ।

'दो प्रस्तावित कविता-प्रारूप' में राजनीतिक भ्रष्टाचार को विषय बनाया गया है । नायक या खलनायक हैं, भूतपूर्व प्रधानमंत्री नरसिंह राव । दोनों कविताओं में यह फर्क है कि पहली कविता जहाँ अंत में आकर कमजोर हो गई

है, वहाँ दूसरी अत्यंत शहजोर, क्योंकि उसमें कवि ने अपनी सर्जनात्मक समस्या को इस तरह से सामने रखा है कि वह उलटकर कलावादियों या रूपवादियों पर व्यंग्य बन जाती है । 'जर्मन में एक भारतीय कंप्यूटर विशेषज्ञ' वाली कविता में भारत की मौजूदा सरकार की भीरुतापूर्ण और राष्ट्रीय स्वाभिमान की रक्षा करने में असमर्थ राजनीति का बहुत अच्छा खुलासा है । खरे साहब पेशे से पत्रकार भी रहे हैं । यह कविता इस बात का प्रमाण है कि वे पत्रकारिता का कविता में बहुत अच्छा सर्जनात्मक उपयोग भी कर सकते हैं । 'पृथक छत्तीसगढ़ राज्य' एक लाजवाब कविता है, जिसमें अपनी मातृभूमि के विभाजन का दर्द शब्द-शब्द में से छलकता चलता है । मातृभूमि से प्रेम की ऐसी कविता निश्चय ही समकालीन काव्य में दुर्लभ है । खरे साहब की मातृभूमि मध्यप्रदेश है, लेकिन उसके प्रति उनका प्रेम राष्ट्र-प्रेम से पृथक् नहीं, बल्कि उससे गहराई से जुड़ा हुआ है । इस कविता के अंतिम बंद में जो अनेक खंडित स्मृति-चित्र आए हैं, वे अज्ञेय की प्रसिद्ध कविता 'हरी घास पर क्षण भर' के चित्रों की याद दिलाते हैं, लेकिन उनकी तुलना में यहाँ गजब की आत्मीयता और अंतर्निहित एक बृहत्तर आशय है । चलते-चलते हम इस कविता की ये कुछ पंक्तियाँ देख लें, जिनसे मेरे कथन की पुष्टि होती है :

...याद आता है अपने जिले छिंदवाड़ा का भी नक़्शा
मेरे प्राइमरी स्कूल के दिनों के बरसों बाद तक
सिवनी दुबारा ज़िला नहीं बना था उसी छिंदवाड़ा ज़िले में था
जिसे मैं अभी भी काग़ज़ पर खींच सकता हूँ
उसी तरह ठीक-ठीक पहचानने लायक
जैसे 1956 के पहले मध्यप्रदेश को 1947 के पहले भारत में
जिसमें वह लगभग बीचोबीच बैठे हुए नंदी की तरह लगता था ।

खरे साहब के काव्य-संसार में सांप्रदायिकता और राजनीति-जैसी चीजें ही नहीं हैं, और भी बहुत कुछ है । 'इशारे' शीर्षक उनकी कविता में उनके विचार जानने के लिए कुछ लोग आते हैं, तो वे कुछ कहते नहीं, सिर्फ कुछ चीजों की तरफ इशारा कर देते हैं । वे चीजें भारतीय जीवन के बदले हुए यथार्थ का पता देती हैं और वही उन पर उनके विचार प्रकट कर देता है । इसी तरह 'लाइब्रेरी में तब्दीलियाँ' इस संग्रह की एक ऐसी कविता है, जिसमें सिर्फ नए (और अकाव्यात्मक) विषय के द्वारा आधुनिक जीवन की ऊब और यांत्रिकता को व्यक्त किया गया है । खरे साहब का गहरा लगाव इस देश की साधारण जनता

और साधारण जीवन से है, जिसे वे आधुनिक सभ्यता के बड़े परिप्रेक्ष्य में रखकर देखते हैं । उसके बिना उनमें आत्मीयता के साथ जो गहरी तड़प और बेचैनी है, वह संभव नहीं थी । जनसाधारण से संबंधित उनकी पहली कविता है 'उपचार', जिसे वे यह कहते हुए समाप्त करते हैं कि 'मेरे मर्ज़ उनका सरोकार न हैं और न होंगे' । यह एक विलक्षण कविता है, जिसमें अपने करोड़ों हमवतनों के प्रति जो आत्मीयता प्रकट हुई है, उसकी गहराई का कारण अत्यंत निर्ममता के साथ अपने को धार पर रखना भी है । 'सेवामहे' कविता में महेश नामक डाकखाने के क्लर्क का वर्णन है, जो यह प्रमाणित करता है कि वे हिंदीभाषी जाति के जीवन में धँसे हुए कवि हैं । उनका यथार्थ-वर्णन बिलकुल देसी शैली में होता है, निराला, उग्र, अमृतलाल नागर और नागार्जुन की तरह, जिसमें स्पृहणीय सघनता और सरसता होती है । इसी कविता की जोड़ीदार 'होनहार' शीर्षक कविता है, जिसमें हरदयाल नामक एक पिटे हुए आदमी का हाल बयान किया गया है । यह आदमी एक तो चुप रहता है और दूसरे, हमेशा मुस्कुराता रहता है । ये दोनों ही अत्यंत वेधक हैं, जैसे समाज पर व्यंग्य करते हुए । इसमें कवि ने अपनी तरफ से कुछ नहीं कहा, सिर्फ सामाजिक जीवन के एक टुकड़े को उठाकर रख दिया है । इस संग्रह के आवरण-पृष्ठ पर महेश या हरदयाल का चित्र होता, तो वह लोठार लुत्से के चित्र से अधिक सार्थक और व्यंजक होता । इस क्रम की चौथी कविता 'विदा' है, जिसमें निचले तबके की एक युवती उस युवक के साथ, जो उसे पढ़ाने आता है, अपनी मर्जी से विवाह कर अपने घरवालों से विदा लेने के लिए घर आती है और वे उसके विवाह को मंजूर कर अपनी दीन-हीन अवस्था में उसे विदा करते हैं । यह कविता कितनी आत्मीयता से लिखी गई है, यह इसकी इन पंक्तियों से थोड़ा मालूम होगा—

ननिहाल की बड़ी किनारीवाली धूपछाँही साड़ी में
बाईस बरस की सुंदर दुबली दुलहिन
कुछ संकोच-भरे घबराए संकल्प के साथ
उस युवक के बाएँ खड़ी थी जिसे उसने कहीं और जाकर वरा था ।
आरती की थाली की झिलमिलाती बातियाँ
उसकी बड़ी-बड़ी आँखों को भी दिए बनाती हुई
उसके मुखड़े को और दमका रही थीं ।

क्या अभी भी यह कहने की जरूरत है कि विष्णु खरे मूलतः इन्हीं साधारण जनों के कवि हैं?

इन्हीं साधारण जनों में औरत को भी गिनना चाहिए । आकस्मिक नहीं कि इस संग्रह में औरतों पर भी तीन-चार बहुत अच्छी कविताएँ हैं । 'हर शहर में एक बदनाम औरत होती है' एक असाधारण कविता है, जिसमें ऐसी औरत की सभी तरह की स्थितियों का वेधक चित्रण किया गया है । कविता में शुरू से अंत तक कवि का वह मानवीय दृष्टिकोण पूरी संवेदनशीलता के साथ व्याप्त है, जो मात्र नारी-विमर्श के फैशनेबुल आंदोलन से संभव न था । ऐसी ही कविता 'वृंदावन की विधवाएँ' है, जो एक गहरी करुणा और सामााजिक प्रतिरोध की कविता है । इस कविता की एक खूबी यह भी है कि चूँकि इसमें 'नैरेशन' नहीं है, यह खरे साहब की एक भिन्न ढाँचे की कविता है । 'अनकहा' भी अपने रूप और ढाँचे में ऐसी ही कविता है, बहुत ही सुकुमार, जो हिंदी में लिखी गई दांपत्य-प्रेम की चंद सुंदर कविताओं में गिनी जाने योग्य है । एक कविता 'समीप' है, जिसमें कवि ने मन में दुबकी हुई प्रेम की स्थिति को पकड़ने की कोशिश की है । खरे साहब की अभिव्यक्ति कितनी समर्थ है, इसकी झलक पुन: इन पंक्तियों में मिल सकती है :

वे कभी इतने समीप नहीं आतीं कि मुझे कोई असुविधा हो
मुझसे तो क्या वे आपस में भी नहीं बोलतीं इंगित नहीं करतीं
अपने कंधों के पीछे तक महसूस नहीं करता मैं उनकी मौज़ूदगी
वे मेरे सामने नहीं पड़तीं
लेकिन मेरे कमरे में बन जाता है एक प्रकाशचित्र
उनकी दमकती आँखों से निकलती अदृश्य दृष्टिरेखाओं से
बनते-बदलते ज्यामितिक लेज़र-आकारों के बीच से
एहतियात बरतता बचता गुज़रता हूँ मैं
जब भी कभी उठता-लौटता हूँ

विद्वान् ठीक कहते हैं कि यथार्थ का जब गहराई से चित्रण किया जाता है, तो वह स्वयं फैंटास्टिक हो जाता है, वह यथार्थ अर्थव्यवस्था का यथार्थ हो, या समाज का, या व्यक्ति के प्रेम-जैसे एहसास का । खरे साहब का यथार्थ-चित्रण इतना गहरा होता है कि उन्हें फैंटेसी में लिखने की कोई जरूरत नहीं । आजकल यह फैशन चल गया है कि यथार्थ-चित्रण की परंपरागत शैली इकहरी होती है, उसे जादुई होना चाहिए । ऐसा मानने वालों से पूछना चाहिए कि 'कफन'-जैसी कहानी का यथार्थ क्या जादुई नहीं ?

'काल और अवधि' में अनेक ऐसी कविताएँ हैं, खास तौर से उसके

अंतिम पृष्ठों में, जिनमें कवि ने उन स्थितियों को पकड़ने की कोशिश की है, जो काफी कुछ अस्पष्ट और अमूर्त होती हैं । उदाहरण के लिए 'ख़ुलासे', 'काम', 'इग्ज़ाम', 'चुप्पी' आदि कविताओं को देखा जा सकता है । ये संग्रह की कमजोर कविताएँ हैं, जो हम पर कोई प्रभाव नहीं छोड़तीं । ऐसी ही कविताएँ 'रोने के बारे में दो कविताएँ', '1991 के एक दिन, 'दग़ा की', 'वाक्यपदीय' आदि भी हैं । एक कविता हिजड़ों पर लिखी गई है, 'ज़िल्लत' शीर्षक, जिसमें कवि ने हिजड़ों के जोर-जबर्दस्ती करना छोड़कर दयनीय बनने को देश का पतन कहा है । क्यों, यह समझ में नहीं आता । एक और कविता है 'प्रतिसंसार', जिसमें एक 'सनकी' व्यक्ति का चित्रण पूरी तफसील में किया गया है, लेकिन उससे कोई बात नहीं बनी है, क्योंकि सिर्फ चित्रण आनंददायक होने पर भी कविता नहीं हो सकता । उसके लिए आवश्यक है कि उसके भीतर से कोई मूल्य-चेतना भी उभरे ।

जैसा कि ऊपर संकेत किया जा चुका है, खरे साहब ने नरसिंह राव से संबंधित अपनी कविता के दूसरे प्रारूप के अंत में अपनी सर्जनात्मक समस्या रखी है । कहते हैं, 'यदि इस पर असहमति न हो कि कविता में ऐसे विषय आ सकते हैं/तो क्या कोई ऐसी काव्य-शैली भी संभव है/जिसमें ऐसा इसी तरह कह सकते हों/यानी अपनी बात भी रह जाए और काव्य-प्रेमियों और कला-पारखियों की/भावना और कसौटियों को ठेस भी न पहुँचे' । इस कथन में 'ऐसा इसी तरह कह सकते हों' महत्त्वपूर्ण है, जिसका मतलब है गद्य-कथन । निश्चय ही खरे साहब ने अपनी कविताओं में गद्य का प्रयोग किया है और उसके माध्यम से विषय की स्पष्टता की रक्षा की है, लेकिन उसके साथ यह भी सही है कि उन्होंने गद्य को आवश्यकतानुसार अनेक रूप प्रदान करके उसे ऐसा बना दिया है कि किसी काव्य और कला-मर्मज्ञ को उससे कोई शिकायत न हो । उनके गद्य में विविधता और पूर्णता ही नहीं, एक ऐसा तनाव है कि बरबस अज्ञेय की पंक्ति याद आती है, 'अर्थ-भार से तनकर भाषा की झिल्ली फट जाए' । इस गद्य की एक विशेषता यह भी है कि वह तनावपूर्ण ही नहीं, लयात्मक भी है, जिससे उसके निपट गद्य होने का भ्रम कविता के किसी सतही पाठक या श्रोता को ही हो सकता है ।

2008 में प्रकाशित खरे साहब का 'पाठांतर' नामक कविता-संग्रह उनका बहुत ही कमजोर संग्रह है । फिर भी इसकी पाँच कविताएँ मुझे पसंद आई हैं । 'क़ानून और व्यवस्था का उप-मुख्य सलाहकार सचिव चिंतित प्रमुख मंत्री को परामर्श दे रहा है' शीर्षक कविता में सलवा जुडूम के प्रति अफसरी रुख का बहुत अच्छे ढंग से इजहार किया गया है । अफसर की भाषा और बातचीत, जो

वह मंत्री से करता है, बहुत ही उपयुक्त है । कोई भी खरे साहब की भाषा का कायल हो जाएगा । दूसरी कविता पुनः एक विलक्षण कविता है 'तरमीम' शीर्षक, जो अंधकार पर बहुत ही सार्थक ढंग से लिखी गई है । नमूने के लिए उसका एक टुकड़ा—

उसे निजी और सार्वजनिक स्थलों
झोपड़ियों और अट्टालिकाओं
शरीरों और दिमाग़ों
प्राथमिक शालाओं से लेकर विश्वविद्यालय में पा सकते हो
कहे और छपे हुए शब्दों के बीच
मंदिरों मस्जिदों कलीसियाओं के भीतर और इर्दगिर्द
वेद क़ुरान इंजील तौरात त्रिपिटक के पृष्ठों और उनकी व्याख्याओं
राम मूसा बुद्ध ईसा मुहम्मद की जीवनियों में
उसे कहीं न कहीं देखा जा सकता है
उनके प्रकाश से वह कुछ मिटा कुछ नहीं मिटा
बल्कि कभी कभी तो दुबारा हो गया
हम ख़ुद ही कहते हैं कि रोशनी कुछ मद्धिम हो गई

तीसरी कविता 'किसलिए' में संयुक्त परिवार के बिखरने का दर्द एक बार फिर अभिव्यक्त हुआ है । कवि रेलगाड़ी के एक डिब्बे में पूरे परिवार के साथ सफर कर रहा है । इसका भी अंतिम हिस्सा द्रष्टव्य है—

...सबसे बढ़कर वह ख़ुशी
बाबू, भौजी, बुआओं, मन्नूजी और चच्चा की वह ख़ुशी
जिसे मैं चुपचाप देखता रहा कि अपन सब ऐसे ही रहें, ऐसे ही रहें, ऐसे ही रहें ।
ईश्वर, अपने जीवन की उस सबसे ख़ुश शाम को मैं सो कब गया
और सोया तो जागा किसलिए

'शिवांगी' कविता बाल-श्रमिक पर लिखी गई है । एक चार वर्ष की धोबी की बच्ची है, जो सिर पर माँ-बाप द्वारा इस्तरी की हुई कपड़ों की थाक दिनभर कवि की बगलवाली कॉलोनी में लाती-पहुँचाती रहती है । कवि उसकी दशा से द्रवित होकर कहता है—

नहीं यह मामला बाल मज़दूरी या शोषण का नहीं बनता
अदालतों और एनजीओज़ को नहीं मालूम
जो बच्चे अपने माँ-बाप और अपने भाई बहिन का
पेट पालने के लिए पारिवारिक काम करते हैं उन्हें क्या कहा जाए
किस क़ानून के तहत
उनका ऐसा काम करना किसका जुर्म क़रार दिया जाए

पाँचवीं कविता 'लगेंगे हर बरस मेले' बदली हुई शैली में लिखी गई एक जरूरी कविता है । इधर 'शहीद' शब्द का जोरों से अवमूल्यन हुआ है, जिसका परिणाम यह है कि अब अपराध-कर्म करनेवाले भी मारे जाने पर शहीद हैं । अंत में कवि झल्लाकर कहता है : 'सबको मारनेवाले सभी शहीद हैं/सभी को मारनेवाले सब शहीद हैं' !

इस संग्रह में 'सिला' शीर्षक से एक कविता माननीय दिवंगत मंत्री अर्जुन सिंह पर लिखी गई है । जिस समय यह कविता लिखी गई थी, उस समय वे जीवित थे, भले घुटनों के बेकार हो जाने के कारण व्हील चेयर पर चलते थे । कवि को अफसोस है कि उन्हें प्रधानमंत्री नहीं बनाया गया, जबकि वे राजीव के ही नहीं, संजय के भी और अब सोनिया, राहुल और प्रियंका तक के अकुंठ समर्थक रहे । उन्होंने राजीव गाँधी की हत्या और बाबरी मस्जिद के ध्वंस को लेकर नरसिंह राव मंत्रिमंडल से अकेले ही इस्तीफा दिया था । तब भी सोनिया ने प्रधानमंत्री के लिए उन्हें छोड़कर मनमोहन सिंह को चुना । पाठकों को स्मरण होगा कि जब बाबरी मस्जिद के ध्वंस के लिए कई दिशाओं से कारसेवक अयोध्या पहुँच रहे थे, तो अर्जुन सिंह लखनऊ तक आकर वहाँ से दिल्ली लौट गए । सोचने की बात यह है कि उस समय महात्मा गाँधी या उनका कोई सच्चा अनुयायी जीवित होता, तो निश्चय ही वह अयोध्या पहुँचकर बाबरी मस्जिद के आगे सत्याग्रह कर देता और कहता कि मेरी लाश पर ही इस मस्जिद को तोड़ा जा सकता है । फिर अर्जुन सिंह-जैसे भीरु और आत्मोत्थानवादी नेता का गुणगान कैसा ? इस कविता की अंतिम पंक्तियाँ देखें—

कभी मान लो सोनियाजी को किसी अंतरिम विकल्प की तलाश हुई
तो शायद अगली दफ़ा उनकी निगाह पिछली क़तार में खड़े तुम पर पड़े
वर्ना नमरूदों की इस ख़ुदाई में
तुम्हारी तरह की बंदगी से तुम जैसों का तो भला होने से रहा

जाहिर है कि अर्जुन सिंह के लिए प्रधानमंत्रित्व जनता की सेवा से बढ़कर था और सोनिया गाँधी की कृपा उनके लिए सर्वोपरि थी । निश्चय ही यह न गाँधी की परंपरा है, न गाँधी के सच्चे अनुयायिओं की । यह कविता पहले एक पत्रिका में निकली थी । तब भी मुझे आश्चर्य हुआ था और जब इसे संग्रह में देखा, तो और आश्चर्य हुआ । निश्चय ही यह कविता कवि और व्यक्ति दोनों रूपों में खरे साहब के कद को छोटा करती है, लेकिन उसके साथ यह भी सत्य है कि यह उनके संपूर्ण कृतित्व को छायाग्रस्त करने में असमर्थ है ।

राजेश जोशी

राजेश जोशी आज के कवियों में सबसे अधिक लोकप्रिय हैं । वे कवि-गोष्ठियों और कवि-सम्मेलनों में श्रोताओं पर छा जाते हैं । इसका कारण यह है कि उनके पास कुछ ऐसी कविताएँ हैं, जो प्राय: काव्य-गुणों से पूर्ण होते हुए भी सहज संप्रेषणीय हैं । उदाहरण के लिए उनकी 'इत्यादि' शीर्षक कविता, जिस पर हम यथास्थान किंचित् विस्तार से विचार करेंगे । राजेश ने अपनी पीढ़ी के कई कवियों से, यथा आलोकधन्वा, ज्ञानेंद्रपति, उदय प्रकाश और अरुण कमल, वय में बड़े होने पर भी उनके बाद लिखना शुरू किया । मुझको इसका कारण यह लगता है कि वे हिंदीतर विषयों के छात्र थे और कविता को लेकर उनमें आत्मविश्वास की कमी थी । लेकिन उनके भीतर एक लाजवाब कवि छिपा हुआ था, जो समय पाकर फूट पड़ा । उनकी कुछ ही कविताएँ यत्र-तत्र छपी थीं कि मैंने 'धरातल' के दूसरे अंक में उनकी दस कविताएँ टिप्पणी के साथ छापीं । उनमें से कुछ कविताएँ अन्यत्र भी छप चुकी थीं, लेकिन उन पर पूरा ध्यान अभी हिंदीवालों का नहीं गया था । 'धरातल' में छपने के बाद हिंदी के सभी कविता-प्रेमियों ने यह अनुभव किया कि एक बहुत अच्छा कवि हिंदी में आ रहा है । आज राजेश का कृतित्व देखकर मुझे खुशी है कि मैंने सही जगह पर उँगली रखी थी ।

दूसरी बात यह कि राजेश की पीढ़ी के कवियों को धूमिल के संदर्भ में रखकर देखना चाहिए । धूमिल आजादी के बाद की युवा पीढ़ी के प्रवक्ता थे और लगातार आक्रोश के साथ भारतीय जनतंत्र की असफलता पर घातक ढंग से प्रहार कर रहे थे । उस समय उन्होंने शब्द-प्रयोग में मर्यादा का भी ध्यान नहीं रखा और पूरी शक्ति एवं सटीकता के साथ कुछ वर्जित शब्दों का भी प्रयोग किया । उनका मुहावरा सरल भी था और पेचीदा भी । इसके बावजूद उनकी अनेक

उक्तियाँ युवकों के बीच कहावतों की तरह प्रचलित हो गईं । धूमिल में एक घरेलूपन अर्थात् आत्मीयता का अभाव था । साथ ही उनकी कविता लिखने और पढ़ने दोनों में असहज थी । उनके बाद राजेश की पीढ़ी आई, तो वह अपने साथ कविता में एक आत्मीयता और सहजता लेकर। राजेश को ही लें, तो उनकी कविता में उपर्युक्त गुणों के साथ सामाजिक यथार्थ और स्वप्न, जो कभी-कभी फैंटेसी की हद को छूते हैं, विचित्र प्रकार से आपस में मिले हुए हैं । सबसे पहले उनकी एक लंबी कविता 'समरगाथा' शीर्षक से प्रकाशित हुई थी, लेकिन उनकी असली काव्य-यात्रा उनके पहले कविता-संग्रह 'एक दिन बोलेंगे पेड़' (1980) के प्रकाशन के साथ शुरू होती है, इसलिए हम उसी संग्रह से उनकी कविता पर विचार करना आरंभ करते हैं । अब तक उनके कुल पाँच कविता-संग्रह प्रकाशित हो चुके हैं, जिनमें उनका एक कवि-व्यक्तित्व उभरकर आता हुआ दिखलाई पड़ता है ।

राजेश धूमिल की तरह अपनी कविताओं में कभी-कभी कविता पर भी टिप्पणी करते हैं । 'एक दिन बोलेंगे पेड़' की एक कविता में उन्होंने कहा है कि कविता में जादू होता है । यह जादू क्या है, यह उनके शब्दों में देखिए—

जो है
जो जैसा है
तुरत फुरत
पलक झपकते
सब कुछ की शक्ल
बदल डालने की ललक
जादू ।

स्वभावतः मार्क्सवादी आलोचक अर्न्स्ट फिशर की प्रसिद्ध पुस्तक 'द नेसेसिटी ऑफ आर्ट' का पहला ही लेख कविता के जादू पर है । निश्चय ही यह जादू सिर्फ चीजों की शकल बदल देने तक सीमित नहीं है । राजेश ने स्वयं ऐसी अनेक कविताएँ लिखी हैं, जिनमें एक जादू है, लेकिन उनके सौंदर्य का विश्लेषण आलोचक के लिए एक चुनौती है । उनके पहले संग्रह की 'गेंद' शीर्षक पहली कविता को ही लीजिए, जो छोटी होने के कारण नीचे संपूर्णतः उद्धृत है :

एक बच्चा
करीब सात-आठ के लगभग

अपनी छोटी–छोटी हथेलियों में
गोल–गोल घुमाता
एक बड़ी गेंद
इधर ही चला आ रहा है
और लो...
उसने गेंद को
हवा में उछाल दिया !

सूरज !
तुम्हारी उम्र
क्या रही होगी उस वक्त
जब तुमने भी गेंद की तरह
पृथ्वी को ब्रह्मांड में उछाला था ?

पाठक इस कविता को पढ़ता है, इससे प्रभावित होता है, लेकिन इसके कारण को नहीं समझ पाता । आलोचक कविता को कोटियों में विभाजित कर समझने और समझाने के आदी रहे हैं । लेकिन इस कविता को आप समाज, राजनीति, प्रेम, प्रकृति आदि किसी कोटि में नहीं रख सकते । फिर इस कविता का सौंदर्य कहाँ निहित है? इसमें वस्तुतः 'उछालना' क्रियापद के सौंदर्य को, जिसमें एक गति तो है ही, वेग भी है, पूरे सामर्थ्य से कवि ने अंकित किया है, इसीलिए इसका जो आनंद है, वह किसी प्रकार की कोटि की कविता का नहीं, बल्कि शुद्ध कविता का आनंद है । मैं पाठकों को याद दिलाऊँ कि केदारनाथ सिंह की एक बहुत ही छोटी प्रेम–कविता है, जिसमें प्रेम का कोई प्रसंग नहीं है, कवि सिर्फ यह कहता है कि हिंदी की सबसे खौफनाक क्रिया है 'जाना' । इस 'जाना' से ही प्रेम का पूरा प्रसंग उपस्थित हो जाता है । यह है कवि की सिफत ।

दूसरी कविता, जिसकी मैं चर्चा करना चाहूँगा, वह है 'लेबर कॉलनी के बच्चे'। इसमें कवि ने बड़े प्यार से कॉलोनी के बच्चों के बारे में कहा है, जिसे ही मैंने ऊपर घरेलूपन या आत्मीयता कहा है । इसमें गजब की सहजता भी है । ये बच्चे मैदान में धमाचौकड़ी मचाते हुए खेलते हैं–

लेकिन
जैसे ही
सन्नाटा जमने को होता है

वे फिर
किसी मकान के पिछवाड़े से
या किसी सँकरी-सी गली से
या मैदान के ही किसी कोने से
प्रकट होते हैं
ठुनठुनाते हुए
झुनझुनाते हुए
किसी खोई हुई चाबी के गुच्छे-से

संभावनाओं के नए द्वार खोलते हुए...

इस कविता में अंतिम पंक्ति न होती, तब भी 'चाबी के गुच्छे-से' शायद यह व्यंजित हो जाता कि उससे कवि का मंतव्य क्या है? लेकिन जो अस्फुट था, उसे स्फुट करके कवि ने कविता को कोई क्षति नहीं पहुँचाई है। स्मरणीय है कि यह कविता मजदूरों के बच्चों पर है, जिनके हाथों में नए युग की चाबियाँ हैं। कविता में प्रगतिशीलता या जनवाद इसी रूप में आए, तो वह स्पृहणीय होगा। मजदूरों पर लिखी गई अगली कविता है 'बिजली सुधारने वाले', जिसमें 'बिजली के खंबे पर/कोई नंगा तार/पानी में भीगता/चिनगारियों में चटकता है।/एक फूल आग का/बड़े तारे-सा/ झड़ता है/अचानक उमड़ आई/अँधेरे की नदी में।' इस बात को मैं गद्य में भी रख सकता था, लेकिन आलोचक की कलम में रचानाकार-जैसी ताकत कहाँ? इस कारण मैंने उक्त काव्यांश को भले गद्य की तरह लिखा हो, लेकिन उसे काव्य ही रहने दिया है। उसके बाद बिजली मजदूर आते हैं, अपनी नसेनी को खंबे से टिकाते हैं, चीनी मिट्टी के कानों को उमेठते हुए कस देते हैं एक पतला तार और–

एक बार फिर
जगमग हो जाती है
हर घर की आँख।

वे अपनी नसेनी उतार कर
बढ़ जाते हैं
अगले मोहल्ले की तरफ
अगले अँधेरे की ओर

'बढ़ जाते हैं अगले अँधेरे की ओर' की व्यंजना स्पष्ट है।

इस संग्रह की एक कविता है 'उसकी परछाईं', जिसमें कवि ने अद्‌भुत ढंग से संघर्ष का परिणाम बतलाया है । हजारों मील दूर एक काली चिड़िया पिंजड़े के खिलाफ हवा के लिए संघर्ष करती है । उसकी छाया उजली धूप है और उजाले और आकाश के लिए एक सफेद चिड़िया लड़ाई करती है, जिसकी छाया दूधिया चाँदनी है । अगली कविता भी चिड़िया पर ही है, जिसकी अंतिम पंक्तियाँ हैं–

बारूद के रंग वाली चिड़िया
बारूद का सुभाव भी सीख
उड़ना गाना तो ठीक
लेकिन
ताव खाना भी सीख ।

इससे अनुमान लगाया जा सकता है कि राजेश में यथार्थ और स्वप्न किस तरह से मिले हुए हैं । ऐसी कविताओं को रूपक अलंकार के रूप में न समझकर इसी रूप में समझना होगा । एक कविता है 'चमत्कारिक चाकू' । पाठक आसानी से समझ सकते हैं कि ऐसा चाकू किन लोगों के पास हो सकता है, 'जिनसे वे/अपने कमरे के/गलीचों, दीवारों, गैलरियों/और आँगन के नाप की धूप/काटकर ले गए ।/फिर उसी आयतन की हवा/खिड़की गवाक्ष और दरवाजों के/नाप की ।' राजेश का बचपन भोपाल से छप्पन मील दूर विंध्याचल की पहाड़ियों से घिरे एक छोटे-से गाँव में बीता है । इस कारण उनकी कविता में पहाड़ बार-बार आते हैं । इसी संग्रह में पहाड़ पर तीन कविताएँ हैं, जिनमें से एक कविता का अंतिम अंश नीचे दिया जा रहा है–

कपड़े के जूते पहन
मैं दौड़ता हुआ चढ़ जाता था
उनके कंधों पर ।
हाँफता और अपनी जीत के बाद
जैसे ही दो पल सुस्ताने को रुकता
वे किसी जादुई साड़ी की तरह
एक में से दूसरे
निकलते हुए,
खुलते हुए
फैल जाते थे

एक नई चुनौती की तरह
मुझे पुकारते हुए ।

कहने की आवश्यकता नहीं कि यहाँ कवि की कल्पना फैंटेसी की हद को छूती हुई दिखलाई पड़ती है । ऐसे ही उसकी दो कविताएँ पत्थर पर हैं, जिनमें से पहली कविता के अंत में पत्थर कहता है : 'हम पत्थर थे/और एहसानमंद थे/उस आदिम मनुष्य के/पहले-पहल/जिसने बताया हमें/कि हममें आग है ।' पत्थर को अफसोस है कि उसके पास कोई भाषा नहीं थी, जिसमें वह आदमी के गीत गा पाता और उसकी बातचीत, बहसों और तकलीफ में शामिल हो पाता । पर उसे संतोष है कि 'जब जब भी मौका आया लड़ाई का/हमने आगे बढ़कर वार किया/लड़ाई लड़ी/उसके हक की/उसके दुश्मनों के खिलाफ।' अब तक के उद्धरणों से पाठकों पर राजेश की अपनी शैली का रूप स्पष्ट हो गया होगा ।

उनकी एक कविता है 'बच्चा पाँव ले रहा है' । इसमें उन्होंने कहा है कि 'रथ की खरोंचों/तलवार के घावों और बम के धब्बों पर/अपनी रुई की फाहों-सी/पगथलियाँ रखता/बच्चा पाँव ले रहा है ।' यहाँ प्याज पर लिखी एक कविता में घरेलूपन देखिए । चिलचिलाती गर्मी के दिनों में हमारे घरों की औरतें बच्चों की जेब में प्याज रख देती हैं । क्यों ? इसलिए कि वे जानती हैं कि 'प्याज/एक तैयार घूँसा है/जिससे/'लू'/डरती है ।' यहाँ राजेश ने लू को उद्धरण-चिह्नों के भीतर रखा है, जिससे उसकी मार दूर तक जाती है । 'सलीम और मैं और उनसठ का साल' शीर्षक से भी दो कविताएँ हैं । 1959 में संभवत: मध्यप्रदेश में कहीं दंगा हुआ था । उस दंगे ने कवि और उसके पक्के मित्र सलीम को एक दूसरे से दूर कर दिया था । कवि कहता है :

वह चाकू
खतरनाक नीला
अंधा बना डालने वाले साँप-सा
चमकता था आधी रात गए मेरी नींद में
और चमकते-चमकते बदल जाता था
सलीम की शक्ल में
सलीम ने कहा था
रात गए उसकी नींद में चमकता है
एक चाकू

क्या वह मेरी शक्ल में बदल जाता था?
क्या वह मेरी तरह नजर आता था?

यह सुपरिचित तथ्य है कि हिंदू और मुस्लिम दोनों सांप्रदायिकताएँ एक दूसरे को बढ़ावा देती हैं । राजेश की एक लाजवाब कविता है 'किस्सा तोता मैना' । इसमें एक संपन्न व्यक्ति ने एक तोता भी पाल रखा है और मैना भी । उसका नौकर है, हरिया । सवेरे तोता हरिया को जगाता है । उसे तैयार होकर साइकिल पर टिफिन लटकाकर चटपट मजूरी पर जाने के लिए कहता है । उसका कहना काफी रोब से भरा होता है । शाम को जब हरिया काम पर से लौटता है, तो मैना उससे लाड़ लड़ाते हुए कहती है कि तूने आज बहुत काम किया है, थोड़ी-सी चढ़ा ले और सो जा । लेकिन हरिया किताब लेकर बैठ जाता है । इस पर तोता और मैना दोनों उसे डाँटते हुए कहते हैं कि ढिबरी के प्रकाश में पढ़ेगा, तो आँखें फूट जाएँगी और ज्यादा पढ़ेगा तो किस्मत रूठ जाएगी । अब कवि कहता है—

तोता हरा है
मैना काली है
किसका पाला है तोता
मैना किसकी पाली है?
कहा अंत में किताब ने
उठ हरिया
पूछ इनसे
किसने भेजा है
सिखा-पढ़ा इनको?

उड़ा इन्हें
और दे गाली
आखर चीन्ह
इसके भीतर ही
लुकी हुई है
तेरी कंगाली ।

'किस्सा तोता मैना' एक तरह से हिंदी का लोक-साहित्य है, जिसमें दोनों पक्षी क्रमशः पुरुष और स्त्री का पक्ष लेते हैं । आज दोनों को पैसे वालों ने अपना पालतू बना लिया है । कवि इस कविता में इस बात को उजागर करते हुए पिछड़े

वर्ग में शिक्षा का महत्त्व बतलाता है । मुझे एक प्रसंग याद आता है, जो नागार्जुन से संबंधित है । उनका प्रसिद्ध उपन्यास है 'बलचनमा', जिसका एक और खंड लिखा जाने वाला था, लेकिन वह लिखा नहीं गया । मैंने एक दिन उनसे पूछा—'बाबा, 'बलचनमा' का दूसरा खंड कब लिखेंगे?' उन्होंने सिर्फ इतना ही कहा कि बलचनमा अब मुखिया हो गया है ! तात्पर्य यह कि किसान-संघर्ष के इस वीर योद्धा को भी आजादी के बाद इस व्यवस्था ने अपना पालतू बना लिया, इसलिए वह फिर से बाबा की कलम पर नहीं चढ़ सकता था । राजेश की एक और कविता है 'तोता', जिसे उसके चीफ ने पाल रखा है । उसका काम है चीफ की हाँ में हाँ मिलाना । इस कविता के अंत में कवि की उक्ति है—

तोता तोता है
और खूब हरा है
जैसे कोई हरा-भरा पेड़
खाता पीता पेड़
या आदमी
जेब में एक हरा नोट लिए ।

राजेश की दो जुड़वाँ कविताएँ हैं 'नौवीं मंजिल' और 'चौरासी बँगले'। पहली कविता में एक संपन्न पुरुष नौवीं मंजिल से नीचे देखता है और कहता है कि 'कितना झूठ कितना गलत/सूखे और भूख का शोर/कितनी हरी-भरी है धरती/एक हरी-भरी कविता की तरह ! नहीं/ न वह हरी ऐनक लगाए है/न सावन का अंधा है/उसके अनुभव का/संसार भी/हरा-भरा है/और/वह/जमीन से/नौ मंजिल ऊपर खड़ा है ।' चौरासी बँगले भोपाल की एक कॉलोनी है, जिसमें बड़े अफसर रहते हैं । कवि के अनुसार—

लोगों ने देखा है
लोग बताते हैं
उनके अगले कमरे की अल्मारी में
आगे ही सजी-धजी रखी है
एक किताब
'1984'
जिसकी आड़ से
सारे शहर पर थूकते हैं एक साथ
वे चौरासी लोग ।

'1984' एक कम्युनिज्म-विरोधी पुस्तक है । 'एक दिन बोलेंगे पेड़' का एक दूसरा खंड भी है 'अभी दोपहर है' । यह खंड बहुत छोटा है, फिर भी इसमें दो-तीन अच्छी कविताएँ हैं । उनमें से पहली कविता है 'रात भर' । यह एक लोककथा पर आधारित कविता है, जो अलग-अलग क्षेत्रों में, अलग-अलग रूपों में प्रचलित है । एक अन्यायी और अत्याचारी राजा के सर पर सींग थे, जिन्हें वह छिपाए रखता था । यह बात केवल चाँद को मालूम थी । उसने पहले झरने से यह बात कही, तो वह रातभर हँसता रहा, फिर उसने तारों से कही, तो वे रातभर रोते रहे, फिर उसने सपनों में आकर बच्चों से कही । बच्चों के पेट में बातें नहीं पचतीं, इसलिए उन्होंने उस बात को मिट्टी में गाड़ दिया । कवि कहता है कि उस मिट्टी से एक दिन पेड़ उगेंगे—

फिर एक दिन बोलेंगे पेड़
खोलेंगे भेद
राजा का   रात का
फिर एक दिन बोलेंगी चिड़ियाँ
खोलेंगे भेद
राजा का   रात का ।

'राजा के सर पर हैं कितने सींग'
हवाएँ बोलेंगी एक दिन
खोलेंगी भेद सब पर
सपनों ने क्या कहा बच्चों से रात भर ।

मारा जाएगा दुष्ट राजा एक दिन
फिर तारे कभी नहीं रोएँगे रात भर ।

दूसरी कविता है 'चाबियाँ', जिसमें पेड़, चीजें और चिड़ियाँ अपने को चाबियाँ बतलाते हुए उनसे अपना-अपना अँधेरा खोलते हैं और बाहर आ जाते हैं । कवि जानना चाहता है कि हमारी चाबियाँ कहाँ हैं?, तो उसके रक्त से आवाज आती है—

'हम हैं तुम्हारी असली चाबियाँ'

देखा मैंने
वे हमारे हाथ थे

सैकड़ों हाथ एक दूसरे में गुँथे
चाबियों की तरह
खनखनाते हुए

यह है श्रम का महत्त्व । एंगेल्स ने कहा था कि जिस दिन मानव-पशु पिछले दो पाँवों पर खड़ा हो गया और अगले दोनों पाँवों से काम करने लगा, उस दिन मानव-सभ्यता के इतिहास में सबसे बड़ी क्रांति हुई । निस्संदेह राजेश ने इस कविता में बहुत खूबसूरत ढंग से हाथों का महत्त्व बतलाया है । अंतिम कविता 'नीली बाल्टी' में उसकी कल्पना चरमोत्कर्ष पर पहुँची हुई है । इस कविता की अंतिम पंक्तियाँ देखिए : 'आकाश को देखते हुए/उसने पूछा/धूप क्या रस्सी है/हवा क्या रस्सी है/भरकर/नदियों और समुद्रों का जल/कौन खींचता है/इस इतनी बड़ी/नीली बाल्टी को'? उसके इस प्रश्न से आकाश और बाल्टी में हिलते आकाश में एक साथ धूप हिलती है और खुश-खुश सूरज हँसता है । निश्चय ही 'एक दिन बोलेंगे पेड़' राजेश का संभावनाओं से भरा हुआ पहला कविता-संग्रह है ।

उनका दूसरा संग्रह है 'मिट्टी का चेहरा' (1985) । उनकी कविता का विषय कभी सीमित नहीं रहा, इसलिए जो भी वस्तु, वह नजदीक की हो या दूर की, उनकी अनुभूति का विषय बनती है, उससे वे सुंदर स्वप्न की तरह एक कविता रच डालते हैं । प्रस्तुत संग्रह की एक कविता है 'एक बार फिर' । न्यूट्रान बम के गिरने से पृथ्वी पर जीवन समाप्त हो जाएगा, यह तथ्य है, लेकिन कवि का विश्वास है कि शताब्दियों बाद कोई आएगा, जिससे एक बार फिर जीवन शुरू होगा और जिस रूप में वह परोसी हुई थाली को छोड़कर मरा था, उसी रूप में वह उसे पाएगा—

सारे हत्यारों की इच्छा के बावजूद
नहीं लग पाएगी फफूँद
शताब्दियों पहले
बड़ी मेहनत से जुटाए गए
अनाज पर
शताब्दियों बाद भी
चटनी से आ रही होगी
कैरी और ताजे पुदीने की गंध
बेचैन कर देगी जो
आदमी की भूख को

एक बार फिर
एक बार फिर

कुछ लोगों के विचार से यह सदिच्छा है, तथ्य नहीं । यहाँ पूछा जा सकता है कि कविता के लिए 'तथ्य' आवश्यक है या 'सत्य'? यदि इसे सदिच्छा ही मानें, तो वह वर्तमान यथार्थ के प्रति कवि की जोरदार असहमति है । सदिच्छा सर्वत्र निस्सार नहीं होती । दूसरी कविता 'उसके स्वप्न में जाने का यात्रा-वृत्तांत' एक शुद्ध रूमानी कविता है, जिसमें कवि अपनी प्रेमिका के स्वप्न में जाने की कहानी कहता है । वह फूलों के गुच्छे बनाता है, पोलीथिन की विशाल थैली में समुद्र को भर लेता है और उसके स्वप्न में पहुँच जाता है । थैली उसने खोली नहीं और एक नाव में बैठकर दोनों उस थैली में ही उतर गए—

बाहर बादल पर, पेपर वेट सा
रखा था चाँद और
उसके खरगोश
बादल के किनारे कुतर रहे थे
या बादल पर उगी दूब !

हम एक दूसरे के चुंबनों से
ढँकते चले गए, ओंठ, आँखें
यहाँ तक कि सारा शरीर
ढँकता चला गया चुंबनों से ।

यह सब कुछ कवि के स्वप्न में घटित होता है । सवेरे, जब उसकी नींद टूटती है, तो यह पाता है—

लौटा तो बस धूप का एक टुकड़ा था
जो घड़ी की तरह धमका रहा था
झटपट तैयार हो जाओ वर्ना
ऑफिस का वक्त बजा दूँगा !

रूमानीपन राजेश की बहुत बड़ी ताकत है । वह उनकी दृष्टि को धुँधलाता नहीं, बल्कि उसी के कारण उनके यथार्थ के बिंबों में एक ताजगी और अनुभूति में एक नवीनता संभव हुई है । अगली कविता है 'करमकल्ले और सारस्वत बच्चा' । इसमें कवि की कल्पना देखिए—

क्या वे छोटी-छोटी हरी पृथ्वियाँ हैं
बादलों के ऊपर से दिखते घास के मैदान

जिन्हें किसी जादूगर ने
गेंदों में बदल दिया है
या हरी पोशाक में
किसी स्कूल के गोल-मटोल
बच्चे हैं वे

यह विचित्र बात है कि राजेश ने प्रेम-कविताएँ बहुत कम लिखी हैं, लेकिन जो लिखी हैं, उनसे पता चलता है कि आज हिंदी कविता में प्रेम अज्ञेय के प्रेम से कितना आगे चला आया है । उदाहरण के लिए 'शहद जब पकेगा' का यह आरंभिक अंश :

लंबी उँगलियों वाली धूप है तुम्हारा प्यार
तुम छुट्टी ले लो कुछ दिन
और धूप से बोलो
एवज में ऑफिस हो आए
टाइपरायटर पर बैठ जाए कुछ दिन

कमरे में चहकती चिड़िया है तुम्हारा प्यार
तुम छुट्टी ले लो कुछ दिन
और चिड़िया से बोलो
एवज में ऑफिस चली जाए
रजिस्टर में दर्ज कर आए
चिट्ठी पत्री...

'दादा खैरियत' एक दिलचस्प कविता है, जो पूरी विदग्धता के साथ लिखी गई है । इसकी विशेषता यह है कि यह ऊपर से हास्य की कविता लगती है, लेकिन इसके भीतर एक गहरी मानव-करुणा छिपी हुई है । दादा खैरियत फटेहाल हैं और बच्चों के 'दादा खैरियत' कहने से चिढ़ते ही नहीं हैं, कभी-कभी पत्थर लेकर उन्हें मारने भी दौड़ते हैं । अंत में कवि कहता है—

कहाँ बची है खैरियत
किसकी बची है खैरियत
चलन न हो कहने का
तो कौन कह सकता है
इस जमाने में

खैरियत मियाँ खैरियत
कम से कम चिढ़ाने के बहाने
कह लेते हैं लोग खैरियत

'मिट्टी का चेहरा' की अंतिम उल्लेखनीय कविता बेकारी पर बहुत सशक्त और नए ढंग से लिखी कविता है । इसका शीर्षक है 'असली किस्सा तबियत के हिरन हो जाने का' एक बेकार युवक अपनी बेकारी से तंग आकर एक रात शराब पी लेता है और कहता है–

सारी दुनिया के रोजगार कार्यालयों के
मंसूबों पर खाक डालता
और जब-तब दयार्द्र हो उठने को आतुर लोगों की
खोपड़ियों में खलबली पैदा करता
हिरन की तबियत में सवार
मैं उड़ रहा था सातवें आसमान पर

ब्रह्मांड की टेबिल पर
चाँदी की चमचमाती तलवार की तरह
रखी थी आकाशगंगा

यह थी मेरी तलवार !
दुनिया के महानतम योद्धा की तलवार
से भी बड़ी और शानदार
जिसे धारण करके निकल जाना था मुझे
दिग्विजय पर
दुनिया के तमाम दुखों का सर काटते
और खनखनाते हुए दिशाओं को

अंत में जब उसका नशा टूटता है, तो वह फिर अपने को पूर्व रूप में ही पाता है–

वह बोतल जिससे
आजाद किया था मैंने हिरन को
लौटा चुका था मैं
कलारी के मुच्छड़ मालिक को
और वसूल चुका था अठन्नी
और अब

वह रकम भी नहीं थी मेरे पास
उस एकमात्र रकम से खरीदा जा चुका था
काला फूल
बीड़ियों का !

राजेश के तीसरे संग्रह 'नेपथ्य में हँसी' (1994) से मैं सिर्फ पाँच-छः कविताओं का उल्लेख करना चाहता हूँ । 'जन्म' शीर्षक कविता बंजारों पर लिखी गई है । इसमें कवि ने एक सही बात कहते हुए बंजारों के जीवन को उदाहृत किया है—

कितनी अनमोल, कितनी अद्वितीय होती हैं वे साधारण चीजें
जिनके सहारे चलता है यह महाजीवन ।

वो छोटी सी काली हंडिया जिसमें पकाई जाती है दाल
और रख ली जाती हैं जीवन की छोटी-छोटी खुशियाँ ।
पुराने अखबार का वो कोई पुराना सा टुकड़ा
जिसमें बाँधकर रखा जाता है नमक
इतने सहेजकर रखती है वह बंजारन औरत नमक को
कागज में बाँध लिया हो जैसे उसने पूरा अरब सागर ।

हमारे जीवन से खुशी लगातार गायब होती जा रही है । इस पर कवि का कहना है—

वह तेजी से गुम होती जा रही थी हमारे बीच से
जहाँ जहाँ से वह गायब होती थी
ऊब वहाँ फफूँद की तरह उग आती थी
दीमकें वहाँ अपना घर बना लेती थीं

गनीमत थी
और यह बहुत बड़ी गनीमत थी
कि वह अब भी होती थी
कभी कभी

कहना व्यर्थ है कि जीवन में खुशी का धीरे-धीरे गुम होते जाना एक बहुत बड़े संकट का सूचक है, जिसे कविता में कहने की जरूरत नहीं है । वह इससे स्वयं प्रकट है । 'प्रजापति' शीर्षक कविता के आरंभ में कवि ने आनन्दवर्द्धन को प्रतिध्वनित करते हुए कहा है कि 'चीजों का हू-ब-हू दिखना अपनी ही शक्ल में/कविता में मुझे पसंद नहीं बिल्कुल' । इसलिए इसके अंत में वह अपनी इच्छा

और कुछ चीजों को एक विराटता और असंभवता प्रदान करता है–

मैं चाहता हूँ
कि कविता के भीतर फैली आसमान की टेबिल पर
मैं जब सूरज के साथ चाय पी रहा होऊँ
एक विशाल समुद्र की तरह दिखे
मेरा कप ।

कल्पवृक्ष पर राजेश की दो कविताएँ हैं । दूसरी कविता काफी मजेदार है, लेकिन अपने भीतर वर्तमान सभ्यता के उपभोक्तावादी चरित्र को विचित्र ढंग से छिपाए हुए है, जो उसे विनाश की ओर लिए जा रहा है । एक आदमी रास्ते में एक छायादार वृक्ष देखकर सुस्ताने के लिए रुक गया । यह कल्पवृक्ष था, लेकिन उसे इसका पता नहीं था । उसके दिमाग में खयाल आया कि यहाँ एक आरामदेह बिस्तर होता, तो कितना अच्छा होता । उसकी इच्छा तुरत पूरी हुई । बिस्तर पर लेटने के बाद उसे भूख लगी और उसने सोचा कि काश, मिल पाता कहीं बढ़िया भोजन । उसकी यह इच्छा भी तुरत पूरी हुई । खा–पीकर लेटने के बाद उसने सोचा कि चारों ओर घना जंगल है, कहीं से कोई शेर न आ जाए । कवि के शब्दों में 'सोचते ही पूरी हुई उसकी इच्छा' और जाहिर है कि वह शेर उसे खा गया । पाँचवीं कविता 'चाबियों का गाना' एक प्यारी कविता है, जो नीचे पूरी दी जा रही है–

हम चाबियाँ हैं चाबियाँ

हाथ लगें साहूकार के तो जड़ता जाए वह
ताले पर ताला
चोर के हाथ लगे तो खोलता चला जाए

कवि खोले हमसे पेड़ पहाड़ और पंछी का मन
हम तो चाबियाँ हैं चाबियाँ
दूसरे का मन खोले वह ऋषि है
अँधियारे का ताला खोले वो सूरमा

सौंपना न हमको हर किसी के हाथ
हम चाबियाँ हैं चाबियाँ ।

राजेश की कविताएँ सरल दिखने पर भी कभी–कभी एक से अधिक बार ध्यानपूर्वक पढ़े जाने की अपेक्षा रखती हैं, खास तौर से उनकी कुछ लंबी कविताएँ । लिखना समाप्त करते–करते मैंने गौर से इस संग्रह की अंतिम कविता

'आठ लफंगों और एक पागल औरत का गीत' अवधानतापूर्वक पढ़ी, तो वह मुझे बहुत सार्थक कविता लगी । इसलिए मैं अंत में इस कविता का भी उल्लेख कर रहा हूँ । आठ लफंगे सिर मुड़ाए शहर में घूमते रहते हैं । पागल कही जानेवाली एक औरत ने ही माँ-बाप द्वारा त्यक्त उन बच्चों को पालकर बड़ा किया है । ये आठ लफंगे करते क्या हैं?—

आठ लफंगों की टोली किसी भी रास्ता चलते को रोक लेती है
एक के बाद एक पूछती जाती है बेतुके सवाल
तुमने अपने बच्चों का होमवर्क पूरा कराया या नहीं
पतंग लाए, किसी मैदान के कंकड़ पत्थर साफ किए
महीने का राशन ले आए कंट्रोल की दुकान से
माँ की दवा लेने गए थे अस्पताल
पिता के लिए खरीदकर लाए नया स्वेटर
गली में झाड़ू दी, कहीं कोई पेड़ लगाया
मंदिर में दिया जलाने चले हो
घर का फ्यूज बल्ब अभी तक बदला या नहीं?
चिड़ियों के लिए दाना बिखेरा
ढोरों को पानी पिलाया या नहीं?

आठ लफंगों के सवालों को सुनकर पागल औरत जोरों से हँसती है और कभी-कभी वाकई उसका दिमागी संतुलन बिगड़ जाता है, तो गुस्से में अपने शरीर को बहुत जोर से हिलाती है । फिर वह—

अपनी नदियों के सिरहाने धीरे-धीरे बुदबुदाती है
हत्यारों को ले जाय यम, दलालों को ले जाय पुलिस
बहो मेरी नदियो बहो !
झड़ो पुरानी पत्तियो झरो मेरी गोद में
उगो नई कोपलो उगो
लौट आओ प्यारी छायाओ लौट आओ
मेरे इन लफंगों को बैठने की जगह दो सोने की जगह दो !

जब गाती है पागल औरत
लफंगों की टोली उसे दोहराती है !

कवि का आशय स्पष्ट है—आज दूसरों की चिंता करनेवाला लफंगा है और संपूर्ण विश्व की चिंता करनेवाला व्यक्ति पागल, वह पुरुष हो या स्त्री ।

राजेश का चौथा संग्रह 'दो पंक्तियों के बीच' (2000) उनका प्रतिनिधि संग्रह है । पुस्तक का नामकरण उसकी पहली ही कविता पर हुआ है । मैं पहले भी कह चुका हूँ कि आज की कविता के प्रसंग में 'दो पंक्तियों के बीच की जगह' की बहुत चर्चा की जाती है । वह एक चुप्पी या मौन है, जो बोलता है, भले उसकी आवाज सुनने के लिए तीव्र श्रवण-शक्ति चाहिए । यह मौन प्रत्येक अच्छे कवि की कविता में कमोबेश मौजूद होता है, खासकर उसकी छोटी कविताओं में । शमशेर की जो छोटी कविताएँ हैं, उन्हें बिना उनके 'मौन' को सुने समझा नहीं जा सकता । बहुचर्चित आलोचकों ने भी इसमें गलतियाँ की हैं । उदाहरण के लिए विजयदेव नारायण साही के लेख 'शमशेर की काव्यानुभूति की बनावट' को लिया जा सकता है । उसे कई बार पढ़ने के बाद भी जब उसमें उद्धृत शमशेर की कविताएँ मेरी समझ में नहीं आईं, तो मैंने स्वयं शमशेरजी से पूछा—आखिर उस लेख में क्या है? मैं उसे समझ नहीं पाता हूँ । शमशेरजी ने उत्तर दिया—मेरी समझ में भी वह लेख नहीं आता । मैंने समझा कि मेरा मन रखने के लिए उन्होंने यह बात कह दी है । लेकिन इलाहाबाद की मूल्यांकन गोष्ठी में पढ़े गए लेखों का दो खंडों में प्रकाशित संकलन (सं. उमा राव) मैंने पढ़ा, तो पाया कि जब साही अपना उक्त लेख पढ़ रहे थे, तो शमशेरजी भी गोष्ठी में मौजूद थे । जब उस पर बहस शुरू हुई, तो शमशेरजी ने कहा—मैं समझ नहीं पाया कि इस लेख में साही ने मेरी कविताओं के बारे में जो कहा है, वह क्या है? उनकी यह प्रतिक्रिया कोई भी उक्त संकलन में देख सकता है । तात्पर्य यह कि साही हों या कोई अन्य आलोचक, उसे कविता पर ध्यान केंद्रित करके उसके शब्दों के बीच की खाली जगह की आवाज को सुनना पड़ेगा । कविता वह पतंग है, जो आकाश में उड़ानें भरती है, लेकिन जिसकी डोर कवि के हाथों में होती है । विखंडनवादियों ने पतंग की डोर कवि के हाथों से छीनकर पाठकों के हाथों में देनी चाही थी । मतलब यह कि उन्होंने कोशिश की कि कविता को उसकी केंद्रीय वस्तु से एकदम मुक्त कर दिया जाए । स्वभावतः इसका विरोध हुआ और लोगों ने इस पर जोर दिया कि कविता दूर-दूर तक उड़ान भर सकती है, लेकिन अपनी अंतर्वस्तु की भूमि पर ही । इस तरह वह एक पेचीदा चीज है, जिसका सरलीकरण या जिसकी मनमानी व्याख्या नहीं की जा सकती ।

राजेश की कविता में दो पंक्तियों के बीच की जगह खुद कहती है : 'कविता की दो पंक्तियों के बीच मैं वह जगह हूँ/जो सूनी सूनी-सी दिखती है हमेशा' । आगे वह जो कुछ भी कहती है, उससे पता चलता है कि वे उस जगह को किस रूप में लेते हैं—

जैसी दिखती हूँ
उतनी अकंपित उतनी निर्विकार-सी जगह नहीं हूँ
एक चुप हूँ जो आ जाती है बातचीत के बीच अचानक
तैरते रहते हैं जिसमें बातों के छूटे हुए टुकड़े
कई चोर गलियाँ निकलती हैं मेरी गलियों से
जो ले जा सकती हैं
सबसे छिपाकर रखी कवि की एक अज्ञात दुनिया तक
बेहद के इस अरण्य में कुलाँचे मारती रहती हैं
कितनी ही अनजान-सी छवियाँ
शब्दों की ऊँची आड़ के बीच मैं एक खुला आसमान हूँ
कवि के मंसूबों के उकाब जहाँ भरते हैं लंबी उड़ान
अदृश्य की आड़ के पीछे छिपी हैं यहाँ कुछ ऐसी सुरंगें
जो अपने गुप्त रास्तों से
शब्दों की जन्म-कथा तक ले जाती हैं

प्रसन्नता की बात है कि राजेश के प्रस्तुत संग्रह की अनेक कविताओं में दो पंक्तियों के बीच की वह जगह बोलती है । बस जरा-सा ध्यान देने पर उसकी बोली पकड़ में आ जाती है ।

दूसरी कविता है 'इत्यादि', जिसकी ओर संकेत लेख के आरंभ में ही किया गया है । संभवतः यह मुक्तिबोध की एक कविता 'आत्म-वक्तव्य' (तार सप्तक, दूसरा संस्करण) की एक पंक्ति 'असंख्यक इत्यादिजनों का मैं भाग' से प्रेरित होकर स्पष्ट रूप से साधारण जन पर लिखी गई कविता है, जिसकी व्याख्या आवश्यक नहीं है । व्याख्या या विश्लेषण को सिर्फ कविता के आस्वादन में सहायक होना चाहिए, उसकी चीरफाड़ करने की कोई जरूरत नहीं है । सिर्फ उसकी उत्कृष्टता के कारण की ओर संकेत कर देना ही काफी है । 'इत्यादि' से दिया जा रहा उद्धरण थोड़ा लंबा है, लेकिन वह आवश्यक है—

कुछ लोगों के नामों का उल्लेख किया गया था जिनके ओहदे थे
बाकी सब इत्यादि थे

इत्यादि तादाद में हमेशा ही ज्यादा होते थे
इत्यादि भाव-ताव करके सब्जी खरीदते थे और खाना-वाना खाकर
खास लोगों के भाषण सुनने जाते थे
इत्यादि हर गोष्ठी में उपस्थिति बढ़ाते थे
इत्यादि जुलूस में जाते थे तख्तियाँ उठाते थे नारे लगाते थे

इत्यादि लंबी लाइनों में लगकर मतदान करते थे
उन्हें लगातार ऐसा भ्रम दिया गया था कि वे ही
इस लोकतंत्र में सरकार बनाते हैं
इत्यादि हमेशा ही आंदोलनों में शामिल होते थे
इसलिए कभी कभी पुलिस की गोली से मार दिए जाते थे

राजेश प्रगतिशील और जनवादी हैं, इसलिए वे इत्यादि जन की शक्ति से भी परिचित हैं–

इत्यादि यूँ तो हर जोखिम से डरते थे
लेकिन कभी कभी जब वो डरना छोड़ देते थे
तो बाकी सब उनसे डरने लगते थे
इत्यादि ही करने को वो सारे काम करते थे
जिनसे देश और दुनिया चलती थी

अंत में यह दिलचस्प, लेकिन व्यंग्य से भरी हुई कवि की टिप्पणी :

इत्यादि हर जगह शामिल थे पर उनके नाम कहीं भी
शामिल नहीं हो पाते थे
इत्यादि बस कुछ सिरफिरे कवियों की कविता में
अक्सर दिख जाते थे ।

क्या अब भी यह कहने की आवश्यकता है कि इस कविता की उत्कृष्टता के मूल में यथार्थ का *सटीक* वर्णन है, जिसमें प्रकटत: कवित्व की मिलावट भी नहीं है? एक कविता है 'बीसवीं सदी के अंतिम दिनों का एक आश्चर्य' । बीसवीं सदी के अंतिम दिनों में एक निर्धन बूढ़ा आदमी एक महानगर में गया । पहले वह अपने बड़े भाई के यहाँ रुकता था, लेकिन उसके गुजर जाने के बाद अपने भतीजे के पास रुकने लगा । तीन-चार दिनों के बाद ही उसके पास उसकी भाँजी का फोन आया कि आप हमारे घर कब आएँगे? फिर एक दिन चचेरे भाई का फोन आया कि तुम तत्काल हमारे यहाँ नहीं आए, तो मैं तुम्हारा अपहरण कर लूँगा । 'फिर एक दिन दोस्त का फोन आया और उसने/जी भरकर गालियाँ दीं बूढ़े को'। अब कवि कहता है–

बीसवीं सदी के अंतिम दिनों में हो रहा था यह सब
और वह भी एक महानगर में
बूढ़ा अंदर ही अंदर भीगता जाता था
बुदबुदाता था... अभी सब कुछ नष्ट नहीं हुआ है...

वो अकेले बैठकर कहीं रोना चाहता था
उसे याद आ रहे थे बचपन के दिन और बचपन का गाँव ।

'रुको बच्चो' कविता में कुछ बच्चे सड़क पार करना चाहते हैं । कवि उनसे कहता है कि अभी बहुत तेज रफ्तार में गाड़ियाँ गुजर रही हैं, सो अभी ठहर जाओ । इस तरह अफसर, न्यायाधीश और पुलिस अफसर की गाड़ियाँ गुजर जाती हैं । अंत में कवि पुनः बच्चों से कहता है, जो मजेदार भी है और सच्चाई से भरा हुआ भी,–

रुको बच्चो रुको
साइरन बजाती इस गाड़ी के पीछे
बहुत तेज गति से आ रही होगी किसी मंत्री की कार
नहीं नहीं उसे कहीं पहुँचने की कोई जल्दी नहीं
उसे तो अपनी तोंद के साथ कुर्सी से उठने में लग जाते हैं कई मिनिट
उसकी गाड़ी तो एक भय में भागी जाती है इतनी तेज
सुरक्षा को एक अंधी रफ्तार की दरकार है
रुको बच्चो
इन्हें गुजर जाने दो
इन्हें जल्दी जाना है
क्योंकि इन्हें कहीं नहीं पहुँचना है ।

इसी तरह एक कविता है 'जहर के बारे में कुछ बेतरतीब पंक्तियाँ', जिसमें यह कहने के बाद कि 'तथ्यात्मक रूप से चाहे गलत हो पर कहा तो यहाँ तक जाता है/कि कुछ लोगों की बातों में भी यह मौजूद होता है', कवि कहता है कि–

(सत्ताएँ जहर के बारे में बहुत अच्छी तरह जानती हैं
और इसका उपयोग करने में बहुत हुनरमंद होती हैं)
धीमे जहर की यह तासीर होती है
कि वह बहुत धीरे-धीरे खत्म करता है जीवन को
क्या इस तर्क के आधार पर
समय को एक धीमा जहर कहा जा सकता है?

आपने देखा कि अंतिम पंक्तियों में यह कविता किस तरह अपना विस्तार करती हैं? उस विस्तार की तुलना केवल आकाश से की जा सकती है । राजेश की कविता में तल्खी भी है और मृदुता भी । यह अच्छा है कि उनकी कविता

एकायामी नहीं है । यह जरूर है कि कभी–कभी वे कविता के अंत में कविता का अर्थ बतलाने लगते हैं, संभवत: साधारण पाठकों को ध्यान में रखकर । पर उससे कविता कमजोर हो जाती है ।

हमारे समाज में भिखमंगे बच्चों की कमी नहीं है । ये बच्चे, जो उन्हें कुछ दिए बगैर आगे चला जाता है, उसकी नकल उतारते हैं और जो उन्हें कुछ देता है, उसके पैसे को भी हाथ में लेकर उसका मजाक उड़ाते हैं । तात्पर्य यह कि हमारी क्रूरता और दयालुता दोनों ही उनके लिए एक स्वाँग का विषय है । राजेश ने इस घटना के लिए उन भिखमंगे बच्चों को नहीं, बल्कि समाज को ही दोषी ठहराया है, जो व्यापक दृष्टिवाले कवि से ही संभव था । यहाँ कवि कहता है–

कैसी भयावह उदासीनता में फेंक दिया है हमने उन्हें
कितना तिक्त है उनका अहसास हमारे समाज के लिए
जिसमें उनका भी एक कोना है, इसी की
परिधि के आसपास

'चाँद के बारे में कुछ पंक्तियाँ' शीर्षक कविता दिलचस्प भी है और आज के शहर पर टिप्पणी भी । इसकी भी कुछ पंक्तियाँ देखिए :

आप जो मटरगश्ती करते रहते हैं रात रात भर
गश्त पर निकले सिपाही क्या तंग नहीं करते आपको?
लगता है बड़ी मार पकड़ है आपकी उस महकमे में
पर एक मशविरा मुफ्त देता हूँ आपको
आप जैसे चिकने लौंडों को यूँ नहीं
भटकना चाहिए रात–बिरात
इस शहर की आदतें कुछ ठीक नहीं हैं जनाब

जाहिर है, चाँद के बारे में ऐसी पंक्तियाँ पहले का कोई कवि नहीं लिख सकता था । इससे अनुमान लगाया जा सकता है कि राजेश के कवि–मानस में कितनी नवीनता और कितनी विविधता है ।

अपनी रूमानियत के कारण उन्होंने एक बार फिर कविता के विषयों की सीमाएँ तोड़ दी हैं, वरना वे 'पानी की आवाज', 'पीठ की खुजली', 'दो नन्हे मोजे', 'चप्पलें', 'नेलकटर' और 'छाते'–जैसी कविताएँ न लिखते । इनमें से कुछ कविताएँ चर्चा के योग्य हैं । 'पानी की आवाज' कविता में वे कहते हैं–

पानी जहाँ टपकता था
वहाँ पानी का एक फूल खिल जाता था

पानी की आवाज में कई आवाजें शामिल थीं
माँ की आवाज उसमें बार-बार सुनाई देती थी
वह आवाज अक्सर हमें घर के भीतर बुलाती थी
एक आवाज दोस्तों की थी
और एक आवाज थी जो हमारे अंतर से आती थी
जो हमें बाहर ले जाती थी

निराला का एक गीत है 'मालती खिली, कृष्ण मेघ की ।' इसमें अंकित बिंब को समझने में निश्चय ही उपर्युक्त उद्धरण की आरंभिक दो पंक्तियाँ सहायक हैं । 'कई आवाजें' बचपन के संदर्भों से जुड़ी हैं । एक कविता है 'धरती के इस हिस्से में', जिसमें कवि कहता है, 'इस समय इस हिस्से में समुद्र/किनारे की चट्टान पर अपनी लहर को/एक उस्तरे की तरह घिस रहा है' और 'यहाँ सूर्य धीरे-धीरे डूब रहा है/चाँद धीरे-धीरे चढ़ रहा है/निःशब्द ! बेआवाज !!/रतजगे की स्मृतियों में/चाँद के न जाने कितने चेहरे हैं'। अंत में कवि का यह अफसोस—

धरती का यह हिस्सा लेकिन एक हिस्सा भर ही है
हमारी धरती का
अफसोस !!

यह जानी हुई बात है कि संपूर्ण पृथ्वी पर ऐसा दृश्य नहीं घटित होता । कविता इसी व्यंजना में छिपी है ।

'नींद में चलने वाला आदमी' कविता में कवि अपनी छवि देखता है । कहता है, 'सचमुच की सड़क पर भी वो इस तरह चलता है/जैसे चल रहा हो सपने की किसी सड़क पर/कह सकते हैं इस समय वो आधा स्वप्न में है/और आधा यथार्थ में' । इसी लिए उसका कहना है—

नींद में चलता हुआ वो गुजर जाएगा
हमारे सामने से
संशय से देखेंगे हम कि कहीं वो आइना तो नहीं
कहीं वो हम ही तो नहीं हैं
नींद में चलते हुए !

मतलब साफ है कि आज वही कवि सच्चा है, जो आधा स्वप्न में रहता है और आधा यथार्थ में, क्योंकि आज के यथार्थ को इसी तरह पकड़ा जा सकता है ।

'पीठ की खुजली' शीर्षक कविता फिर हमें बतलाती है कि आज प्रेम कहाँ पहुँच गया है । कवि जयपुर गया हुआ है । रात का खाना खाकर और

कपड़े बदलकर वह होटल के बिस्तर में घुसता है, तो रह-रहकर उसकी पीठ में खुजली उठती है । अब कवि के शब्दों में—

जहाँ तक जा सकता है ले जाता हूँ
खींचकर पीठ पर अपना हाथ
लेकिन यह नामुराद खुजली हर बार
और आगे खिसक जाती है मेरे हाथ की पहुँच से
मेरे हाथ की हद के आगे से शुरू होती है
तुम्हारी हथेली की याद

फिर कवि कहता है कि 'याद ने भी क्या कारण खोजा है आने के लिए/घर से इतनी दूर इस गुलाबी शहर में !' इसी तरह 'दो नन्हे मोजे' में 'इतने बरस बाद निकल आए हैं वे मोजे अचानक/अचानक जैसे याद आ जाती है बचपन की कोई बात/इतने छोटे हैं वे मोजे कि आश्चर्य में डूबा है मेरी बेटी का चेहरा/कि कभी इतने छोटे भी थे उसके पाँव' । अंत में कवि की यह टिप्पणी : 'बहुत छोटी और साधारण चीजों में ही बचा है शायद/इतना अपनापन और इतनी गुदगुदी...'। वस्तुत: आज हमें ध्वंसक बमों के निर्माण, विश्वशांति के प्रयास, राष्ट्रसंघ के प्रस्ताव और भारतीय आम चुनाव उस तरह नहीं गुदगुदाते हैं, जिस तरह से कभी-कभी छोटी चीजें । अब 'चप्पलें' शीर्षक कविता देखिए, जिसमें पहले कवि ने कहा है कि 'देवीलाल पाटीदार की ड्राइंग कॉपी में ये काजल और तारकोल से बनी चप्पलें हैं', फिर—

ये किस दिक् और किस समय में रखी हैं
यह कहना मुश्किल है
ये किसी अनंत आकाश के बीच रखी हो सकती हैं
और जा सकती हैं समय की किसी भी
सीमा से बाहर

चप्पल लेकिन कितनी भी स्थिर क्यों न हो
होगा उसमें यात्रा का कोई न कोई स्वप्न
जरूर !!

यह कविता भी फैलती है । कविता जब शब्दों की सीमाएँ तोड़कर अनंत में अपने पंख फैलाती है, तभी अपनी सार्थकता प्राप्त करती है । राजेश पग-पग पर हमें इसका एहसास कराते हैं ।

'उस प्लंबर का नाम क्या है' कविता में घंटे भर से कवि कोशिश कर

रहा है, पर उसे उस प्लंबर का नाम याद नहीं आ रहा है, जो उसकी पाइप लाइन में अक्सर हो जानेवाली गड़बड़ी को ठीक करने आता है । कवि एक विडंबना की चर्चा करता है—

हैरत है ! मैं बुरे लोगों के बारे में कितना कुछ जानता हूँ
और उनसे भी ज्यादा बुरों के बारे में तो कुछ और ज्यादा
जबकि पाइप लाइन में आई किसी गड़बड़ी को
किसी तानाशाह ने कभी ठीक किया हो
इसका जिक्र उसकी जीवनी में नहीं मिलता

राजेश की एक कविता 'संयुक्त परिवार' पर भी है । उनके घर पर कोई आता है और ताले में पर्ची खोंसकर चला जाता है । वे कहते हैं, 'इस तरह कभी कोई नहीं लौटा होगा/बचपन के उस पैतृक घर से/वहाँ बाबा थे, दादी थीं, माँ और पिता थे/लड़ते झगड़ते भी साथ साथ रहते थे सारे भाई बहन/कोई न कोई हर वक्त बना ही रहता था घर में/पल दो पल को बिठा ही लिया जाता था हर आनेवाले को/पूछ लिया जाता था गुड़ और पानी को/खबर मिल जाती थी बाहर गए आदमी की/ताला देखकर शायद ही कभी कोई लौटा होगा घर से'। कुछ लोग इसको अतीत-प्रेम या प्रतिगामिता कहेंगे, लेकिन अतीत में जो मूल्यवान् वस्तुएँ थीं, एक कचोट के साथ उनको याद करना प्रतिगामिता नहीं है । 'घर की याद' शीर्षक कविता में ढाबे की टूटी बेंच पर बैठकर चाय पीते हुए कवि देखता है कि दारू के नशे में एक लड़खड़ाता हुआ आदमी आता है और बड़बड़ाता है कि यहाँ जंगल में फेंक दिया है मुझे, लेकिन शिक्षा विभाग के पचासों चक्कर लगाने और मनों धूल फाँकने के बाद भी किसी ने मेरी बात नहीं सुनी । फिर वह मास्टर सुबकने लगता है । अगल-बगल खड़े लोग जैसे तमाशा देखते हों, पर कवि कहता है—

दूर आसमान में चीखती है कोई टिटहरी
लौटते हुए
अपने घोंसले की ओर !

चिड़िया का भी अपना घोंसला होता है, लेकिन मनुष्य के पास भी वह हो, आज के युग में यह जरूरी नहीं । टिटिहरी की चीख वस्तुतः कवि की ही चीख है । मास्टर की उक्ति को और पीड़ादायक उसका यह कहना बना देता है कि 'हमारे समय में सबसे बड़ा दुख है निर्वासन' । अब 'बचाना' कविता । इसमें एक औरत हथेलियों की ओट में दीये की काँपती लौ को बुझने से बचा रही है, एक बहुत

बूढ़ी औरत अपनी छोटी बहू को अपनी माँ से सुना गीत सुना रही है, एक बच्चा पानी में गिर पड़े चींटे को एक हरी पत्ती पर उठाने की कोशिश कर रहा है और एक आदमी एलबम में अपने परिजनों के फोटो लगाते हुए अपने बेटे को उसके दादा–दादी और नाना–नानी के बारे में बतला रहा है । कवि को प्रसन्नता होती है कि–

बची है यह दुनिया
कि कोई न कोई, कहीं न कहीं बचा रहा है हर पल
कुछ न कुछ जो जरूरी है

'दो पंक्तियों के बीच' में एक कविता है 'अहद होटल' । हिंदी में साहित्यिक अड्डेबाजी पर शायद ही कोई कविता लिखी गई हो । यह कविता उसी को विषय बनाकर चलती है । शहर कोतवाली का जो नया थानेदार था, उसकी आँख में वह होटल खटकता था, सो उसने उसके सामने खड़े होकर यह प्रतिज्ञा की कि एक दिन मैं इसे नेस्तनाबूद कर डालूँगा । और हुआ भी वही । 'जहाँ कभी अहद होटल था/अब वहाँ चमचमाते जूतों की एक आलीशान दूकान है.../जो जगह भरी होती थी कभी खूबसूरत शब्दों से/वहाँ अब चमकदार जूते भरे हैं/और उनमें न किसी यात्रा की धूल है/न किसी पाँव के पसीने की गंध।' इस तरह यह कविता हमारी सभ्यता पर एक तीखा व्यंग्य है । राजेश ने दो कविताएँ स्पष्ट रूप में अपने समय पर लिखी हैं । लहरों को देखती एक लड़की सोच रही है कि अभी एक घुड़सवार आएगा लहरों से निकलकर और घोड़े की अयालों से टूटकर बिखरेंगे पानी के मोती । लेकिन लड़की की पीठ पर बढ़ते अँधेरे से निकल रहे हैं कुछ खूँखार अश्वारोही । उसके सपनों पर घात लगाए बढ़ी आ रही है समुद्र की एक हिंसक लहर और कटती जा रही है लड़की के पाँव के नीचे से रेत । उससे धँसते जा रहे हैं उसके पाँव ।–

इसके बाद का सारा दृश्य अँधेरे में डूब गया है
सिर्फ एक चीख है
जो दूर तक हवा को चीरती जाती है
यह लड़की की नहीं
हमारे समाज के स्वप्न की चीख है...
अँधेरे में डूबती हुई !

दूसरी कविता 'दृश्य और बिंब' में एक नए मॉडल की चमचमाती कार एक विकलांग बच्चे को डरा रही है । वह डरता, घबड़ाता और गिरता–पड़ता उलटे पाँव दौड़ने की कोशिश कर रहा है । ड्राइवर मुस्कुरा रहा है और तमाशबीन बच्चे

पर तरस खा रहे हैं, पर हँस रहे है। । कवि के शब्दों में 'यह एक दृश्य है/जो हमारे समय के बिंब में बदल रहा है !'' परछाईं' कविता में 'कमरे की दीवार पर पड़ती मसहरी की परछाईं पर/एक और आदमी की परछाईं लेटी है/दरवाजे से दाखिल हुई परछाइयों में से/एक परछाईं जेब से चाकू निकाल रही है/दीवार पर पड़ती परछाईं के हाथ में/चाकू की परछाईं हिल रही है' । अंत में हत्या के इस दृश्य की परछाईं में/खून की परछाईं गिर रही है/चीख की कोई परछाईं नहीं है !' पाठक सराहेंगे कि एक 'परछाईं' शब्द से कवि ने किस तरह एक तीखी कविता बनाई है, जिसमें परछाईं धीरे-धीरे हमारे समय की परछाईं में बदल जाती है ।

'एक शैतान से मुलाकात' भी एक दिलचस्प कविता है । यह भी किसी न किसी तरह हमारे समय को ही छूती है, जिसमें एक शैतान अपनी क्षमता में कमी पर अफसोस जताता है । कवि की मुलाकात उससे एक चायघर में होती है और वह उसी की टेबुल पर जाकर बैठता है । फिर—

उसने कहा मैं बहुत अकेला हो गया हूँ और थक गया हूँ
तुम्हें नहीं लगता कि मैं लगभग हास्यास्पद और निरीह हूँ
अब तो कोई बच्चा भी नहीं डरेगा मेरे कारनामों से
एक जोकर या खिलौने से ज्यादा नहीं है अब मेरी औकात
मुझे लगता है मैं बहुत पिछड़ा हुआ शैतान हूँ
यह दुनिया मेरी करतूतों से कहीं बहुत आगे निकल चुकी है...
उठते उठते उसने कहा :
अब तुम ही देखो
पहले का वक्त होता तो क्या कोई पसंद करता
इस तरह चाय पीना मेरे साथ !!

यह कविता दिलचस्प भी है, लेकिन अत्यंत अर्थपूर्ण भी कि शैतान अपनी ताकत घटने पर गमगीन है । 'ऐसा होता तो नहीं' कविता में—

साँप गुंजलक में बाँधे है चील को
शेर खरगोश की पालकी ढो रहा है
ऐसा होता तो नहीं है पर हो रहा है

कविता के अंत में कवि ने कहा है कि 'देश अपनी अस्मिता खो रहा है !', जिसकी कोई जरूरत नहीं थी । व्यंजना को अभिधा में बदलना प्राध्यापकों का पेशा है, कवि का नहीं । हाँ, उसका यह कहना ठीक है कि 'उल्टी घूम रही हैं घड़ी की सूइयाँ' और 'सदी का अंत कुछ पिछली सदियों को ढो रहा है' । 'किसी दूसरे

मुल्क और किसी और वक्त के बारे में' कविता में कवि कहता है कि वह इसी मुल्क में पैदा हुआ और उसका वर्तमान हाल बयान करता है । कविता का अंत इन पंक्तियों में हुआ है–

मैं एक बार फिर बता दूँ कि यह किस्सा जो मैं बयान कर रहा हूँ
वह ऐसे मुल्क और एक ऐसे वक्त के बारे में है
जो मेरा नहीं था
लेकिन यह अजीब इत्तिफाक था कि मैं उसी मुल्क का था
और उसी वक्त में रहना पड़ा मुझे !

यह कहने का एक वक्रतापूर्ण तरीका है, जो कथ्य को प्रभावशाली ही नहीं, मार्मिक बनाता है । कुन्तक ने पहले ही बता दिया था कि काव्य में वक्रता होनी चाहिए, पर वैसी, जैसी चंद्रमा में होती है, वैसी नहीं, जैसी कुत्ते की पूँछ में होती है । राजेश कथाकार भी हैं, इसलिए कभी-कभी कविताओं में वे गजब की तफसील देते हैं । इसकी एक अच्छी मिसाल है 'क्यों रोई वो इतने बरस बाद'। इसमें एक महाराज हैं, जो एक किले में रहते हैं । बेंदी का पति किसना उस किले में काम करता था । महाराज ने किसी कारण किसना को मरवा दिया । उसका फल हुआ कि बेंदी पागल हो गई । किसना की लाश के सामने लोगों ने बहुत कोशिश की कि वह रोए, पर उसकी आँख से एक बूँद भी आँसू नहीं गिरा । लेकिन वही महाराज जब मरे, तो बेंदी उनकी चिता के पास बैठकर धाड़ें मार-मार कर रोने लगी। कवि कहता है : 'क्यों रोती थी बेंदी किसनी कोई समझ नहीं पाता था/कौन सी सिल थी घृणा की/जो दरक गई थी एकाएक' । यह अच्छा है कि कवि ने उसके रोने का स्पष्ट कारण नहीं बतलाया, उसे पाठकों पर छोड़ दिया है । उसने सिर्फ संकेत से काम लिया है । उसे यह आशा है कि पाठक उसके संकेत को समझेंगे ।

अब तक प्रकाशित राजेश का अंतिम कविता-संग्रह 'चाँद की वर्तनी' (2006) भी कमजोर नहीं है, क्योंकि इसमें भी अनेक अच्छी कविताएँ हैं । 'दोपहर की कहानियों के मामा' में एक बेकार युवक है, जो कहता है कि अर्जियों के साथ हमारा जो जीवन नत्थी था, उसमें हमारे अनुभवों के लिए कोई जगह नहीं थी । उसमें चाय की दुकानों और सिगरेट की गुमटियों के हमारे उधार खातों का जिक्र नहीं था । साथ-साथ उसमें हमारे रतजगों और आवारगी का कोई किस्सा भी नहीं था । कविता का समापन इन शब्दों में होता है :

हम अपनी खाली जेबों में डाले रहते थे अपने खाली हाथ
एक खालीपन को दूसरे खालीपन से भरते हुए

हमें लेकिन एक हुनर में महारत हासिल थी

हम बहुत सफाई से अपनी हँसी में अपने आँसू छिपा लेते थे ।

अपनी हँसी में अपने आँसू छिपा लेने की यह 'महारत' जमाने की किस निर्लज्ज निर्दयता से उपजी है, कहने की आवश्यकता न होनी चाहिए । 'रात किसी का घर नहीं' कविता में एक बूढ़ा है, जिसे उसके लड़कों ने पीटकर घर से निकाल दिया है । जब कवि उससे सहानुभूति जताता है, तो वह कहता है कि वह उसके लड़कों से कुछ न कहे । वे मन के इतने बुरे नहीं हैं और उनका हाथ भी तंग रहता है । उनके छोटे-छोटे बच्चे हैं, जिनके साथ मेरा पूरा समय बीत जाता है । संभव है, मेरे लड़के मुझे ढूँढ़ रहे हों ! नई पीढ़ी को अपने से पूछना चाहिए कि वैसे वात्सल्य और ममता को कौन दानव निगलता जा रहा है । कविता हमारे भीतर ऐसी पृच्छा जगाने के अलावा और क्या कर सकती है? 'एक-से मकानों का नगर' कविता में 'देखते-देखते सारे शहर एक-से मकानों से भरते जाते हैं/एक जैसी लगती हैं सारी सड़कें सारी गलियाँ सारे चौराहे/एक दिन सारे शहर के चेहरे एक-सा हो जाएँगे/एक दिन एकाएक हम अपने ही घर का नंबर भूल जाएँगे/अपने ही शहर में अपना ही घर ढूँढ़ते भटकेंगे/और अपना घर नहीं ढूँढ़ पाएँगे' । बेकारी की तरह यह भी आधुनिक जीवन का सत्य है कि हम जितना ज्यादा वैशिष्ट्य पर जोर देते हैं, वह उतना ही अधिक विलुप्त होता जा रहा है । 'उमस' कविता में एक इलाके में सूखा पड़ा है, लेकिन बच्चों को उससे क्या? वे कवि की ओर देखकर अपने छोटे-छोटे हाथ हिलाते हैं और जोर से हँसते हैं । उनके दाँतों पर जितनी हँसी थी, उससे कहीं ज्यादा उनकी आँखों में थी । इस तरह राजेश की कविताओं के बीच-बीच में मानवीय संवेदना से भरी हुई कविताएँ मिलती हैं, जो राहत की तरह लगती हैं । सोचने पर वह राहत करुणा में बदल जाती है । 'हमारे समय के बच्चे' कविता में कवि ने इस सत्य पर प्रकाश डाला है कि आज के बच्चों की समाज, राजनीति या साहित्य-जैसे विषयों में दिलचस्पी तेजी से खत्म हो रही है । उन्हें कुछ जानना होता है, तो वे इंटरनेट से जान लेते हैं । 'हमारे समय की इस भयावह फैंटेसी में/किसी अदृश्य दैत्य की उँगली थामे जाते हुए लगते हैं कभी कभी/हमारे समय के ये बच्चे !' इस दैत्य ने पूरी नई पीढ़ी पर हमला किया है, जिसका जिक्र अभी-अभी ऊपर किया गया है । आज 'बहन' के साथ रिश्ते का यह हाल है कि भाई-बहन दोनों एक ही शहर में रहते हैं और फोन पर बातें करते हैं ! कभी-कभी बचपन के किस्से निकल आने पर बहन हँसती है और भाई भी झेंपता हुआ-सा हँसता है । 'बेटी की विदाई' में तीन दोस्त अपने एक दूसरे दोस्त की बेटी की शादी में आए हुए हैं । जब बेटी विदा होने लगती है, तो तीनों एक दूसरे से अपना रोना छिपाते हुए महसूस करते हैं कि जैसे उनकी अपनी बेटी विदा

हो रही हो । कवि कहता है—

तुमने देखा है कभी
बेटी के जाने के बाद का कोई घर ?

जैसे बिना चिड़ियों की सुबह
जैसे बिना तारों के आकाश

बेटियाँ इतनी एक-सा होती हैं
कि एक की बेटी में दिखती है दूसरे को अपनी बेटी की शक्ल

मैंने भी अपनी बेटी विदा की है । मुझे लगा कि मैं रोते-रोते पागल हो जाऊँगा । एक-दो दिनों के बाद विभाग गया, तो मेरे विभागाध्यक्ष प्रो. देवेंद्रनाथ शर्मा ने मुझसे पूछा—बेटी विदा करके कैसा लग रहा है? मैंने उनसे निवेदन किया कि शकुंतला की विदाई के प्रसंग में कण्व के माध्यम से कालिदास ने जो कुछ कहा है, वह बहुत कम है ! बेटी जीवन में रस और आनंद घोलती है । उसकी विदाई थोड़ी देर के लिए जैसे उस रस और आनंद को छीन लेती है ।

'नहीं कहना' शीर्षक कविता में एक दुखी स्त्री है। खिड़की पर चिड़िया बोलती है, तो वह उसे डपट देती है, जैसे मन ही मन कहती हो कि क्या मैं नहीं जानती, इस चखर-चखर के पीछे तेरा कितना रोना छिपा है? यदि यह नारीवाद है, तो वह फैशन से नहीं, कवि के 'पैशन' से कविता में आया है । 'मेरे भीतर एक स्त्री रहती है' कविता में राजेश ने अपने से अपनी पत्नी की शिकायतें दर्ज की हैं। तफसील देखने लायक है, क्योंकि कविता उस तनावपूर्ण गद्य में ही है—

कितनी भी सतर्कता बरतूँ पर एक न एक गलती वह ढूँढ़ ही लेती है
ओह ! आज फिर तुमने वाश बेसिन पर दाढ़ी काटी न
अब ये बाल नाली में फँस जाएँगे फिर बंद हो जाएगी नाली
पिछले हफ्ते ही कितनी मुश्किल से इसे साफ किया था
यह पेड़ भी न, नाक में दम कर डाला है इसने
आज फिर सारे आँगन में पत्तों को बिखरा दिया है
आँगन बुहार-बुहार कर पागल हो गई हूँ मैं
पेड़ का गुस्सा भी वह मुझी पर निकालती है
अखबार के ढेर पर जमी धूल झाड़ती है बड़बड़ाती है
कितने अखबार जमा कर रखे हैं तुमने
छाँटते क्यों नहीं, रद्दी में क्यों नहीं बेच देते इन्हें

'जादूगरनी' कविता में एक जादूगरनी है । वह बादलों को अपने पास बुला लेती थी । उसके कहने से पानी बरसने लगता था और परिंदे बेहिचक उसके कंधों पर बैठ जाते थे । उसने मोहन के दिल को अपनी मुट्ठी में बंद कर रखा था । फिर एक दिन वह गायब हो गई और इंटरनेट पर उसके साथ बातचीत से मोहन को पता चला कि वह मर चुकी है । स्वभावत: यह सुनकर वह पागल हो जाता है । कविता के अंत में कवि की जुबानी–

हो सकता है सिरे से मनगढ़ंत हो पूरा किस्सा ही
हो सकता है, हो सकता है
पर तरह–तरह की नफरतों से भरे इस बर्बर समय में
प्रेम का एक मनगढ़ंत किस्सा कहने में हर्ज ही क्या है?
प्रेम के हर झूठे सच्चे किस्से के लिए मन करता है
जोर से चिल्लाकर कहूँ बार–बार

मुकर्रर... इरशाद!!

यह है हमारे आधुनिक समाज से प्रेम का निरंतर विलुप्त होते जाना । एक विदेशी विद्वान् ने ठीक ही कहा है कि जो मानवता को प्यार करता है, वह किसी को प्यार नहीं करता । आज मानवता से प्रेम के गीत बहुत गाए जाते हैं, पर प्रेम का स्थान 'सेक्स' लेता जा रहा है । राजेश ने जैसे प्रेम पर कम कविताएँ लिखी हैं, वैसे ही प्रकृति पर भी । 'चाँद भरोसे की चीज नहीं' की ये सुंदर पंक्तियाँ देखिए–

इस चाँद के चूड़े को जूड़े में मत खोंसो
बहुत तेज है इसकी मार
मन में उठेगा ऐसा ज्वार
लहर बहाकर ले जाएगी कहीं
और रेत पर तुम्हारे पाँव के निशान
तुम्हें ढूँढ़ेंगे

'जरीता के बच्चों की कहानी' एक पक्षी के शावकों की कहानी है । खांडव वन जल रहा है । चारों पक्षी–शावकों ने अपनी माँ से कहा कि तुम उड़ सकती हो, उड़ जाओ, लेकिन उनकी माँ उनके लिए कोई सुरक्षित कोना ढूँढ़ रही थी । अंत में उसे चूहे का एक बिल मिला । चूहे को एक बाज उठा ले गया है, लेकिन बिल में और भी चूहे हो सकते हैं । कवि कहता है : 'संशय रहित मृत्यु थी एक तरफ/और संशय से घिरी मृत्यु दूसरी ओर' । यही आधुनिक मनुष्य की भी नियति है, उसके लिए मृत्यु और सिर्फ मृत्यु के बीच ही बचा था वरण का

प्रश्न !'रफीक मास्टर साहब और कागज का फूल' में रफीक साहब की कागज के रंग-बिरंगे फूलों की एक दुकान थी । कवि उनकी कला पर मुग्ध था । जब उन्हें गायब पाया, तो दोस्तों से पूछा कि क्या वे दंगे में मारे जा चुके हैं, लेकिन लोगों को सिर्फ यही याद था, यह नहीं कि वे मिडिल स्कूल में गणित पढ़ाते थे और कागज के बहुत सुंदर फूल बनाते थे । 'पागल' शीर्षक कविता की विशेषता यह है कि दंगाई पागल को छोड़ सकते हैं, लेकिन सामान्य व्यक्ति को नहीं । उनके लिए इंसानियत कोई चीज नहीं । जो है वह धर्म । एक कविता 'चूहा' शीर्षक से भी है । चिड़ियों से चूहों की दोस्ती थी । कहा जाता था कि चिड़ियाँ हमारी सुबह की बातें सुनती हैं और चूहे रातों की । कवि का कथन है—

अगर इस कहावत में थोड़ा भी सच होगा
तो वो न जाने हमारी कितनी सिसकियों
और सपनों को जानते होंगे !

सिसकियाँ और सपने... ! आज सिसकियाँ भरता हुआ आदमी कुछ सपने लेकर उठता है और गिरकर फिर सिसकियाँ भरने लगता है । अरुण कमल की कविता याद आती है और पूछने की इच्छा होती है कि यह कौन-सा देश है ? मुझे कहाँ ले आए हो, कोलंबस ? 'कौआ और मूर्ति' में गाँधीजी के सिर पर एक कौए ने बीट कर दी है । रात के अँधेरे में मूर्ति विलीन हो गई है और कौआ भी कहीं नहीं है । 'सिर्फ बीट का सफेद दाग चमक रहा है/अँधेरे में !' यह कविता अपने आप प्रतीकात्मक बन गई है और आज महात्मा गाँधी की जो स्थिति है, उस पर प्रकाश डालती है । 'विनम्रता' कविता में कवि का कहना है कि 'जीभ को दाँतों की तुलना में अक्सर नरम मान लिया जाता है', लेकिन—

...दाँत पूरी ताकत से काटें तब भी
वैसा घाव कभी नहीं कर सकते
जैसा कर सकती है एक जबान
आसानी से

यह है विनम्रता, जो ताकतवर की मुद्रा है । 'कवि की जगह' में—

जब कभी शासक दल हार जाता था
तो यही कहा जाता कि देश के विकास के लिए
किए गए कामों की जानकारी
वे जनता तक नहीं पहुँचा पाए
अपनी मक्कारी को स्वीकार करने की कोई परंपरा ही नहीं थी

कहने को इस सबको कहने वाले कुछ कवि भी
हमेशा ही रहे आते थे समाज में
उनका भी पुख्ता बंदोबस्त था
और इस बात का भी कि उनकी बात का
कोई प्रभाव न बन पाए कहीं समाज में ।

कथित लोकतांत्रिक समाज में कवियों की ही नहीं, साहित्यकार-मात्र की यही स्थिति होती है । राजेश की ये पंक्तियाँ इस बात का प्रमाण हैं कि सत्य को यदि नाजुक हाथों से उठाया जाए, तो उसे कविता बनाने के लिए उस पर अलग से धार चढ़ाने की जरूरत नहीं होती । 'दाग' में एक साधारण जन को देखें—

मेरी कमीज की आस्तीनों पर कई दाग हैं ग्रीस और आइल के
पीठ पर धूल का एक बड़ा-सा गोल छपका है
जैसे धूल भरी हवाओं वाली रात में चाँद
मैं इन दागों को पहनता हूँ
किसी तरह की शर्म नहीं काम के बाद की तसल्ली है इन दागों में
कि किसी दूसरे की रोटी नहीं छीनी मैंने
अपने को ही खर्च किया है एक-एक कौर के लिए...

हर बार लेकिन इतना आसान नहीं होता अपने दागों के बारे में बताना
कितने दाग हैं जिन्हें कहने में हमेशा लड़खड़ा जाती है जबान
अपने को बचाने के लिए कितनी बार किए कितने गलत समझौते
ताकतवरों के आगे कितनी चरौरी की
आँख के सामने होते अन्याय को देखकर भी चीखे नहीं
और नजर बचाकर चुपचाप हर जोखिम की जगह से खिसक आए

ऐसी आत्मस्वीकृति साधारण जन में ही मिल सकती है, अभिजन तो अपने को आदर्श के आवरण में छिपाए रहते हैं ।

'यह स्वास्थ्य के लिए हानिकारक है' कविता में कवि की पत्नी उससे कहती है कि तुम सिगरेट पीना छोड़ क्यों नहीं देते ? देखो, पैकेट पर भी लिखा है कि सिगरेट पीना स्वास्थ्य के लिए हानिकारक है । कवि जवाब देता है—

मैं कहता हूँ बहुत हानिकारक है
व्यक्ति के लिए नहीं पूरे देश के लिए हानिकारक है

दिनोदिन बढ़ते जाना अमेरिका का दबाव राष्ट्रवाद का नया उफान
वित्त पूँजी का प्रपंच बजरंगियों का उत्पात बहुराष्ट्रीय कंपनियों का
लगातार फैलता जाल
एक प्रधानमंत्री का इतनी बुरी कविता लिखना
हानिकारक है

अंत में—

मैं फिर एक सिगरेट जलाता हूँ
पैकेट पर छपी चेतावनी को काटकर अलग करता हूँ
और सोचता हूँ
कहाँ चस्पाँ करूँ इसे
कहाँ कहाँ?

यह है 'ज़ुज़' में 'कुल' को देखना । एक कविता है 'कर्जदार' । कवि ने साहूकार से कर्ज ले रखा है । आज वह देहरी पर आकर बैठा हुआ है और कवि घर में छिपा हुआ है । वह कहता है कि मेरे पास कानी कौड़ी भी नहीं, फिर मैं किसी का कर्ज क्या चुकाऊँगा? वह छोटी-सी चिड़िया, जो चोंच खोलकर मेरे छज्जे पर बोलकर अभी-अभी गई है, मेरे बस में नहीं है उसका भी कर्ज चुकाना । कविता को कवि ने इन शब्दों के साथ समाप्त किया है—

जितना छिपने की कोशिश करता हूँ
उतना ही पकड़ा जाता हूँ
एक गिलहरी भाग खड़ी होती है मुँह बिचका कर
कौवा एक चिढ़ाता है मुझको
काँव-काँव...!

यह कवि की संवेदनशीलता की ही नहीं, समाज में अपनी स्थिति की विषमता की अभिव्यक्ति की भी पराकाष्ठा है । 'खिलौना' शीर्षक कविता में कवि ने अपने को रिमोट से चलनेवाला एक खिलौना कहा है । इसके भी अंतिम शब्द देखिए—

मैं एक खिलौना हूँ
नए बाजार की नई माँग पर बनाया गया है मुझे
लेकिन अगर गौर से देखोगे तो दिखेगा
कि मुझमें कुछ ऐसा भी है जो थोड़ा अलग है

मुझे बनाने वाले कलाकार ने बाजार की नजर बचाकर मुझमें
बाजार की इच्छा के बीच अपने स्वप्न को भी रख दिया है

यह कवि की नियति (हाँ) है कि उसके पास एक स्वप्न भी है, जो परेशान करने के लिए दूसरों के पास नहीं होता। 'चाँद की वर्तनी' की अंतिम कविता है 'कवि का काम'। इसमें कवि ने यह बतलाया है कि कवि का काम देखने में भले आसान लगे, लेकिन वह कई तरह के पेचीदे काम करता है–

मसलन बहुत सारे कठिन कामों में एक कठिन काम है
नदियों की कलकल करती आवाजों का अनुवाद करना
पेड़ों के हहराने और हजारों प्रजातियों की चिड़ियों के
चहचहाने का अनुवाद करना
पहाड़ों और पठारों दोनों की ही भाषा दुर्गम होती है
आँसुओं के लिए अपनी भाषा में कभी नहीं मिल पाते
उतने ही पारदर्शी शब्द
बेजुबान लोगों के दुख और गुस्से के लिए ढूँढ़ने पड़ते हैं
कवि को सही-सही और उतने ही ताप से भरे शब्द

निस्संदेह राजेश कवि-कर्म में सफल रहे हैं।

मंगलेश डबराल

मंगलेश डबराल भी धूमिल की पीढ़ी के बाद के कवि हैं, लेकिन उनमें राजेश जोशी वाली आत्मीयता और सहज संप्रेषणीयता नहीं है । एक बात यह भी है कि वे धूमिल के अंतिम दौर के विचार से इत्तेफाक रखते हैं, भले उनकी तरह के पेचीदे मुहावरे न गढ़े हों । उनमें विचार तो हैं, लेकिन आक्रोश नहीं । उनका ढंग केदार, नागार्जुन और त्रिलोचन वाला भी नहीं है । उन्होंने अपनी कविता के लिए अपनी शैली ईजाद की है, जिसमें सधाव ही नहीं, एक बौद्धिक स्पर्श भी है । इसलिए हम उनमें कहीं रूमानी स्वतःस्फूर्तता नहीं ढूँढ़ सकते । लेकिन यह भी ज्ञातव्य है कि उनकी कविता दुर्बोध नहीं है । आगे चलकर कभी-कभी वे अमूर्त जरूर हो गए हैं, लेकिन अधिकांश कविताएँ, वे जिस भी दर्जे की हों, पकड़ में आ जाती हैं ।

उनका पहला कविता-संग्रह 1981 में प्रकाशित होनेवाला 'पहाड़ पर लालटेन' है, जिसकी कविताओं में चीख-चिल्लाहट, भूख, दु:ख, युवती और रक्तक्रांति की बातें भरी हुई हैं । पूछा जा सकता है कि क्रांतिकारी कवि के यहाँ 'युवती' क्यों? इसका उत्तर यह है कि अतिक्रांतिकारियों में रक्तक्रांति और यौनक्रांति दोनों साथ-साथ चलती हैं । यह मैं करीब एक दशक तक उनका अनुयायी रहकर देख चुका हूँ । लेकिन मंगलेश अपनी कविताओं को किसी आरोप से बचाना भी जानते हैं । उन्होंने उन्हें अपनी विचारधारा से ही नहीं, अन्य विकृतियों से भी बचाया है और प्रभावशाली कविता लिखी है, वह चीख-चिल्लाहट वाली हो, या भूख वाली या दु:ख वाली, या फिर स्वच्छंद यौन-संबंध वाली ही क्यों न हो । जहाँ उन्होंने सबसे मुक्त होकर कविता लिखी है, वहाँ उन्होंने कमाल किया है ।

चीख–चिल्लाहट में रुदन भी शामिल है । पहली ही कविता में वे कहते हैं : 'अंतहीन आलिंगनों के बीच एक आवाज़/छटपटाती रहेगी/चिड़िया की तरह लहूलुहान' । आगे की एक कविता में : 'उस पार कोई चीख़ता है/बर्फ़ पर उसकी आवाज़ फैलती है/जैसे ख़ून की लकीर ।' पुन: अगली कविता में : 'अब वहाँ कुछ नहीं है/सिर्फ़ रात को जब लोग नींद में होते हैं/कभी–कभी एक आवाज़ सुनाई देती है रेत से ।' यह आवाज भी चीख या रुदन ही है । 'बच्चा' शीर्षक कविता में कवि बच्चे के बारे में कहता है : 'सपनों की जगह जली ज़मीन थी/जहाँ कभी–कभी सुन पड़ती थी/उसके माँ–बाप के रोने की आवाज़ ।' 'पानी की रात' शीर्षक कविता में बाढ़ का वर्णन है । लागों का यह हाल है कि 'स्याह पानी भरता हुआ उनकी आत्मा के खोखल में/किस घाटी से आ रहा है यह अंधकार/वे चीख़े ।' इसी तरह 'अकेला आदमी' शीर्षक कविता में 'अकेला आदमी ही अपने ठंडे बिस्तरे से/उठकर रोने लगता है' । 'अंगों से' कविता में भी 'भूरे जंगलों से पानी की तरह/फूटता है तुम्हारा रुदन' ।

मंगलेश में चीख और रुदन जिस मात्रा में हैं, उस मात्रा में भूख और दु:ख नहीं हैं, लेकिन वे अनुपस्थित भी नहीं हैं, क्योंकि चीख और रुदन के पीछे वही हैं । चीख और रुदन शोषितों और पीड़ितों का है और भूख और दु:ख भी उन्हीं का । एक कविता में कवि कहता है : 'लाल आँखों से/तारीख़ें चिल्लाती हैं भूख', फिर दूसरी कविता में : 'तमाम संबंधों को विदा कर देने के बाद/मैं यहाँ उगा हूँ/जहाँ सारी ॠतुएँ समाप्त हो गई हैं/धूप और समुद्र समाप्त हो गए हैं/थोड़ी देर के लिए मैं उगा हूँ यहाँ/जहाँ उजाला जाले की तरह चिपटता है/और समस्याएँ मेरी भूख के आगे डाल देती हैं मेरा शरीर' । इसी तरह एक अन्य कविता में, 'मैंने मकानों के पिछवाड़े से उठती हुई भूख देखी है' । अब एक कविता में दु:ख देखिए–

शाम को सारी दुनिया को झाड़कर
बिस्तर पर
औंधा होकर अंत में
क्या बचता है कंधे पर बैठे दुख के अलावा
आत्मा पर फफूँद के अलावा क्या बचता है
अंत में

'युवती' और स्वच्छंद यौनक्रांति का जिक्र ऊपर हो चुका है । इसका उदाहरण हमें दो कविताओं में मिलता है :

1. *मैं उसके अंधकार में*
प्रवेश करता हूँ एक और अंधकार की तरह
और वहाँ होता है एक भयावह सुनसान
और दर्द और इतिहास
वहाँ होती है उसकी बहुमूल्य देह
व्यर्थ जाती हुई उसके कितने अकेले स्तन
उसकी देह में समाते हुए
वह आँखें बंद कर लेती है
और गुज़र जाने देती है अपने ऊपर
सारा दर्द अंधकार और इतिहास

2. *उदास लंबे रास्ते से चलकर आए*
मेरे चुंबन
तुम्हारे चेहरे पर थरथराते हैं कुछ देर
कोहरे की तरह
तुम्हारी देह और रक्त में प्रवेश करते हैं
रात को वे चमकते हैं
तुम्हारी नींद में ।

मंगलेश की तीन कविताओं में रक्तक्रांति के भी दर्शन होते हैं । पहले उद्धरण में निराशा भी है, जो उस क्रांति की स्वाभाविक परिणति है । क्रमश: वे काव्यांश नीचे दिए जा रहे हैं—

1. *यहाँ आते-जाते मैंने*
उम्मीद के बारे में सोचा
जिसे अभी कई लड़ाईयाँ लड़नी थीं
फ़ैसला सुनाने थे कबसे किए हुए
चारों ओर एक विशाल समरांगण होना था
और बच्चों को दौड़ते हुए आना था...

कुछ को भी बचाया नहीं जा सकता
रात में हम जो सपने देखेंगे
वे भी सुबह यहीं छूट जाएँगे
बाहर एक सड़क होगी कहीं जाती हुई

2. *कौन हैं वे लोग हम जिनकी आवाज़ हैं*
भूख से भर्राई हुई
हम उन्हें जान पाते कोई हथियार
दे सकते उनके हाथों में

3. *तमाम चीज़ें हथियारों में बदल गई हैं*
चीख़ों और हाथों के चिह्न जहाँ-जहाँ छूटे हैं
देखो रक्त के थक्कों के नीचे
अब भी ज़मीन हरी है दरारों में पानी की छरछराहट है
और हमारी भूख है
जिसे हम सबसे ज़्यादा जानते हैं ।

कहने की आवश्यकता नहीं कि इस संग्रह की कविताओं में चीख, रुदन, भूख और दु:ख अनेक बार एक-दूसरे से मिले हुए दिखलाई पड़ते हैं, क्योंकि वे स्वभावत: एक-दूसरे से अलग हैं भी नहीं । रक्तक्रांति इसी का परिणाम है । लेकिन मंगलेश तीन कारणों से महत्त्वपूर्ण कवि हैं । एक कारण तो यह कि उन्होंने बड़ी सावधानी से अपनी कविताओं को विचारधारा के आरोपण से बचाया है; दूसरा कारण यह कि उन्होंने अनेक बार संकेतों से भी काम लिया है और तीसरा कारण यह कि उन्होंने कभी-कभी सबसे मुक्त होकर जीवन की कविता लिखी है, जो अपने-आप में बेजोड़ है । हम उनकी संकेतों वाली कविता के दो अंश देखें । चूँकि पहली कविता, जिसका शीर्षक है 'आवाज़ें', छोटी है, इसलिए उसे यहाँ प्राय: पूरा का पूरा दिया जा रहा है :

1. *कुछ देर बाद*
शुरू होंगी आवाज़ें

पहले एक कुत्ता भूँकेगा पास से
कुछ दूर हिनहिनाएगा एक घोड़ा
बस्ती के पार सियार बोलेंगे...

इन सबसे बाहर
एक बाघ के डुकरने की आवाज
होगी मेरे गाँव में ।

2. *मुझे ये खिड़की खोलनी चाहिए*
जो तमाम खिड़कियों के
खुलने की शुरुआत है ।

ये अंश प्रतिरोध और उम्मीद की सूचना देते हैं ।

मुक्त कविताओं में से एक कविता है 'अगले दिन', जिसमें रात के वक्त एक युवती अपने परिवार वालों से मिलने के लिए एक सुरंग में जाती है । वह देख नहीं पाती कि उसके पीछे कुछ बलात्कारी लगे हैं । उसके अपने परिवार वालों तक पहुँचने के पहले ही वे उनका सफाया कर चुके होते हैं । 'फिर वे उसे पा लेंगे बिना परिवार के/बिना बचपन के बिना भविष्य के/और खींच ले जाएँगे एक जगह/कोई नहीं जान पाएगा किस जगह/डराते मंत्र-मुग्ध करते हुए' । इसमें जो 'मंत्रमुग्ध' शब्द आया है, वह मंगलेश की काव्य-कला का भी परिचायक है, केवल यथार्थ का नहीं । दूसरी कविता, जो कि पहाड़ी लोकगीत से प्रेरित है, वाकई लाजवाब है । इसे पूरा उद्धृत करने का लोभ छोड़ना कठिन है–

तुम्हारा प्यार लड्डुओं का थाल है
जिसे मैं खा जाना चाहता हूँ

तुम्हारा प्यार एक लाल रूमाल है
जिसे मैं झंडे-सा फहराना चाहता हूँ

तुम्हारा प्यार एक पेड़ है
जिसकी हरी ओट से मैं तारों को देखता हूँ

तुम्हारा प्यार एक झील है
जहाँ मैं तैरता हूँ और डूब रहता हूँ

तुम्हारा प्यार पूरा गाँव है
जहाँ मैं होता हूँ ।

लोकगीतों में जो सरलता, निश्छलता, ताजगी और सहज कवित्व होता है, उसे मंगलेश ने इस कविता में पूरा उतार लिया है । 'शहर-1' कविता यों है–

मैंने शहर को देखा और मैं मुसकराया
वहाँ कोई कैसे रह सकता है

यह जानने मैं गया
और वापस न आया ।

निश्चय ही यह शहर दिल्ली ही है, जहाँ लोग जाना नहीं चाहते, पर जहाँ जाकर फिर लौटते भी नहीं । 'शहर–2' में उक्त शहर की एक दूसरी छटा देखिए–

और शहर हमें
अपनी मनमानी शक्ल में ढाल रहा है
अपने नक़ली अँधेरे में शहर
ख़तरे की आवाज़ में बदल रहा है
एक भीड़ में शहर
लाठियों की तरह हम पर टूट रहा है
एक जासूस की तरह हरदम
हमारी हरकतों से गुज़र रहा है
फफूँद की तरह फैल रहा है
शहर हम पर ।

और अंत में रेल पर लिखी गई सात कविताओं में से पहली कविता का यह पूर्वांश–

रेल
प्लेटफ़ार्म छोड़कर
आगे बढ़ती है
प्लेटफ़ार्म लोगों की तरह है
छूटे हुए ख़ाली उदास
अपने उजाले में अकेले
सिहरते हुए

हममें से प्रत्येक व्यक्ति ने ट्रेन के चले जाने के बाद प्लेटफार्म की निर्जनता और उदासी को महसूस किया होगा । मंगलेश ने बड़ी सादगी से उन्हें उपर्युक्त पंक्तियों में चित्रित किया है ।

उनके दूसरे संग्रह 'घर का रास्ता' में, जिसका प्रकाशन–काल 1988 है, उनकी संवेदना गहरी हुई है और शोरगुल कम हुआ है । इच्छित विश्वास का स्थान सामाजिक यथार्थ ने ले लिया है, सशस्त्र संग्राम का स्थान संघर्ष ने और

काम का स्थान प्रेम ने । इसके अलावा इसमें शोषक को बेपर्द करने की कोशिश की गई है और आत्मोपहास के माध्यम से कवि ने अपने युग पर टिप्पणी की है, साथ-साथ अध्यात्मपुरुष पर व्यंग्य भी । जो मुक्त कविताएँ हैं, वे बहुत-बहुत अच्छी हैं । मंगलेश निश्चय ही एक साथ ठोस यथार्थ और सूक्ष्म संवेदना के कवि हैं । पहले उनकी समाजिक यथार्थ वाली कविताएँ देखें—

कई बार उन्हें हिदायत दी गई है
जूते पहन कर आने को
हाथ-पैर के नाख़ुन कलात्मक काटने की
कई बार पड़ी है बेंत
और कहा गया है कि हम तुम्हें नहीं ले जाएँगे
महापुरुषों की अगवानी में...

कभी-कभी उन्हें देखा गया है
कोमल मानवीय भावनाओं के विरोध में
कुछ शब्द लिखते हुए ।

अंतिम पंक्तियाँ इस बात की गवाह है कि जब बच्चों की कोमल भावनाओं पर आघात किया जाता है, तो वही बच्चे आगे चलकर वैसी भावनाओं को कोई महत्त्व नहीं देते और अपराधी बन जाते हैं । यह सूक्ष्म सत्य है, जिसे कवि ने पकड़ा है और बहुत खूबसूरती के साथ चित्रित किया है । ये पंक्तियाँ 'पैदल बच्चे स्कूल' शीर्षक कविता से ली गई हैं । 'पत्थरों की कहानी' में प्रकारांतर से जनता का वर्णन है—

पत्थरों के इस विशाल लोक को लाँघते हुए
मुझे लगा है मैं इन्हें लाँघ नहीं सकता
मैं बहुत कम जानता हूँ इनके बारे में
एक भी शब्द लिख नहीं सकता
कभी वे सिर्फ़ शोक में डूबे लगते हैं
कभी एक-दूसरे से फुसफुसाते हुए
कभी-कभी उनसे पैदा हुई चिनगारियाँ
आसपास कोई जंगल खोजती हुई

फिर 'शोकगीत' शीर्षक कविता में सामाजिक यथार्थ की भयावहता का यह

चित्रण—

चारों तरफ से आते हुए शोकगीत को सुनो
जिसमें कोई स्वर नहीं कोई लय नहीं
स्मृतियाँ भी नहीं हैं
सिर्फ रात है उन अक्षरों पर गिरती हुई
जिन्हें तुम अज्ञात लिपि की तरह पढ़ते हो रात भर ।

'दिनचर्या' शीर्षक कविता में कवि की यह पीड़ा द्रष्टव्य है—

हमने नहीं सोचा था मनुष्यता का भी एक गर्त है
हमने नहीं सोचा था अत्याचारी भी कहेगा
मेरा चेहरा मिलता है आदमी से

'खिलौने' शीर्षक कविता में एक खिलौने बेचनेवाला इस तरह बदले हुए सामाजिक यथार्थ को सामने लाता है—

अब कोई क्या खिलौने बेचे
निगाह झुकाए गुज़रता है फेरीवाला
मुझे शर्म आती है इन्हें ढोते हुए
फ़र्क नहीं रहा भेड़िए और हिरन की आँखों में
बंदर दिखता है खूँख़ार
रबर का बना ख़रगोश
दन से दाग़ देता है पिस्तौल ।

इस कड़ी की अंतिम कविता 'घर का रास्ता' में कवि आत्मोपहास के माध्यम से अपने युग पर टिप्पणी करता है—

मैं अपनी उदासी के लिए
क्षमा नहीं माँगना चाहता था
मैं नहीं चाहता था मामूली
इच्छाओं को चहरे पर ले आना
मैं भूल नहीं जाना चाहता था
अपने घर का रास्ता ।

कवि कई जरूरी काम करना चाहता था, लेकिन उन्हें 'मामूली' समझने के कारण

जीवन के अंत तक न कर सका । उसे डर था कि वे काम करूँगा, तो अपने घर का रास्ता भूल जाऊँगा । 'घर का रास्ता', यानी अपने व्यक्तिगत जीवन और परिवेश से प्रेम । इसे वह अपनी विफलता मानता है और उसके लिए कविता में अपने को उपहास का पात्र बनाता है । इस तरह मंगलेश सामाजिक यथार्थ का चित्रण तथ्य के रूप में नहीं, बल्कि उसे कलात्मक रूप देकर कविता के रूप में करते हैं । दो कविताओं में उन्होंने शोषक को बेपर्द करने की कोशिश की है । पहली कविता है 'सपना' और दूसरी है 'हत्यारा' । पहली कविता में कवि सड़क के अधबीच चलते-चलते वैसे गिरता है, जैसे कोई सपने में । अंत में वह कहता है—

गिरते हुए उसकी एक झलक
देखी मैंने
जो हँसते हुए मुझे गिरा रहा था
लगातार ।

'हँसते हुए' ये दो शब्द शोषक की अमानवीय क्रूरता को पूर्णता में उजागर करते हैं । दूसरी कविता में हत्यारे के बारे में कवि की उक्ति है :

सेनाएँ कट मरेंगी हत्यारा जीतेगा
हर बार जीतने के बाद
लाशों के बीच अकेला खड़ा
हत्यारा कहेगा
अब मैं जाता हूँ बुद्ध की शरण में ।

यह कैसा कटु सत्य है, जो हमारी आँखों के सामने घटित हो रहा है । रक्तक्रांति का स्थान कैसे संघर्ष ने लिया है, यह संग्रह की पहली ही कविता में चित्रित है : 'शायद अँधेरा था/या एक ख़ाली मैदान/या खड़े होने भर की जगह/शायद वहाँ एक आदमी था/अपने ही तरीक़े से लड़ता हुआ ।' 'दूसरा हाथ' शीर्षक कविता में कवि इशारे से बाएँ हाथ यानी वामपंथ के बारे में कहता है : 'जब हद हो जाती है/तब दूसरा हाथ कभी-कभी जतलाता है अपना विरोध/हाँफता दर्द करता हुआ ।' 'एक पुरानी कहानी' एक सुंदर कविता है, इसमें कवि की संघर्षेच्छा देखने लायक है—

चाहे जैसी भी हवा हो
यहीं हमें जलानी है अपनी आग

जैसा भी वक़्त हो
इसी में खोजनी है अपनी हँसी
जब बादल नहीं होंगे
खूब तारे होंगे आसमान में
उन्हें देखते हुए हम याद करेंगे
अपना रास्ता ।

'सफ़ेद दीवार' शीर्षक कविता में पूरी शताब्दी चित्रित है । इसकी अंतिम पंक्तियाँ काबिलेगौर हैं–

सबसे लंबी सफ़ेद दीवार
ख़ाली है इस वक्त
इस पर लिखी जा सकती है कोई कविता
कल सुबह के लिए कोई संदेश
इस पर दर्ज किया जा सकता है
अगली लड़ाई का एलान ।

कवि को अब मालूम हो गया है कि वह कवि के रूप में जिस लड़ाई का हिस्सेदार है, वह एक लंबी लड़ाई है, जिसका फैसला दो-चार दिनों में शस्त्र उठाकर नहीं किया जा सकता । उसके लिए संदेशों के द्वारा जनता को तैयार करना जरूरी है ।

अब हम मंगलेश की प्रेम-कविताओं को देखें । 'प्रेम करती स्त्री' कविता में वे कहते हैं : 'प्रेम करती स्त्री/ठगी जाती है रोज़/उसे पता नहीं चलता बाहर क्या हो रहा है/कौन ठग रहा है कौन है खलनायक/पता नहीं चलता कहाँ से शुरू हुई कहानी ।' 'प्रेमी जन' शीर्षक कविता में : 'प्रेमी जन बसाते हैं संसार में/एक संसार/खुलेआम बहते हैं उनके आँसू/जैसे पेड़ से झड़ते हों पत्ते, गिरते हों फल/जो अपनी आँखें नहीं छिपाते चश्मों से/लोग कहते हैं हमें तो कुछ दिखाई नहीं दिया/वहाँ सिर्फ़ कुछ धब्बे थे रास्ते में' । जाहिर है, प्रेम के प्रति लोगों के मन में कैसा उपेक्षा-भाव है । 'संरचना' शीर्षक कविता में : 'मैं बेहद अकेला था/ जब मैंने उससे कहा प्यार जैसा कुछ/वे शब्द निरर्थक थे या थके हुए/...उसने कहा मुझे मालूम है भविष्य/मैं रोज़ देखती हूँ अपने हाथ-पैर/जहाँ से चढ़कर आता है अंधकार' । 'वह' शीर्षक कविता में अपने निरर्थक प्रेम की शिकार और विपदाओं से घिरी एक स्त्री कहती है : 'मैं देर तक सोचती हूँ अंधकार/उसने कहा तय नहीं कर पाती/कि चिड़ियाँ हूँ या पत्थर ।' हमारे समाज में स्त्री के प्रेम की यही स्थिति है । मंगलेश की मुक्त कविताएँ वस्तुत: मोहक हैं । उन्होंने 'संभव'

शीर्षक कविता में अपनी यह मामूली इच्छा प्रकट की है, जिसकी पूर्ति भी आज कठिन है,—

मैं चाहता था वहाँ एक पेड़
हवा और रात
मैं चाहता था एक नदी
एक आदमी
थकान दूर करने के लिए
हाथ-पैर धोता हुआ ।

'ट्रेन में' शीर्षक कविता में वे मनुष्यता की एक झलक दिखलाते हैं—

सोती हुई बच्ची को
जगह देने के लिए
एक बूढ़ा अपनी जगह से उठता है
और काँपते पैरों पर खड़ा हो जाता है

बच्ची सोती है गाढ़ी दूध की नींद
बूढ़ा उसे देखता है
दूर से

बूढ़ा मुस्कुराता है शर्माता हुआ
बच्ची मुस्कुराती है सोते हुए ।

यह कितनी प्यारी कविता है, इसे आप 'दूध की नींद' और 'बच्ची मुस्कुराती है सोते हुए' से समझें । 'सरोकार' शीर्षक कविता में अधात्मपुरुष का दर्शन कीजिए, जिनसे कवि कहता है—

आप देखते हैं
आप चले गए हैं समुद्र की तह तक
खड़े हैं एक बर्फ़ीली चोटी पर
नज़र आ रही है ईश्वर की बनाई सृष्टि
पाते हैं चारों तरफ़ है सुख
आप समझ नहीं पा रहे हैं
नश्वर लोग क्यों कातर हैं संसार में ।

'टीवी दृश्य' शीर्षक कविता की निम्नलिखित पंक्तियों में रघुवीर सहाय के लहजे में कवि शिकार और शिकारी के बारे में कहता है :

बैठते हैं शिकारी और शिकार
कितने सुंदर शिकार हैं आप
कितना सहा आपने
अभी-अभी तो उगे हैं आपके पंख
अभी-अभी सीखा है उड़ना
हाँ तो कैसे हुए आप शिकार
किसकी प्रेरणा से किस महापुरुष
की शिक्षाओं का असर पड़ा आप पर

शिकारी जब बढ़ता है
शिकार की ओर
टीवी एकाएक हो जाता है बंद ।

अंतिम कविता, जो सिर्फ पाँच पंक्तियों की है, हमारे ऊपर अचूक प्रहार करती है—

जो आलसी हैं
उनके घरों में चूहे बनाते हैं बिल
खोदते हैं दीवारें
जो आलसी नहीं हैं
वे कभी-कभी मदद करते हैं चूहों की ।

'हम जो देखते हैं' (1995) मंगलेश का तीसरा कविता-संग्रह है । इस संग्रह में कवि का स्वर और शांत हो गया है । उसकी क्रांतिकारी इच्छा का कहीं पता नहीं चलता । उसका अभीष्ट एक शांत जीवन है, यथा—

मैं दुनिया से कुछ नहीं माँग रहा हूँ
मैं जी सकता हूँ गिलहरी गेंद
या घास जैसा कोई जीवन
मुझे चिंता नहीं
कब कोई झटका हिलाकर ढहा देगा
इस शांत घर को ।

लेकिन कवि को अपने पतन का भी एहसास है—

कुछ देर मैंने अन्याय का विरोध किया
फिर उसे सहने की ताक़त जुटाता रहा
मैंने सोचा मैं इन शब्दों को नहीं लिखूँगा
जिनमें मेरी आत्मा नहीं है जो आततायियों के हैं
और जिनसे ख़ून जैसा टपकता है
कुछ देर मैं एक छोटे–से गड्ढे में गिरा रहा
यही मेरा मानवीय पतन था

और भी : 'जीता हूँ अपने को एक तस्वीर के ख़ाली फ्रेम में/बैठे देखता हुआ ।' एक कविता में कवि ने अपना चित्र उतारा है :

इस चेहरे की शांति
बेचैनी का एक मुखौटा है
करुणा और क्रूरता परस्पर घुलेमिले हैं
थोड़ा–सा गर्व गहरी शर्म में डूबा है
लड़ने की उम्र जबकि बिना लड़े बीत रही है
इसमें किसी युद्ध से लौटने की यातना है
और ये वे आँखें हैं
जो बताती हैं कि प्रेम जिस पर सारी चीज़ें टिकी हैं
कितना कम होता जा रहा है

यही मध्यमवर्गीय युवक की स्थिति है, जिससे हम भाग नहीं सकते । रघुवीर सहाय ने नारी के बारे में कहा था : 'लपककर झपककर/अंत में चित है ।' क्या यह बात मध्यवर्गीय युवक पर भी लागू नहीं होती, जो शुरू में विद्रोही बनता है और अंत में किसी पूँजीपति की बड़ी ईमानदारी से चाकरी करता है? यह व्यवस्था ऐसी है कि वह नव–क्रांतिकारियों को बड़ी आसानी से पचा डालती है । मंगलेश को इस देश की भी चिंता है । कहते हैं : 'डिब्बों में बंद हो रहा है पूरा देश/पूरा जीवन बिक्री के लिए/एक नई रंगीन किताब है जो मेरी कविता के/विरोध में आई है ।' उन्हें मालूम है कि सजीव कविता परिवेश से कटकर नहीं लिखी जा सकती । उदाहरणार्थ यह पूरी कविता देखने लायक है, जिसका शीर्षक है 'बाहर',—

मैंने दरवाज़े बंद किए
और कविता लिखने बैठा
बाहर हवा चल रही थी
हल्की रोशनी थी
बारिश में एक साइकिल खड़ी थी
एक बच्चा घर लौट रहा था

मैंने कविता लिखी
जिसमें हवा नहीं थी रोशनी नहीं थी
साइकिल नहीं थी बच्चा नहीं था
दरवाज़े नहीं थे

किसी को भी यह देखकर आश्चर्य होगा कि जो कवि जीवन को संघर्ष मानता था, वह अब बच्चों को चिट्ठी लिखकर यह बतलाता है कि जीवन एक उत्सव है—

प्यारे बच्चो जीवन एक उत्सव है जिसमें तुम हँसी की तरह फैले हो
जीवन एक हरा-भरा पेड़ है जिस पर तुम चिड़ियों की तरह फड़फड़ाते हो
जैसा कि कुछ कवियों ने कहा है जीवन एक उछलती गेंद है और
तुम उसके चारों ओर एकत्र चंचल पैरों की तरह हो ।

प्यारे बच्चो अगर ऐसा नहीं है तो होना चाहिए ।

कवि के अन्य संग्रहों की तरह इस संग्रह में भी दो-तीन मुक्त कविताएँ हैं, जो भी सराहनीय हैं । 'अपना अंधकार' शीर्षक कविता में वह बड़े कलात्मक ढंग से सामाजिक यथार्थ का वर्णन करता है : 'जब रोशनी हुई/परछाईं दिखी/अपने से बड़ा दिखा अपना अंधकार ।' इसी तरह प्रेम पर वह कहता है—

प्रेम होगा तो हम कहेंगे कुछ मत कहो
प्रेम होगा तो हम कुछ नहीं कहेंगे
प्रेम होगा तो चुप होंगे हम
प्रेम होगा तो हम शब्दों को छोड़ आएँगे
रास्ते में पेड़ के नीचे
नदी में बहा देंगे
पहाड़ पर रख आएँगे

प्रस्तुत संग्रह में मंगलेश की कुछ गद्य-कविताएँ भी संकलित हैं, जिनकी भाषा बहुत मँजी हुई है। उनसे पता चलता है कि उनमें 'नैरेशन' अर्थात् आख्यान की भी अच्छी क्षमता है ।

2000 में प्रकाशित उनके चौथे संग्रह 'आवाज़ भी एक जगह है' में आक्रामकता बिलकुल नहीं है । उसकी जगह एक बचाव की भावना है, जो प्रकारांतर से युवावर्ग पर व्यंग्य करती है । उसके साथ-साथ संवेदना की सूक्ष्मता है, जिसे कवि ने शब्दबद्ध करने की कोशिश की है । बचाव की मुद्रा देखिए—

मैं छिपाए रहता हूँ ख़ुद को
अपनी खाल की कवच में धूल होते काग़ज़ों में ख़ामोशी में
बचता चला आया हूँ यहाँ तक अपमान और अन्याय से
छिपा दूर-दूर तक कि यह भाँपना कठिन हो कहाँ छिपा हूँ
बहुत दिन हुए खोज नहीं पाया कुछ
गया नहीं किसी अनजान दुर्गम जगह की ओर

जहाँ तक सामाजिक यथार्थ की बात है, कवि उससे भाग नहीं सकता, क्योंकि वह उसके स्वभाव में है । एक कविता है 'मंगल' यानी मंगल-ग्रह । कवि उस पर पहुँचता है, तो वहाँ का वर्णन करता है । उस वर्णन को उलट दीजिए, तो पार्थिव जीवन का यथार्थ आपके सामने आ जाएगा । इस तरह कवि अपनी बात को प्रभावशाली बनाने के लिए अनेक तरीके अपनाता है । उक्त कविता का यह अंश द्रष्टव्य है :

मैं वहाँ आराम से था अख़बार टीवी और टेलीफ़ोन से दूर
मुझे नौकरी पर जाने की हड़बड़ी नहीं थी
बार-बार छींक नहीं आती थी सर में दर्द नहीं था घुटन नहीं थी
मेरे होने के उद्देश्य के बारे में शंकाएँ नहीं थीं
जो मुझे करना था उसे न कर पाने की ऊब नहीं थी
अस्पतालों के बाहर टूटी हड्डियों वाले बच्चे
और उन्हें दिखाकर भीख माँगती माएँ नहीं थीं
उनसे कतराकर निकलने का पश्चात्ताप नहीं था
वहाँ कोई शत्रु नहीं था युद्ध नहीं था धमकियाँ नहीं थीं

पागल भी हमारे समाज की देन हैं । उनका मनोविश्लेषण किया जाए, तो उनके पागलपन का कोई न कोई सामाजिक कारण अवश्य पकड़ में आएगा । लेकिन

स्वस्थ मस्तिष्क के लोग हमेशा उनकी उपेक्षा करते हैं, जो मानवता की ही उपेक्षा के समान है—

तरह-तरह के इशारे करते पागलों के बीच से
अकसर गुज़रते हैं स्वस्थ मस्तिष्क के लोग
उनकी आँखों में थोड़ा-सा झाँककर
एकाएक सहमते हुए आगे बढ़ जाते हैं
जैसे झटक देते हों अपने जीवन का कोई अंश
अपना कोई क्रोध कोई प्रेम कोई विरोध
अपनी ही कोई आग
जो उनसे अलग होकर अब भटकती है
व्यस्त चौराहों और नुक्कड़ों पर
कपड़े फाड़े बाल बिखराए सूखी रोटियाँ सँभाले हुए

हम जिस समाज में रहते हैं, वह कैसा है? इसे 'ख़ुशी कैसा दुर्भाग्य' शीर्षक कविता में देखिए—

झूठ फिलहाल जाना जाता है सच की तरह
प्रेम की जगह सिंहासन पर विराजती घृणा
बुराई गले मिलती है अच्छाई से
मूर्खता   तुम संतुष्ट हो तुम्हारे चेहरे पर उत्साह है
धूर्तता   तुम मज़े में हो अपने विशाल परिवार के साथ
प्रसन्न है पाखंड कि अभी और भी मुखौटे हैं उसके पास
चतुराई   कितनी आसानी से खोज लिया तुमने एक चोर दरवाज़ा
क्रूरता   तुम किस शान से टहलती हो अपनी ख़ूनी पोशाक में

स्वभावतः मंगलेश विश्व के सुंदर दृश्यों को बचाना चाहते हैं । उनकी यह इच्छा और उन्हें लेकर उनके मन में पलने वाली चिंता 'सुबह की सड़क पर' शीर्षक कविता में अभिव्यक्त हुई है—

एक जैसे कपड़ों में सजे सभी बच्चे
गहरे या कुछ कम गहरे आसमानी कुछ सलेटी कुछ कत्थई
उनके चेहरे सुबह या शाम या दोपहर के रंग के
कहीं ज़रा-सा लाल हरा या नीला बँधा हुआ
छोटे-छोटे बादलों जैसे बच्चे इस तरह उछलते हुए आए

जैसे उन्हीं के कारण हो रही हो यह आश्चर्यजनक सुबह
छोटी-छोटी लड़कियों के चेहरों पर एक अनश्वर हँसी थी

कविता के अंत में वे कहते हैं : 'देर तक खड़ा रहा मैं वहाँ/समझ में नहीं आया क्या करूँ कि यह दृश्य बचा रहे/एक बार फिर मुड़कर/देखा मैंने उस चमकती सड़क पर ।' अंतिम उल्लेखनीय कविता में कवि का आत्मसंबोधन है । वह पूरी कविता नीचे उद्धृत है—

एक डरावने स्वप्न और डरावने यथार्थ के बीच
कहीं बैठा वह देखता है
अग्निकांडों में घिरे झुलस चुके हैं उसके शब्द
उनमें नहीं बचा कोई प्रकाश
रंगों में बह रहा है मारे गए लोगों का रक्त

उससे बात मत करो
वह झल्लाया हुआ है शर्मिंदा है
वह गाली दे सकता है सर पटक सकता है
उसका मस्तिष्क दब गया है अभी-अभी गिरे
गुंबदों के मलबे में ।

क्या हम मान लें कि अतिक्रांतिकारिता की यही नियति है? डा. नामवर सिंह अतिक्रांतिकारी हिंसा को नख-क्षत और दंत-क्षत कहते हैं । उससे यह विराट् व्यवस्था नहीं बदल सकती ।

मंगलेश का अद्यावधि प्रकाशित संग्रहों में अंतिम संग्रह 'नए युग में शत्रु' पिछले वर्ष यानी 2013 में निकला है । इस संग्रह में उनकी अतिक्रांतिकारिता के दर्शन नहीं होते । स्वभावतः उनका स्वर और गंभीर और कभी-कभी अमूर्त भी हो गया है, यथा शांतिनिकेतन-संबंधी उनकी कविताएँ । जो कविताएँ सब तरह से प्रेषणीय हैं, मैं संक्षेप में उनका परिचय दे रहा हूँ । नए युग में कवि की जुबानी जीवन का हाल सुनिए—

1. *अजीबोग़रीब है जीवन का हाल*
वह अब भी भटकता है और जगह-जगह दस्तक देता है
माँगता रहता है अपने लिए
कभी जन्म कभी पैसे कभी हुनर कभी उधार
कभी बेचैनी कभी प्रेम ।

2. *मुझे थोड़ी ऑक्सीजन चाहिए*
वह कहाँ मिलेगी
पहाड़ तो मैं बहुत पहले छोड़ आया हूँ
और वहाँ भी सिर्फ़ कुछ ढलानों–घाटियों के आसपास घूम रही होगी
जगह–जगह प्राणवायु के माँगनेवाले बढ़ रहे हैं
उन्हें बेचनेवाले सौदागरों की तादाद बढ़ रही है
भाषा में ऑक्सीजन लगातार घट रही है
उखड़ रही है शब्दों की साँस ।

नए युग में जनता का शत्रु कौन है? कवि के शब्दों में : 'हमारा शत्रु किसी एक जगह नहीं रहता/लेकिन हम जहाँ भी जाते हैं पता चलता है वह कहीं और रह रहा है/अपनी पहचान को उसने हर जगह घुला–मिला दिया है/जो लोग ऊँची जगहों में भव्य कुर्सियों पर बैठे हुए दिखते हैं/वे शत्रु नहीं सिर्फ़ उसके कारिंदे हैं/जिन्हें वह भर्ती करता रहता है/ताकि हम उसे खोजने की कोशिश न करें' । यह जानी हुई बात है कि पूँजीवाद अदृश्य होता है, और उसी रूप में अर्थव्यवस्था से लेकर संस्कृति तक को संचालित करता है । जो हमारा परिचित है, उसे कवि ने जैसे बिजली की कौंध में दिखला दिया है । मंगलेश सामाजिक यथार्थ से प्रतिबद्ध हैं, इसलिए उन्होंने अनेक कविताओं में उसका चित्रण किया है । कुछ टुकड़े—

1. *यथार्थ इन दिनों इतना चौंधियाता हुआ है*
कि उससे आँखें मिलाना मुश्किल है
मैं उसे पकड़ने के लिए आगे बढ़ता हूँ
तो वह एक हिंस्र जानवर की तरह हमला करके निकल जाता है

2. *हमारे शासक अकसर ताक़तवरों की अगवानी करने जाते हैं*
वे अकसर आधुनिक भगवानों के चरणों में झुके रहते हैं
हमारे शासक आदिवासियों की ज़मीनों पर निगाह गड़ाए रहते हैं
उनकी मुर्ग़ियों पर उनकी कलाकृतियों पर उनकी औरतों पर
उनकी मिट्टी के नीचे दबी हुई बहुत–सी चमकदार चीज़ों पर

हमारे शासक अकसर कहते हैं हमें अपने देश पर गर्व है

3. *तलवारों बंदूकों और पिस्तौलों पर पाबंदी लगा देनी चाहिए*
खिलौना निर्माताओं से कह दिया जाना चाहिए

कि वे खिलौने को पिस्तौल में न बदलें
प्रतिशोध हिंसा हत्या और ऐसे ही समानार्थी शब्द
शब्दकोषों से हमेशा के लिए बाहर कर दिए जाने चाहिए

4. *अन्याय का पता न चलने देना अन्याय का कुशल प्रबंधन है*
लूट का न दिखना लूट की कला है
दुनिया में कुछ भी अच्छा या बुरा नहीं है
बल्कि सब कुछ अत्यंत प्रबंधनीय है
बशर्ते जो ठीक है ठीक से प्रबंधनीय हो
बशर्ते एक व्यवस्था के बिगड़ते ही
हम तुरंत दूसरी व्यवस्था का प्रबंधन कर सकें

ये टुकड़े इस बात के सबूत हैं कि मंगलेश का कवि–मानस अत्यंत उर्वर है । इनमें उन्होंने यथार्थ की हिंस्रता, उसकी विडंबना, आधुनिक युग के कुशल प्रबंधन आदि का अत्यंत सशक्त वर्णन किया है । इस लेख का अंत मैं गुजरात के दंगे में मारे गए एक रँगरेज के अत्यंत मार्मिक बयान से करना चाहता हूँ—

मेरी औरत मुझसे पहले ही जला दी गई
वह मुझे बचाने के लिए मेरे आगे खड़ी हो गई थी
और मेरे बच्चों का मारा जाना तो पता ही नहीं चला
वे इतने छोटे थे उनकी कोई चीख़ भी सुनाई नहीं दी
मेरे हाथों में जो हुनर था पता नहीं उसका क्या हुआ
मेरे हाथों का ही पता नहीं क्या हुआ
वे सिर्फ़ जले हुए ढाँचे हैं एक जली हुई देह पर चिपके हुए
उनमें जो हरकत थी वही थी उनकी कला
और मुझे इस तरह मारा गया
जैसे एक साथ बहुत से दूसरे लोग मारे जा रहे हों
मेरे जीवित होने का कोई बड़ा मक़सद नहीं था
लेकिन मुझे इस तरह मारा गया
जैसे मुझे मारना कोई बड़ा मक़सद हो

कहने की आवश्यकता नहीं कि उक्त उद्धरण की अंतिम तीन पंक्तियाँ मृतक के पूरे बयान को बयान से हटकर उत्कृष्ट कविता में बदल देती हैं । यही मंगलेश की

काव्य-कला है । उनकी काव्य-यात्रा पर विचार करने के बाद यह स्पष्ट हो जाता है कि वे यथार्थ के निकटतर आए हैं और उनकी संवेदना और गहरी हुई है । पुस्तक के अंत में शांतिनिकेतन की यात्रा से संबंधित जो कविताएँ हैं, वे जरूर काफी कुछ अमूर्त हैं । उनके बारे में इतना कहना पर्याप्त है ।

आलोकधन्वा

आलोकधन्वा को मैं 1965 से जानता हूँ । उस समय वे बिहार के प्रसिद्ध गीतकार स्व. रामगोपाल शर्मा 'रुद्र' की शिष्य-मंडली के एक सदस्य थे । यह अच्छा ही हुआ कि वे 'रुद्र' जी की उत्तर-छायावादी गीत-संवेदना से रत्ती-भर भी प्रभावित नहीं हुए और दिनकरजी की शैली में ओजस्वी कविताएँ लिखते रहे । उनका कवि-नाम उन्हीं की एक प्रसिद्ध कविता से लिया गया है । लेकिन उनके प्रभाव में भी वे ज्यादा दिन नहीं रहे । 1967 में नक्सलबाड़ी-आंदोलन शुरू हुआ, जिसमें जनजातियों और किसानों ने भूमिपतियों के खिलाफ हथियार उठा लिया । इसका खास तौर से बिहार के युवा-वर्ग पर गहरा प्रभाव पड़ा और उनमें से अनेक युवक, जो कवि भी थे, अपनी कविता में उक्त आंदोलन का स्वर साधने लगे । आलोकजी भी उससे अछूते न रहे और उन्होंने उस दौर में दो बहुचर्चित कविताएँ लिखीं : 'गोली दाग़ो पोस्टर' और 'जनता का आदमी' । वे घुमक्कड़ कवि भी हैं, इसलिए जहाँ-जहाँ गए, काव्य-प्रेमियों को अपनी ये दोनों कविताएँ सुनाईं । चूँकि ये दोनों कविताएँ सही अर्थों में कविताएँ थीं और उनमें मात्र नक्सलबाड़ी की नारेबाजी नहीं थी, इसलिए उन्हें सुनकर सभी मंत्रमुग्ध रह गए । फलतः देखते-देखते उनका यश पूरे हिंदी क्षेत्र में फैल गया और उसमें उनकी उक्त दोनों कविताएँ गूँजने लगीं । आश्चर्य नहीं कि आलोकजी अपने को नक्सलबाड़ी की देन कहते हैं ।

लेकिन उनकी काव्य-संवेदना इतनी गतिशील है कि वे जल्दी ही नक्सलवाद से हटकर अपनी कविता की 'नाज़ुक दुनिया' में लौट आए । अब उनकी कविताओं में, दिनकरजी के शब्द लेकर ही कहें, तो 'पत्तियों पर गूँजती कुछ ओस की आवाज' सुनाई पड़ने लगी । लेकिन उन कविताओं पर आने के पहले उक्त दोनों कविताओं के नमूने देखना जरूरी है, क्योंकि वे कविताएँ

काव्य-गुण से इतनी समृद्ध हैं कि कविता का कठोर से कठोर पाठक भी उन्हें देखकर चमत्कृत हो उठेगा । 'गोली दाग़ो पोस्टर' की इन पंक्तियों पर गौर कीजिए—

1. *यह उन्नीस सौ बहत्तर की बीस अप्रैल है या*
किसी पेशेवर हत्यारे का दायाँ हाथ या किसी जासूस
का चमड़े का दस्ताना या किसी हमलावर की दूरबीन पर
टिका हुआ धब्बा है
जो भी हो—इसे मैं केवल एक दिन नहीं कह सकता !

2. *यहाँ सिर्फ़ दाँत और पेट हैं*
मिट्टी में धँसे हुए हाथ हैं
आदमी कहीं नहीं है
केवल एक नीला खोखल है
जो केवल अनाज माँगता रहता है

3. *यह कविता नहीं है*
यह गोली दाग़ने की समझ है
जो तमाम क़लम चलानेवालों को
तमाम हल चलानेवालों से मिल रही है ।

पहले उद्धरण में जो एक तिथि आई है, वह उन तिथियों की प्रतीक है, जब बंगाल के कांग्रेसी मुख्यमंत्री सिद्धार्थ शंकर राय ने कम्युनिस्टों के सफाए का अभियान चलाया था । 'जनता का आदमी' धूमिल की कविताओं की तरह पूरे आक्रोश के साथ लिखी गई है, लेकिन कवि ने अपने आक्रोश पर नियंत्रण रखा है और कविता का दामन कभी नहीं छोड़ा है । एकाध जगह इसमें धूमिल का प्रभाव भी दिखलाई पड़ता है, यथा 'जो केवल अपनी सुविधा के लिए/अफ़ीम के पानी में अगले रविवार को चुरा लेना चाहते थे' । लेकिन ऐसा प्रभाव विरल है । आलोकजी इस कविता में सबसे पहले क्रांति-विरोधी कवियों पर प्रहार करते हैं :

वे आज भी कविता का इस्तेमाल मुर्दागाड़ी की तरह कर रहे हैं
शब्दों के फेफड़ों में नए मुहावरों का ऑक्सीजन भर रहे हैं,
लेकिन जो कर्फ़्यू के भीतर पैदा हुआ,
जिसकी साँस लू की तरह गर्म है

उस नौजवान खान मज़दूर के मन में
एक बिल्कुल नई बंदूक की तरह याद आती है मेरी कविता

फिर वे अपने बारे में कहते हैं :

जब कविता के वर्जित प्रदेश में
मैं एकबारगी कई करोड़ आदमियों के साथ घुसा
तो उन तमाम कवियों को
मेरा आना एक अश्लील उत्पात-सा लगा ।

मैंने 'कसौटी' में उनके एकमात्र कविता-संग्रह 'दुनिया रोज़ बनती है' (1998) की समीक्षा करते हुए कहा था कि इस कवि का उदय हिंदी कविता में धूमकेतु की तरह हुआ । यह इन पंक्तियों से प्रमाणित है । आलोकजी की उक्तियाँ बहुत आक्रामक हैं । निम्नलिखित उद्धरण की अंतिम पंक्ति पर गौर फरमाएँ :

वे लोग पेशेवर ख़ूनी हैं
जो नंगी ख़बरों का गला घोंट देते हैं
अख़बार की सनसनीख़ेज़ सुर्ख़ियों की आड़ में
वे बार-बार उस एक चेहरे के पालतू है
जिसके पेशाबघर का नक़्शा मेरे गाँव के नक़्शे से बड़ा है ।

अंतिम पंक्ति में कहा जा सकता है कि आक्रोश का विस्फोट है, लेकिन कवि ने उसे दबाकर यथार्थ को कितने तीखेपन के साथ आख्यायित किया है, यह देखने लायक है । उसे गुस्सा इस बात का भी है कि 'अब तक सिर्फ़ जेल जाने की कविताएँ लिखी गईं/किसी सही आदमी के लिए/जेल उड़ा देने की कविताएँ पैदा नहीं हुईं' । आलोकजी मूलतः हिंसा और रक्तपात के कवि नहीं हैं । बावजूद नक्सलबाड़ी के प्रभाव के उन्हें दुःख है कि—

मैं क्यों नहीं लिख पाता हूँ वैसी कविता
जैसी बच्चों की नींद होती है,
खान होती है,
फके हुए जामुन का रंग होता है,
मैं वैसी कविता क्यों नहीं लिख पाता
जैसी माँ के शरीर में नए पुआल की महक होती है...

हाथी के पैरों के निशान जैसे गंभीर अक्षरों में
जो कविता दीवारों पर लिखी होती है
कई लाख हलों के ऊपर खुदी हुई है जो
कई लाख मज़दूरों के टिफ़िन कैरियर में
ठंडी, कमज़ोर रोटी की तरह लेटी हुई है जो कविता ?

कवि कविता के अंत में फिर आज के क्रांति-विरोधी कवियों पर आ जाता है और अंतिम पंक्तियों में मामूली आदमी की प्रतिष्ठा करते हुए स्मरणीय पंक्तियाँ लिखता है :

एक मरे हुए भालू से लड़ती रहीं उनकी कविताएँ
कविता को घुड़दौड़ की जगह बनाने वाले उन सट्टेबाज़ों की
बाज़ी को तोड़ सकता है वही
जिसे आप मामूली आदमी कहते हैं;
क्योंकि वह किसी भी देश के झंडे से बड़ा है ।

आलोकजी ख्याति प्राप्त कर चुके थे, लेकिन उनका संग्रह, जैसा कि सूचित किया जा चुका है, बहुत बाद में जाकर प्रकाशित हुआ, वह भी मित्रों के दबाव में । स्वभावतः इससे इस संग्रह में उनकी कविता के दो स्तर तो साफ दिखलाई पड़ते हैं—एक स्तर नक्सलबाड़ी-आंदोलन से प्रभावित कविताओं का है और दूसरा उनकी 'नाज़ुक दुनिया' की कविताओं का । पहले स्तर की कविताएँ हम देख चुके हैं, अब दूसरे स्तर की कविताएँ देखें । सबसे पहले हम उनकी एक मोहक कविता, जो सामाजिक यथार्थ को भी उभारकर रखती है और प्रकृति से मनुष्य के अलगाव को भी, पूरा का पूरा उद्धृत कर रहे हैं :

इछामती और मेघना
महानंदा
रावी और झेलम
गंगा गोदावरी
नर्मदा और घाघरा
नाम लेते हुए भी तकलीफ़ होती है

उनसे उतनी ही मुलाक़ात होती है
जितनी वे रास्ते में आ जाती हैं

और उस समय भी दिमाग़
कितना कम पास जा पाता है
दिमाग़ तो भरा रहता है
लुटेरों के बाज़ार के शोर से ।

संप्रेषणीयता आलोकजी का बहुत बड़ा गुण है । कविता श्रेष्ठ भी हो और संप्रेषणीय भी, यह कम देखा जाता है । 'पतंग' उक्त संग्रह की एक प्रसिद्ध कविता है । पतंग उड़ानेवाले बच्चों के लिए शरद ऋतु बहुत अनुकूल है । निम्नलिखित किंचित् लंबे उद्धरण में कवि ने शरद ऋतु का बहुत बोलता हुआ चित्र तो खींचा ही है, अपनी मानवीय संवेदना के उत्कर्ष का भी दर्शन करा दिया है :

शरद आया पुलों को पार करते हुए
अपनी नई चमकीली साइकिल तेज़ चलाते हुए
घंटी बजाते हुए ज़ोर-ज़ोर से
चमकीले इशारों से बुलाते हुए
पतंग उड़ानेवाले बच्चों के झुंड को
चमकीले इशारों से बुलाते हुए और
आकाश को इतना मुलायम बनाते हुए
कि पतंग ऊपर उठ सके—
दुनिया की सबसे हलकी और रंगीन चीज़ उड़ सके
दुनिया का सबसे पतला काग़ज़ उड़ सके—
दुनिया की सबसे पतली कमानी उड़ सके—
कि शुरू हो सके सीटियों, किलकारियों और
तितलियों की नाज़ुक दुनिया

'कपड़े के जूते' राजेशजी की एक प्रसिद्ध कविता है । इसकी अंतिम पंक्तियों में कवि ने कैसे पिंड में ब्रह्मांड का दर्शन किया है, यह देखने लायक है । एक उपेक्षणीय वस्तु को, जिसे काफी पहले कोई फेंककर चला गया है, वह कैसे असाधारण वस्तु बना देता है, इसका साक्ष्य ये पंक्तियाँ देती हैं—

कपड़े के वे जूते इतने पुराने हो चुके हैं
कोई कह सकता है कि
जहाँ वे जूते हैं वहाँ कोई समय नहीं है—

कपड़े के वे जूते समय से बाहर झूल रहे हैं
मृत्यु भी अब उन जूतों को पहनना नहीं चाहेगी
लेकिन कवि उन्हें पहनते हैं
और शताब्दियाँ पार करते हैं !

अंतिम दो पंक्तियों का तात्पर्य यह है कि कपड़े के जूतों के निर्माण में कोई हिंसा नहीं होती । यह अ-हिंसा मनुष्यता का एक ऐसा मूल्य है, जिसका वहन करके कवि कालातीत हो सकता है । 'एक जमाने की कविता' से दो चित्र, जो अपनी सजीवता के कारण हमें बचपन में लौटा ले जाते हैं :

1. *हम बहुत तेज़ दौड़ते थे*
मैदान से घर की ओर
कभी तो आगे-आगे हम
और पीछे-पीछे बारिश

2. *जब माँ फ़ुरसत में होती*
तो हमें उन दिनों की बातें सुनाती
जब वह ख़ुद बच्ची थी
हमें मुश्किल से यक़ीन होता
कि माँ भी कभी बच्ची थी ।

'भागी हुई लड़कियाँ' भी आलोकजी की एक बहुप्रशंसित कविता है । इसमें उन्होंने भले बने भले लोगों से यह सार्थक और चुभता हुआ सवाल पूछा है—

तुम
जो
पत्नियों को अलग रखते हो
वेश्याओं से
और प्रेमिकाओं को अलग रखते हो
पत्नियों से
कितना आतंकित होते हो
जब स्त्री बेख़ौफ़ भटकती है
ढूँढ़ती हुई अपना व्यक्तित्व
एक ही साथ वेश्याओं और पत्नियों
और प्रेमिकाओं में !

इसी शृंखला की एक कड़ी है 'छतों पर लड़कियाँ', जिसमें तीव्र मानवीय संदेवना के साथ कवि ने उस कोने पर रोशनी डाली है, जिस पर अन्य कवियों का ध्यान शायद ही कभी गया हो । घर की छतों पर अक्सरहा लड़कियाँ आ जाती हैं और वे फुटपाथ के खुले चायखानों की बेंचों पर बैठा जो लड़का माउथ ऑर्गन बजा रहा है, उसे हसरत भरी निगाह से देखती हैं । इसी तरह पत्रिकाओं की एक दुकान पर खड़े-खड़े कुछ नौजवान अखबार पढ़ रहे हैं । कवि उन नौजवानों के बारे में कहता है—

उन सभी के ख़ून में
इंतज़ार है एक लड़की का !
उन्हें उम्मीद है उन घरों और छतों से
किसी शाम प्यार आएगा !

जैसे भागी हुई लड़कियों को समाज बर्दाश्त नहीं करता, उसी तरह उन घरों और उन छतों से किसी शाम प्यार उतर आए, तो उसे भी वह बर्दाश्त नहीं करेगा । लगता है, समाज में केवल परंपरा और रीति-रिवाज चलता है, मानवीय संवेदना के लिए उसमें कोई जगह नहीं है । 'ज़िलाधीश' शीर्षक कविता आलोकजी के लिए नक्सल पंथ से अलगाव की कविता है । माओत्से तुंग ने कहा था कि हमें नवजनवादी क्रांति के लिए सशस्त्र संग्राम इसलिए करना पड़ा कि हमारे देश में संसद नहीं थी । एक पिछड़े वक्ता के प्रति कवि का यह कथन देखिए—

तुम एक ऐसे विरोध की भाषा में बोलते हो
जैसे राजाओं का विरोध कर रहे हो !
एक ऐसे समय की भाषा
जब संसद का जन्म नहीं हुआ था !

वैसे तो इस कविता का प्रत्येक अंश महत्त्वपूर्ण है, लेकिन आप सिर्फ इसका अंतिम अंश देखिए । कवि जिलाधीश के बारे में कहता है—

यह ज़्यादा भ्रम पैदा कर सकता है
यह ज़्यादा अच्छी तरह हमें आज़ादी से
दूर रख सकता है
कड़ी
कड़ी निगरानी चाहिए
सरकार के इस बेहतरीन दिमाग़ पर !

कभी-कभी तो इससे सीखना भी पड़ सकता है ।

कवि को माँ और बचपन बहुत याद आता है । आज ये दोनों खतरे में हैं और उस खतरे को दूर कर माँ के साथ संबंध तथा अपने बचपन की स्मृति को भी बचाने के कोई आसार नजर नहीं आते । 'रेल' शीर्षक कविता छोटी है, लेकिन अपनी चित्रवत्ता में विलक्षण, जिसे हम उसकी अंतिम दो पंक्तियों में देखते हैं ! सबसे बड़ी बात कि इसमें बाल-कविता-जैसी सरलता है–

हर भले आदमी की एक रेल होती है
जो माँ के घर की ओर जाती है

सीटी बजाती हुई
धुआँ उड़ाती हुई ।

अब 'रास्ते' शीर्षक कविता में बचपन की यह स्मृति–

और वे पेड़
जो छतों से घिरे हुए थे इस तरह कि
हम उन पेड़ों पर चढ़कर
किसी भी छत पर उतर जाते

थे जब हम बंदर से भी ज़्यादा बंदर
बिल्ली से भी ज़्यादा बिल्ली

हम थे कल गलियों में
बिजली के पोल को
पत्थर से बजाते हुए ।

कवि ने इन पंक्तियों में बचपन को साकार कर दिया है । अंतिम चित्र तो इतना सजीव है कि हमें खींचकर बलात् अपने बचपन में ले जाता है । बँगला के प्रसिद्ध सिने-दिग्दर्शक तपन सिनहा ने 'सागर-संगमे' नामक एक स्मरणीय फिल्म बनाई थी । आलोकजी की 'हसरत' शीर्षक कविता ने मुझमें उस फिल्म की याद ताजा कर दी । कविता छोटी है, इसलिए पूरी की पूरी नीचे दी जा रही है–

जहाँ नदियाँ समुद्र से मिलती हैं
वहाँ मेरा क्या है

मैं नहीं जानता
लेकिन एक दिन जाना है उधर

उस ओर किसी को जाते हुए देखते
कैसी हसरत भड़कती है !

'मीर' आलोकजी के संग्रह की एक अद्‌भुत कविता है । ये पंक्तियाँ देखिए—

और तुम्हारा वह कहना सब
दीवानी की सादगी में
दिल-दिल करना
दुहराना दिल के बारे में
ज़ोर देकर कहना अपने दिल के बारे में कि
जनाब यह वही दिल है
जो मीर की गली से हो आया है ।

इस 'दिल' को हम तभी समझ सकेंगे, जब उसे व्यापक मानवीय संवेदना के रूप में लेंगे, जो आज एक सिरे से विलुप्त हो रही है । इसी में मीर का महत्त्व है । 'सफ़ेद रात' इस पुस्तक की अंतिम कविता है, जिसकी अंतिम पंक्तियों में भगत सिंह का जिक्र है । उन्हें न समझने के चलते कुछ लोगों ने उन्हें लेकर निरर्थक विवाद उठाया था, लेकिन मेरा तात्पर्य यहाँ संयुक्त-परिवार से है । मुक्तिबोध ने कहा था कि बीसवीं शताब्दी की सबसे महत्त्वपूर्ण घटना है संयुक्त-परिवार का विघटन और यह बात उन्होंने अफसोस के साथ कही थी, किसी खुशी के साथ नहीं । आलोकजी में जैसे माँ और बचपन के प्रति आकर्षण है, वैसे ही संयुक्त-परिवार के लिए भी । प्रमाणस्वरूप निम्नलिखित पंक्तियाँ :

शहर में इस तरह बसे
कि परिवार का टूटना ही उसकी बुनियाद हो जैसे
न पुरखे साथ आए न गाँव न जंगल न जानवर
शहर में बसने का क्या मतलब है
शहर में ही ख़त्म हो जाना?
एक विशाल शरणार्थी शिविर के दृश्य
हर कहीं उनके भविष्यहीन तंबू
हम कैसे सफ़र में शामिल हैं

कि हमारी शक्ल आज भी विस्थापितों जैसी
सिर्फ़ कहने के लिए कोई अपना शहर है
कोई अपना घर है
इसके भीतर भी हम भटकते ही रहते हैं

इस बिकाऊ युग में आज का कोई कवि अपने एक संग्रह के बल पर इतने दिनों तक टिकाऊ साबित हुआ हो, इसका उदाहरण अन्य भाषाओं में भी कम ही मिलेगा । आलोकधन्वा पटने की युवा पीढ़ी में इतने लोकप्रिय हैं कि एक *कवि* की लोकप्रियता देखकर आश्चर्य होता है । मुझे याद है कि राजेश जोशी रेडियो या दूरदर्शन के एक कार्यक्रम में पटना आए, तो उन्हें पटना कालेज के न्यू होस्टल के छात्रों ने काव्य-पाठ के लिए आमंत्रित किया । मैं उस अवसर पर मौजूद था । मुझे यह देखकर गर्व हुआ कि पटने के युवक न केवल राजेश को पढ़ते हैं, बल्कि उनकी कविताओं को याद भी रखते हैं, जिसका प्रमाण यह है कि जब वे अपनी ढेर सारी कविताएँ सुना चुके, तो श्रोताओं की ओर से कविताओं के नाम ले-लेकर एक के बाद एक फरमाइश होने लगी । इस बात ने युवा-वर्ग के प्रति मेरी धारणा बदल दी । मैं मान गया कि उसमें ऐसे युवक भी हैं, जो तोड़-फोड़ से दूर रहते हुए साहित्य और संस्कृति से प्रेम करते हैं । दिनकर-जैसे महान् और लोकप्रिय कवियों की बात और है, यहाँ एक नए कवि राजेश की बात है । बहरहाल । हम सब लोगों ने समझा था कि जब इतने दिनों तक आलोकजी ने कविताएँ नहीं लिखीं, तो अब क्या लिखेंगे ? मैं कहा करता था कि 'जिंदगी भर धुआँते रहने से अच्छा है एक बार भभक कर बुझ जाना ।' लेकिन तमाम कयासों को झुठलाते हुए ठीक एक युग के बाद आलोकजी ने अपनी चुप्पी तोड़ी और पता नहीं कैसे उनमें सोई हुई काव्य-संवेदना जगी कि फिर से वे कविताएँ लिखने लगे । उनमें से कुछ कविताएँ 'बहुवचन', 'वागर्थ' और 'शुक्रवार' में प्रकाशित हुई हैं, जो अत्यंत आकर्षक हैं । मर्मज्ञ काव्य-पारखी यह महसूस करेंगे कि इन कविताओं में आलोकजी का सूक्ष्म विकास भी दिखलाई पड़ता है । वह यह कि कवि घर-बार के और निकट आया है और उसकी अभिव्यक्ति और हृदय-स्पर्शी हो गई है ।

पहले हम 'बहुवचन' की कविताओं को लें । यह सभी जानते हैं कि आलोकजी ने कुछ देर से शादी की और दुर्भाग्य से उन्हें जो लड़की मिली, वह 'तरक्कीपसंद' थी । आलोकजी का पूरा इस्तेमाल करने के बाद वह उन्हें छोड़कर चली गई । लेकिन उनके मन में उसके प्रति अभी भी पहले-जैसा ही प्यार और ममता है । 'मुलाक़ातें' कविता में वे कहते हैं :

मेरे पास समय कम
होता जा रहा है
मेरी प्यारी दोस्त
तुम इस ख़त को पढ़ते ही
दिन हो कि रात
पार करके आना

घनी आबादी का देश मेरा
कितनी औरतें लौटती हैं
शाम होते ही
अपने-अपने घर
कई बार सचमुच लगता है
तुम उनमें ही कहीं
आ रही हो

यहीं पर हमें 'वागर्थ' वाली एक कविता भी याद करनी चाहिए, जिसका शीर्षक है 'भूल पाने की लड़ाई' । ढेर-सारी बातें कहने के बाद अपनी अलग हुई पत्नी के बारे में कविता के अंत में आलोकजी ने तीन ऐसी पंक्तियाँ लिखी हैं, जो हृदय को हिला देनेवाली हैं :

वह जितने दिन मेरे साथ रही
उससे ज़्यादा दिन हो गए
उसे गए !

सच्ची संवेदना वाला व्यक्ति कम बोलता है, पर जब बोलता है, तो मन पर ऐसा ही मर्मांतक प्रभाव डालता है । 'बहुवचन' वाली दूसरी कविता है 'आम के बाग़', जिसका महत्त्व कवि के लिए इस दृष्टि से है कि उसका बचपन आम के बगीचों के करीब ही बीता है । उसने इस कविता में उन बगीचों को एक बड़े स्तर पर रखकर चित्रित किया है । देखिए—

मुझे पता है कि
अवध, दीघा और मालदह में
घने बाग़ हैं आम के
लेकिन अब कितने और

कहाँ कहाँ
अक्सर तो उनके उजड़ने की
ख़बरें आती रहती हैं ।

बचपन की रेल यात्रा में
जगह जगह दिखाई देते थे
आम के बाग़
बीसवीं सदी में...

आम के बाग़ों के बीच
दिन में गुजरो
तब भी
रेल के डब्बे भर जाते
उनकी अँधेरी हरियाली
और ख़ुशबू से

अशोक वाजपेयी की यह वाजिब शिकायत है कि नए कवियों की कविता में पशु नहीं आते । जैसे उनकी बात को झुठलाते हुए आलोकजी ने 'गाय और बछड़ा' शीर्षक एक अद्‌भुत कविता लिखी है, जिसमें गाय ने अभी-अभी बच्चा दिया है और बच्चा अपनी कमल की नाल-जैसी कोमल टाँगों पर खड़ा होने का प्रयास करता है । माँ उसे अपनी काली आँखों से लगातार निहारती जाती है और चाटती जा रही है । अंत में कवि कहता है—

मेरी शुभकामना
बछड़ा और उसकी माँ
दोनों की उम्र लंबी हो

चरवाहा बछड़े को
अपनी गोद में लेकर
जा रहा है झोपड़ी में
गाय भी पीछे-पीछे दौड़ती
जा रही है ।

गाय और बछड़े को इस आत्मीयता से शायद ही किसी नए कवि ने देखा हो । अंतिम पंक्तियों की चित्रवत्ता पर भी हमारा ध्यान जाना चाहिए । दोनों के लिए

लंबी उम्र की कामना का क्या कहना !'बहुवचन' की अंतिम कविता है'बुलबुल के तराने', जिसकी अंतिम पंक्तियाँ हैं :

नन्ही बुलबुल जब सुनती है
साथ के दूसरे पक्षियों को गाते
तब तो और भी मिठास
घोलती है अपने नए सुर में

यह जो हो रहा है
इस विजन में पक्षीगान
मुझ यायावर को
अनायास ही श्रोता बनाते हुए

मैं भी गुनगुनाने को होता हूँ
पुरानी धुनें
वे जो भोर के डूबते तारों
जैसे गीत !

यह है कवि की दुनिया, जिसमें मनुष्य और प्रकृति दोनों मिले हुए हैं । उपर्युक्त अंतिम पंक्तियों में 'भोर के डूबते तारों' का मतलब है 'लुप्त होते हुए' ।

'वागर्थ' में आलोकजी की पहली ही कविता बेजोड़ है । इसे पढ़कर मैंने उनके दाएँ हाथ की उँगलियाँ चूम ली थीं । कविता का शीर्षक है 'चेन्नई में कोयल' इसे पूरा ही देखना चाहिए । संयोग से यह छोटी भी है—

चेन्नई में कोयल बोल रही है
जबकि
मई का महीना आया हुआ है
समुद्र के किनारे बसे इस शहर में

कोयल बोल रही है अपनी बोली
क्या हिंदी
और क्या तमिल
उतने ही मीठे बोल
जैसे अवध की अमराई में !

कोयल उस ऋतु को बचा
रही है
जिसे हम कम जानते हैं उससे !

एक कविता है 'फूलों से भरी डाल', जिसमें कवि ने कहा है कि दुनिया से उसके जाने की बात सामने आ रही है । वह कहता है कि अभी मेरी उम्र ही क्या है ! अंत में—

इस उम्र में तो लोग
किसी नेक और कोमल स्त्री
के पीछे पीछे रुसवाई उठाते हैं
फूलों से भरी डाल
झकझोर डालते हैं
उसके ऊपर !

अंतिम तीन पंक्तियाँ तो कवि के हृदय की कोमलता का उत्कर्ष प्रदर्शित करती हैं । प्रेम का ऐसा विलक्षण चित्रण भी कम ही हुआ है । 'बारिश' कविता में—

बारिश
एक तरह की रात है

एक सुदूर और बाहरी चीज़
इतने लंबे समय के बाद
भी
शरीर से ज़्यादा
दिमाग़ भीगता है ।

'बारिश एक तरह की रात है' इसी में कविता छिपी है । 'शुक्रवार' की एक कविता मुझे ज्यादा पसंद आई है । वह है 'बच्चे के सोने की कविता' । एक नन्हा बच्चा अपनी छोटी उँगलियों से अपनी माँ के स्तनों को पकड़कर दूध पी रहा है । आधी नींद तो उसे दूध पीते-पीते आने लगती है । बाकी नींद उसे तब आती है, जब उसकी माँ अपनी जाँघों पर उसे उलटा लिटाकर तेल लगाकर उसकी मालिश करने लगती है । आलोकजी कहते हैं : 'कभी-कभी ही/देख पाता हूँ मैं/एक पल के लिए/अपलक !' तात्पर्य ऐसे दृश्य से है । 'अपलक' शब्द भी काबिले-गौर है, जो कवि के हृदय को खोलता है । करीब एक वर्ष बाद

'शुक्रवार' में पुनः मुझे आलोकजी की निम्नलिखित कविता पढ़ने को मिली है, जिसमें विश्व-मानवता और शांति के लिए तो उनका प्यार व्यक्त हुआ ही है, अंतिम दो पंक्तियों में जो बात अत्यंत शांत स्वरों में कही गई है, उसने ऐसा असर पैदा किया है, जैसा शोरगुल वाली क्रांतिकारी कविता से कभी संभव नहीं है और जो प्रत्येक युयुत्सु की उतावली खत्म कर देती है, पर संघर्ष से उसे विमुख नहीं करती, बल्कि उसे जारी रखने के लिए उसमें धीरता पैदा करती है । 'मैं भी आऊँगा' शीर्षक उक्त कविता है—

मैं भी आऊँगा
कदम-दो-कदम ही सही
क़त्ल और मलबे और राख के बीच
रास्ता बनाते
जिस तरह
हेनरी मूर आए
द्वितीय विश्वयुद्ध के समय
गोद में बच्चा लिए धरती पर चल रही
स्त्रियों के साथ-साथ
स्तनपान कराती स्त्रियों के बीच

दुनिया कभी भी
एक सामान्य जगह नहीं थी ।

श्याम कश्यप

श्याम कश्यप जन्म से पंजाबी, लेकिन निवासी मध्य प्रदेश के हैं । स्वभावत: उन्होंने सागर विश्वविद्यालय से राजनीति-विज्ञान में एम.ए. किया है । उनकी कर्मभूमि वस्तुत: दिल्ली है । वहीं वे भारतीय कम्युनिष्ट पार्टी के पूरावक्ती कार्यकर्ता थे और पत्रकारिता एवं पार्टी-शिक्षा के कामों से जुड़े हुए थे । इस कारण वे मजदूर-संघों एवं जन-संगठनों के संघर्षों के सीधे संपर्क में आए । वे प्रगतिशील लेखक संघ में भी अत्यंत सक्रिय थे । पार्टी से उनका संबंध शिथिल होने के बाद उन्होंने पत्रकारिता एवं जनसंचार में पी.-एच.डी. करके सागर विश्वविद्यालय में कुछ दिन अध्यापन भी किया । अब वे पत्रकारिता और स्वतंत्र लेखन करते हैं ।

इस कवि की छिटपुट कविताएँ पत्र-पत्रिकाओं में इधर-उधर निकली थीं, पर एकत्र दस कविताएँ संपादकीय टिप्पणी के साथ सर्वप्रथम 'धरातल' में प्रकाशित हुईं, जिनसे उसकी पहचान बनी । संपादक ने अपनी टिप्पणी में जो कुछ लिखा था, वह बहुत महत्त्वपूर्ण है । उसमें से दो अनुच्छेद नीचे उद्धृत हैं :

" 'धरातल' में इसके पूर्व जितने तरुण प्रगतिशील कवियों को प्रस्तुत किया गया है, श्याम कश्यप उन सबों से भिन्न हैं । इसका सबसे बड़ा कारण यह है कि देश की वामपंथी राजनीति से उनका सीधा लगाव है । वे आंदोलनों से न केवल सीधे प्रभावित होते हैं, बल्कि उनसे सीधे जुड़े हुए भी हैं । ये आंदोलन राष्ट्रीय भी हैं और अंतर्राष्ट्रीय भी । इससे उनका दृष्टिकोण अत्यंत व्यापक हो गया है । श्याम कश्यप ने राजनीतिक आंदोलनों से 'सीधापन' और 'पैनापन' लिया है और मार्क्सवाद तथा मार्क्सवादी सौंदर्यशास्त्र के अध्ययन से अपनी कविता के लिए सुदृढ़ भूमि प्राप्त की है । स्वभावत: उनकी कविता का मिजाज

संसार के उन कवियों के मिजाज से मिलता है, जो कि क्रांति की रफ्तार से भरे हुए दौर के कवि हैं ।''

''श्याम कश्यप की कविता की विषय-वस्तु है जीवन से प्यार और उसके लिए संघर्ष । उनकी विशेषता यह है कि ये दोनों चीजें उनमें अलग-अलग नहीं आतीं । उनका प्यार संघर्ष से युक्त है और संघर्ष प्यार से । यह उनकी कविता को गजब की चमक और तरलता से भर देता है । इधर वे जो लहजा अपना रहे हैं, वह भी उनका खास है—बहुत थोड़े शब्दों का प्रयोग और उनसे पूरा चित्र उपस्थित कर देना, उन्हीं से पूरे अर्थ को अभिव्यक्त कर देना । इसका प्रयास आधुनिक हिंदी कविता में पहले भी देखने में आया है, पर श्याम कश्यप-जैसी मूर्तता प्राय: विरल रही है ।''

अब हम उनके कविता-संग्रहों पर आते हैं । वे लापरवाह किस्म के कवि हैं, इसलिए अब तक उनके दो ही संग्रह प्रकाशित हुए हैं, वे भी मित्रों के आग्रह और प्रयास से । वे संग्रह हैं—'गेरू से लिखा हुआ नाम' (1992) और 'लहू में फँसे शब्द' (2012) । निश्चय ही इसके अलावा भी उन्होंने ढेरों कविताएँ लिखी हैं, जो संग्रहों में आने की प्रतीक्षा कर रही हैं ।

श्याम कश्यप ने साठोत्तरी दौर के गुजर जाने के बाद भी धूमिल के प्रभाव में लिखना शुरू किया, बावजूद इसके कि वे उनके अतिक्रांतिकारी विचारों से सहमत न थे । वैज्ञानिक समाजवादी अतिक्रांतिकारिता को निम्न-पूँजीवादी मानसिकता की देन मानते हैं । श्याम कश्यप ने धूमिल से अपनी मत-भिन्नता इसी कारण दिखलाई है । उनकी तीन कविताएँ— 'समकालीन', 'ज़ुबान' और 'दंगे में नागरिक'—धूमिल के पेचीदे मुहावरों के अनुसरण का पता देती हैं । पहली कविता में वे अपने उन समकालीनों को संबोधित करते हैं, जो क्रांतिकारी होते हुए भी नक्सलबाड़ी से शुरू होने वाले सशस्त्र संग्राम के पक्षधर हैं । इसमें वे उनसे कहते हैं—

आँखों के भीतर खुलता अँधेरा
एक ठोस दीवार हो जाता है ।
उठा हुआ हाथ
फाँसी का तख़्ता—
या एक हथकड़ी बन जाता है !

नागरिकता नज़रबंदी
की हद तक पहुँचकर
एक साफ षड्यंत्र बन चुकी है !!

उक्त पंक्तियों में कवि ने जो कुछ कहा है, वह सही है । इसका प्रमाण यह है कि देश के दसियों हजार नक्सलवादी नौजवान जेलों में सड़ा दिए गए । तात्पर्य यह कि उनका संघर्ष फलप्रद नहीं हुआ । इसी को श्याम कश्यप धूमिल की भाषा में कहते हैं–

एकाएक क्या होता है
कि छूट गए शहरों-सा
सारा विक्षोभ
कटे हाथों के पार्सल लौटाता है !

खुले में सरकार के विरुद्ध हथियार उठाने का अंजाम जब अतिक्रांतिकारियों ने देख लिया, तो उन्होंने अपने संगठन को भूमिगत कर लिया । कवि के शब्दों में, 'यह आकस्मिक नहीं था कि तुम/समकालीन भाषा के गहरे/खुदे हुए मोर्चों से उठकर खाली हाथ/तराइयों के जंगल में/उतर गए थे– ' । अंत में उसने अपने ऐसे समकालीनों को इन शब्दों में संबोधित किया है–

नासमझ नज़रों की बहस के विरुद्ध
अपनी ज़मीन छोड़ देने के बाद
तुम किस मोर्चे से लड़ोगे ??

या कि फिर भाषा के लंबे
सुनसान की
किस खाई
किस ख़ंदक में पड़े-पड़े सड़ोगे- !!

दूसरी कविता में श्याम कश्यप का बयान है–

खेत ख़ून माँग रहे हैं
और निगाहें पैने नाखून–
क्योंकि सत्ता के मज़हब में
सारा का सारा हक़
दाँतों के हिस्से में चला गया है !!

तीसरी कविता सांप्रदायिक दंगे पर है । कवि धूमिल की भाषा में ही कहता है–

कल जो दंगा था
आज एक अख़बार बन गया है;

और एक 'स्टडी रिपोर्ट' में से
गुज़र कर—

वे फिर लौट आए हैं
पत्थर की आँख के साथ ।

अंत में—

एक भीड़ से दूसरी भीड़ की घृणा सहेजता—
एक काला संगठन
शताब्दी का
सबसे ख़तरनाक शब्द
बनता जा रहा है...

और हम हैं
कि अभी भी
पानी में बुझी हुई मोमबत्ती से
परछाईं पकड़ते हुए— !!

वह 'काला संगठन' कौन-सा है, आज बतलाने की जरूरत न होनी चाहिए । इन कविताओं के बाद श्याम कश्यप अपनी भूमि पर आ जाते हैं । तात्पर्य यह कि अब उनकी भाषा और उनका लहजा उनका अपना होता है । उनमें शब्दों की कमखर्ची देखकर यह भ्रम नहीं होना चाहिए कि वे धूमिल के बाद शमशेर के प्रभाव में हैं । निश्चय ही शमशेर उनके सबसे प्रिय कवि हैं, जिसका प्रमाण शमशेरजी के जन्मदिन पर उन्हें समर्पित उनकी कविता 'धरती का गीत' भी है, लेकिन केवल थोड़े शब्दों के प्रयोग से कोई शमशेर से प्रभावित नहीं कहा जा सकता । शमशेरजी में शब्द भी थोड़े हैं और कविता की लय भी उनकी खास है । इसके अलावा उनमें अर्थ का मुक्त आकाश है, जिसे आलोचकों ने उनका 'मौन' कहा है, निश्चय ही वेधक ढंग से बोलने वाला मौन । श्याम कश्यप में सिर्फ थोड़े शब्दों से चित्र उठाने की क्षमता है, अपनी लय भी है, पर शमशेरजी वाला मौन का मुक्त आकाश नहीं । बल्कि कहें तो कम शब्द खर्च कर के भी वे एक हद तक मुखर कवि हैं । यह हम उनके पहले संग्रह की कविताओं में भी देखेंगे ।

संसार के सभी महान् कवियों ने कविता को अपने ढंग से परिभाषित किया है । किसी ने उसे आत्माभिव्यक्ति कहा है, किसी न समाजाभिव्यक्ति; किसी

ने उसके मूल में पीड़ा को बतलाया है, किसी ने जिजीविषा को । इसी तरह कुछ कवियों ने कविता को सौंदर्यबोध की देन माना है और कुछ ने यथार्थबोध की देन । व्यक्ति और समाज, पीड़ा और जिजीविषा तथा सौंदर्य और यथार्थ इन सभी श्रेणियों में कोई आपसी विरोध नहीं है, तथापि कवियों ने कविता की अलग-अलग अंतर्वस्तु पर जोर दिया है । श्याम कश्यप महान् कवि नहीं हैं, पर एक सत्कवि होने के कारण उन्होंने भी कविता को अपने ढंग से देखा है । कहते हैं : 'कैसा आतशी शीशा है/यह कविता—/फेंकती दिल पर/रोशनी की तीखी लकीरें !/वहाँ अब धुआँ उठ रहा है !' वे मूलतः संघर्ष के कवि हैं, इसलिए उनके द्वारा की गई कविता की परिभाषा भी उसी के अनुरूप है । एक अन्य कविता में उनका निवेदन है कि विशिष्ट विचार कभी मरते नहीं हैं : 'दफ़ना आए थे उन्हें लोग/पहाड़ों के पार/गहरी कब्रों के भीतर—/लेकिन वहाँ हरी-हरी दूब उग आई है ! ...आज नहीं तो कल यहाँ फूल खिलेंगे/उड़ेगी सुगंध चारों ओर दिगंत में ।' मार्क्स ने कहा था कि विचार जब लोगों को प्रेरित और आंदोलित करते हैं, तब भौतिक शक्ति बन जाते हैं । श्याम कश्यप का कथन यही नहीं है, पर इसी के आसपास है । उनकी एक बड़ी प्यारी, लेकिन सार्थक कविता है : 'सूरज, चल अब चलें/उस ओर—/जहाँ बर्फ़ पड़ रही है;/सब कुछ को/अँधेरे की परत ढक रही है ।' उन्हें जनतंत्र से प्रेम है, क्योंकि वह अपने अर्थ में सही हुआ, तो वहाँ समता का राज होगा । ऐसी समता अभी सिर्फ बच्चों के बीच देखने को मिलती है : 'दुख यहाँ/प्रवेश नहीं करते/न ही अभाव;/यह वर्जित प्रदेश है/चिंताओं के लिए ।/नफ़रत का—/यहाँ कोई काम नहीं ।/बच्चों का/जनतंत्र है यह/समता का राज ।' संघर्ष अपने आप में कोई मूल्य नहीं है । वह वस्तुतः शांति और प्रेम को अपना उद्देश्य बनाकर ही सार्थक होता है । श्याम कश्यप ने 'शांति' शीर्षक कविता में शांति का बहुत सुंदर वर्णन किया है :

भागते बमवर्षक के पहियों को
जकड़ लिया है
बढ़कर
नन्हीं-सी लतर ने ।

अंगारों की जगह हँसते हुए
फूल झर रहे हैं !

धरती
हाँ, धरती ने

टैंक की चैन पकड़ ली है
कसकर—

ट्रैंचों पर
छा गई है
हरी-हरी मख़मली दूब ।...

अब प्रेमी युगल धरती पर चित लेटे हुए दाँत में तिनका दबाए बादलों को गुजरते हुए देख रहे हैं । लेकिन कवि ने इस कविता के अंत में यह लिखकर कि 'शांति ने हमला कर दिया है !!' इस कविता की शक्ति और सौंदर्य को नष्ट करने का भरपूर प्रयास किया है । 'शांति' के साथ 'हमला' का कोई मेल नहीं है, बल्कि वह उसका विरोधी है । कवि एक विरोधी शब्द से 'जोरदार समर्थक' का अर्थ व्यक्त करने में असमर्थ सिद्ध हुआ है । मेरा विश्वास है कि आचार्य रामचंद्र शुक्ल भी 'शांति' के साथ 'हमला' शब्द के प्रयोग को उपयुक्त नहीं मानते, जैसे उन्होंने विरह के प्रसंग में रक्त, मांस और मज्जा की चर्चा से नाक-भौंह सिकोड़ी है ।

अभी-अभी कहा गया है कि संघर्ष का एक उद्देश्य प्रेम की स्थापना होता है । संघर्ष और प्रेम में गहरा संबंध है । प्रेम के लिए संघर्ष किया जाए और संघर्ष के मूल में प्रेम हो, तो प्रेम और संघर्ष दानों में एक चमक पैदा हो जाती है । संसार के अनेक सैनिकों ने जेब में प्रेमिका का पत्र रखे हुए युद्ध में सीने पर गोलियाँ खाई हैं । हिंदी की कालजयी कहानी 'उसने कहा था' का नायक भी युद्ध में घायल होकर, जिसका उसे कोई अफसोस नहीं, प्रेम में तड़पकर अपनी जान दे देता है । स्वभावतः प्रगतिशील कवि श्याम कश्यप ने 'प्यार' शीर्षक सुंदर कविता लिखी है और उसके लिए नए-नए उपमान प्रयुक्त किए हैं । अज्ञेय ने पहले के उपमानों को मैला बतलाते हुए अपनी प्रेमिका को 'बाजरे की छरहरी कलँगी' कहा था । वस्तुतः उपमान कभी भी हमेशा नए बने नहीं रहते, क्योंकि उनका नयापन कालसापेक्ष होता है । रामचरितमानस में सुतीक्ष्ण नाम के एक ऋषि हैं । वे वैष्णव हैं, सो उन्हें जब पता चलता है कि विष्णु के अवतार राम स्वयं वन में पधार रहे हैं, तो वे उनकी अगवानी के लिए नाचते-गाते हुए आगे बढ़ते हैं, लेकिन उनका आनंदावेग इतना बढ़ जाता है कि वे अपना सिर पकड़कर रास्ते में ही बैठ जाते हैं । यहाँ तुलसीदास ने उनके कंटकित रोमों के बारे में कहा है : 'पुलक सरीर पनस फल जैसा' । यह उपमान नया और सुंदर ही नहीं उदात्त भी है, लेकिन आज कोई कवि ऐसे उपमानों का प्रयोग करने का साहस नहीं करेगा । कारण यह कि ऐसा प्रतीत होता है कि उदात्त काव्य-रचना का युग ही बीत गया ।

श्याम कश्यप ने 'प्यार' के लिए नए से नए उपमान प्रयुक्त किए हैं, जिनमें साधारणता ही नहीं, गहरी आत्मीयता भी है । एक हद तक ये उपमान अज्ञेय की पीढ़ी द्वारा प्रयुक्त उपमानों से आगे भी जाते हैं–

प्यार
जैसे कच्ची दीवार पर
गेरू से लिखा हुआ नाम ।

प्यार
जैसे आँखें मटकाता
सफ़ेद कबूतर का जोड़ा ।

प्यार
जैसे घास कुतरता हुआ
नन्हा ख़रगोश ।

लेकिन आज के जमाने में प्यार करना कोई आसान काम नहीं है । प्रमाण यह कि आगे की एक कविता में तुरत श्याम कश्यप कहते हैं : 'धीरे-धीरे/पहले शब्द आए/फिर–/उगने लगे/हमारे बीच/उन शब्दों के नए-नए अर्थ !/देखते ही देखते/एक डरावना/जंगल खड़ा हो गया–/अपरिचित भाषा/और अजनबी इशारों के बीच/जहाँ सारी सृष्टि/पत्तों की तरह/खंड-खंड/टूटकर गिर रही थी/शब्दों की नदी में ।' प्यार में उतार-चढ़ाव होते रहते हैं । इस कवि ने भी 'मुबारक दिन' शीर्षक कविता में कहा है : 'दरअसल/यह पहला-पहला दिन था–/पहला-पहला दिन/तुमसे परिचय/और प्रेम का–/यह मामूली-सा/घटनाहीन–/लेकिन, मुबारक दिन !!' कवि इतना खुश है कि वह उड़ती हुई चिड़ियाँ और हवा से कहता है– 'नमस्ते !' बिजली के लट्टू, दरवाजे, खिड़कियों और बारिश की रिमझिम सबों का स्वागत करता है । मजा तो तब आता है, जब हम नीचे की ये पंक्तियाँ पढ़ते हैं–

मैंने
बगल में चल रहे
बूढ़े पग्गड़ से कहा– पालागी !
फटी मिरजई से पनाम् !
घिसटती–
तार-तार चीकट धोती से राम-राम !...

पल्लेदार का बोझा उठवाकर
मैंने धीरे से सब्जी वाली अम्मा से पूछा :
"आज आलू क्या भाव है?"

पुराना आलोचक उपर्युक्त मानसिक दशा को कोई शास्त्रीय नाम देता, लेकिन मुझे इतना ही कहना काफी लगता है कि कवि हर्षातिरेक में है ।

'सौदागर' शीर्षक कविता में आज के व्यावसायिक युग पर टिप्पणी है । इसमें सौदागर पूनम के चाँद और छिटकी हुई दूधिया चाँदनी को बोतल में भर लेना चाहते हैं । इसी तरह उनकी कोशिश है कि समुद्र की हँसी और फेन को वे पोलिथीन में पैक कर लें । प्रो. नलिनविलोचन शर्मा ने कहा था कि कहीं आग लगी हो, तो सच्चा कवि तुरत बाल्टी में पानी भरकर उसे बुझाने के लिए दौड़ेगा, न कि वह कागज-कलम लेकर उस पर कविता लिखने बैठ जाएगा । आज का कवि क्या सोचता है, यह भी इस कविता में देखिए :

भुखमरी और प्यास से
मर रहे हैं आलिंगनबद्ध
दो प्रेमी रेगिस्तान में ।

ठहरो
हाय, ठहरो–

मैं लिख तो लूँ पहले
फड़कता हुआ
एक शोकगीत–

यह भी आधुनिक युग में चतुर्दिक् व्याप्त व्यावसायिकता का ही परिणाम है कि साहित्य भी उसके प्रभाव में चला गया है । आज की कविता में बच्चे बहुत आते हैं, लेकिन वात्सल्य को एक पुरानी चीज माना जाता है । श्याम कश्यप के साथ ऐसा नहीं है । जब वे अपनी बिटिया पर कविता लिखते हैं, तो उससे कहते हैं–

मेरी नन्हीं !
तुम्हारे साथ
फिर सीख रहा हूँ दोबारा
तुतलाहट–
शब्दों को गढ़ने की कला ।

पाठकों का मन तब क्षोभ से भर जाता है, जब वह यह पढ़ता है कि कवि की बिटिया 'जलते जंगल में घोंसला तलाशती/गौरैया की चुनमुन' है । कवि को कभी तपेदिक हुआ था, जिससे उबरने के लिए दवाओं के साथ उसे दोनों शाम दूध भी पीना पड़ता था । स्वभावतः उसने 'दूध' शीर्षक से दो कविताएँ लिखीं । पहली कविता में वह कहता है कि दूधमुँहे बच्चों को भी जिस मुल्क में दूध मयस्सर नहीं, वहाँ मैं दोनों वक्त बिला नागा दूध पीता हूँ । यह जरूरी है, मैं यह जानता हूँ कि—

इसे
मेरे ख़ून के
वर्जित-प्रदेश में
हमला करना है—

किसी छापामार की तरह ।

छाती में धँस कर
दूर तक
छलनी फेफड़ों के तार-तार
छेदों को भरना है !

मैं कुछ दिन जसीडीह में प्राकृतिक चिकित्सा केंद्र में था । वहाँ के चिकित्सक स्व. महावीर प्रसाद पोद्दार थे, जो गाँधीजी के समीपस्थ लोगों में से थे और जिन्होंने प्रेमचंद को हिंदी पढ़ाई थी । प्रेमचंद को उनके द्वारा हिंदी पढ़ाने का जिक्र अमृत राय ने प्रेमचंद की जीवनी 'कलम का सिपाही' में भी किया है । केंद्र में एक बहुत समृद्ध गोशाला थी, जिसकी गाएँ सिर्फ हरी घास पर रहती थीं, जिससे उनका दूध प्राकृतिक गुणों से भरपूर होता था । पोद्दारजी रोगियों से दुग्ध-कल्प भी कराते थे । 1963 में मैं पाँच महीने केंद्र में था और मैं भी केवल गाय के कच्चे दूध पर एक महीना रहा था, बत्तीस दिन केवल तरबूज के रस पर रहने के बाद । लेकिन स्वयं पोद्दारजी दूध नहीं पीते थे । उनका कहना था कि दूध और शहद दोनों शोषण से प्राप्त किए जाते हैं, इसलिए मैं स्वयं उन्हें नहीं लेता । श्याम कश्यप ने भी दूध पर लिखी गई अपनी दूसरी कविता के आरंभ में गाय के बारे में इसी तरह की बात लिखी है कि वह—

बछड़े को दुलारती
पनीली आँखों में
अविश्वास और नफ़रत—

आदमी
और उसके
स्वार्थ के ख़िलाफ़ ।

'गेहूँ के बारे में' श्याम कश्यप की एक लंबी और लाजवाब कविता है । निम्नलिखित उद्धरण में उनकी आत्मीयतापूर्ण भाषा का नमूना देखिए, जिसे उनकी भाषा में 'सगेपन का संगीत' भी कहा जाता सकता है—

बड़ी पुरानी शै है
यह नामुराद,
बड़ी जिद्दी,
बड़ी बेग़ैरत और बड़ी बेपरवाह ।

गेहूँ को लेकर तरह-तरह के किस्से हैं, लेकिन कवि उनमें विश्वास नहीं करता और कहता है कि 'यह उग आई थी/धरती की आदिम परतें फोड़/अपने ज़िरह-बख़्तर/और नुकीले भालों-बर्छियों के साथ ।' निश्चय ही यह गेहूँ के दानों से भरे पौधों का बहुत ही सटीक वर्णन है । लेकिन यह गेहूँ संसार में युद्ध का कारण भी बना है । कवि के शब्दों में, 'यह ख़ुद चाहे हिंसक न हो/पर इसने/दुनिया को बार-बार लड़ाया है ।/अपने रंग को—/आग और ख़ून में डुबोया है ।' 'अकाल' के बारे में उसका यह सुदृढ़ मत है कि वह मनुष्य-कृत होता है । बंगाल का अकाल इसकी अच्छी तरह से पुष्टि करता है । कवि बड़े दर्द के साथ अपने प्रश्न का उत्तर जानते हुए भी मासूमियत से पूछता है : 'जब पेड़ को/पेड़ काटता है/और लोहे को लोहा—/तो आदमी को/किस आदमी ने/चीरा होगा ?' जो सबसे बड़े हत्यारे होते हैं, वे व्यवहार में बड़े शालीन और देखने में सुंदर होते हैं, भले उनकी कारगुजारियों से 'अंधा अँधेरा/समा जाता है/कोख में—/भावी इतिहास की/नस कट जाती है' और 'जय घोष करती है/तोतों की मंडली;/शुक-शारिकाएँ/पढ़ते हैं स्वस्ति-वचन;/वेद-मंत्र—/लफंगों की टोलियाँ ।' अंत में कवि कहता है—

निहायत ख़ूबसूरत
लगता है
कमसिन हत्यारे का चेहरा—

होंठों के ऊपर
चिपक जाती है

आकर—
एक भयानक
काली ख़ूनी तितली !!

पाठकों को निस्संदेह इसमें हिटलर के चेहरे की छाया देखने को मिलेगी । 'मुर्दा आग' आज की स्थिति पर रौशनी डालनेवाली कविता है, लेकिन इसमें कवि का मानव-भविष्य में विश्वास भी प्रकट हुआ है । पहले हम आज की यह स्थिति देखें—

और भी ज़्यादा
कसता जा रहा है
चारों ओर—
कठोर धातु का तप्त लाल जाल !...

कोई भी विकल्प
तोड़ नहीं पाता—
इस कैलिडियोस्कोप के
सतरंगी तिलिस्मी जाल को ।

उसका विश्वास है कि 'इतिहास के बोझ/और मलबे में घुटकर/फ़ासिल्स—/बन नहीं सकते/जनता के तमतमाए हुए चेहरे,/अजन्मा भविष्य और रोशनी की संगठित मशाल' । अंत में कवि कहता है—

रोक नहीं पाएगी
जिस्म पचाती हुई
मुट्ठी-भर—
मरघट की मुर्दा आग !

कभी तो फूटेगा
इस शमशानी अँधेरे में
गुनगुनी धूप का फूला गुब्बारा !!

'सच' शीर्षक से श्याम कश्यप ने दो कविताएँ लिखी हैं । पहली कविता में लेनिन की इस उक्ति को बहुत ही काव्यात्मक ढंग से दुहराया गया है कि सत्य ठोस होता है । उदाहरणार्थ—

सच
सच होता है–

बच्चे को जन्म देती
माँ के स्तन की तरह ठोस
कोमल–
ज़िंदगी के सत्त से लबरेज़ !!

दूसरी कविता अंत तक आते–आते मात्र विचारों का संवाहक होने के कारण सपाट हो गई है । स्मरणीय है कि विचार जब कवि की अनुभूति में परिवर्तित नहीं होते, तो जैसे कविता के पंख बँध जाते हैं और वह उड़ान भरने में असमर्थ हो जाती है । यही सपाटता 'सार्थकता' शीर्षक कविता में देखने को मिलती है । 'यह मैं नहीं लिख रहा' शीर्षक कविता मजदूरों के द्वारा की जानेवाली नारेबाजी पर लिखी गई है, पर देखिए कि वह कवि की अनुभूति के आलोक से किस तरह जगमगा उठी है–

किसकी आवाज़ है यह
किसकी पुकार–
अँधेरी कोठरी में
लौ जगाती
मिल के सायरन की तरह तेज़ ।

बाघ–जैसी हिंस्र
माँ की तरह
कोमल–

हमारे नारे हैं ये हमारे नारे...हमारे नारे...

'मेहनतकशों का कोरस' और 'संकल्प' शीर्षक कविताओं के साथ भी यही दुर्घटना हुई है कि शुरू में वे कविताएँ रहती हैं और अंत में जाकर सपाट वक्तव्य बन जाती हैं । 'कभी तो' शीर्षक कविता में कवि यह कहने के बाद कि 'किस सरल रेखा से/शुरू हुई थी यह यात्रा?/किस पेचीदा/तिलिस्म को तोड़ने/बढ़ रहे हैं ये पाँव– ', अंतिम पंक्तियों में विचार पर उतर आता है, लेकिन चूँकि वह कवि के आत्मविश्वास के रूप में प्रकट हुआ है, इसलिए अखरता नहीं ।

'गेरू से लिखा हुआ नाम' के अंत में पाँच पंजाब–संबंधी कविताएँ भी

हैं । ये कविताएँ उस दौर में लिखी गई थीं, जब खालिस्तान की माँग को लेकर पूरे पंजाब में आतंकवाद का माहौल था । यह माहौल आतंकवादियों और पुलिस दोनों ने मिलकर पैदा किया था । हाल यह था कि 'अँधेरे से डरने लगे हैं लोग ।/ कहीं से भी निकल आएँगे अचानक/पेशेवर हत्यारों के झुंड—/और भी आशंकित करती है रौशनी/कि पता नहीं कब वार कर बैठे अपनी ही परछाईं ।' एक दूसरी कविता में—'यह कैसे ज़माने में/जी रहे हैं हम—/कदम बाहर रखते ही/दरवाज़ा चीख़ता है ज़ोर से; पल्ले फड़फड़ाते हैं/सहमकर खिड़की के ।/छत पूछती है/ झुककर/कब लौटोगे? ?/लौटोगे तो—'। आज हिंदी में ऐसे कवि नहीं मिलते, जो अपनी जातीयता पर गर्व करते हों । राष्ट्रीयता पर गर्व करनेवाले भी कहाँ हैं? अब तो सारे के सारे कवि अंतर्राष्ट्रीयतावादी या मानवतावादी हैं ! लेकिन पंजाब के लोग इसका अपवाद हैं । उन्हें अपनी जातीयता पर बहुत गर्व है और अपनी मातृभूमि से बेहद प्यार । 'तेरे सदक़े' शीर्षक कविता में श्याम कश्यप में ये दोनों चीजें दिखलाई पड़ती हैं । उन्होंने इनका इतना सुंदर वर्णन किया है कि इसे पढ़कर जी लहालोट हो जाता है—

इसके सूफ़ियों,
मलंगों—
और मस्त कलंदरों के सदक़े !

सदक़े बाबा फ़रीद !

मेरे नानक,
मेरे गोविंद,
मेरे कबीर के सदक़े !!

सदक़े मेरे सतलज,
मेरे झेलम,
मेरी रावी तेरे सदक़े !...

सदक़े ! सदक़े !!

पंजाबी जाति की निम्नलिखित विशेषता से हम सभी परिचित हैं, लेकिन कवि ने उसे इस प्रकार कविता में बदला है—

हम यों ही चल देंगे कहीं भी
रिज़्क जहाँ ले जाए, जहाँ दाना-पानी ।

बाँसों के जंगल हों विंध्याचल के पार
कोयले-अबरक की खानें या तराई के मैदान
असम के बाग़ान हों या धुर दक्षिण के पठार
हमारे पैरों से फूटते हैं राजमार्ग—

खाड़ी देश के रेगिस्तान हों
या कनाडा के बर्फ़ीले विस्तार
अथवा हों जर्मनी के नगर
हम जहाँ भी रुकेंगे पल-भर—
वहीं बसा लेंगे पंजाब, वहीं धरती अपनी !
लस्सी का गिलास और साग, रोटी मक्के की !!

जैसे जातीयता राष्ट्रीयता की विरोधी नहीं है, वैसे ही राष्ट्रीयता अंतर्राष्ट्रीयता की विरोधी नहीं । फिलिस्तीन के बारे में सभी जानते हैं, लेकिन उसके दुर्भाग्य को समझते हुए भी अंधराष्ट्रवादी और अमरीकापरस्त लोग इजराइल का पक्ष लेते हैं । श्याम कश्यप के दृष्टिकोण की अंतर्राष्ट्रीयता के बारे में भी ऊपर कहा जा चुका है । 'फ़िलिस्तीन' शीर्षक उनकी कविता बेहद खूबसूरत और नजाकत से भरी कविता है, जिसकी नजाकत में भी एक चट्टानी कठोरता है । उसके कुछ अंश अवश्य ही द्रष्टव्य हैं : 'कहाँ है?/कहाँ है यह फ़िलिस्तीन??/दुनिया के किसी भी नक्शे में/कहीं नहीं है?/किसी को भी/कहीं नहीं दिखता फ़िलिस्तीन—'। इसका उत्तर कवि इन शब्दों में देता है :

फ़ातिहा में उठे हाथों
नवजात बच्ची के रुदन
प्रेमियों की किलकारी में है
मक़तल में है
मक़तब में है
है माँ की पहली लोरी में
फ़िलिस्तीन...फ़िलिस्तीन...

इसी तरह 'अफ़्रीका' शीर्षक कविता में श्याम कश्यप ने कहा है : 'अफ़्रीका, मैंने तुम्हें खोजा है—/मायकोवस्की और नेटो के काव्य में,/धधकते ज्वालामुखी के मुहाने के पास/अफ़्रीका,/मेरे बंधु, मेरे साथी/...सेंधोर के प्रसिद्ध गीत में/मैं तुम्हें नहीं पकड़ सका;/लेकिन—/मुझे ख़ुशी है कि/अंगोला, मोजांबिक, नमीबिया

में,/इथियोपिया, अल्जीरिया और/दक्षिण अफ़्रीका में—हर कहीं—/यानी कि शोषण, दमन/रंगभेद के ख़िलाफ,/तुम्हें मैंने—/मुक्ति योद्धाओं की छापामार टुकड़ियों के बीच/धड़कते हुए पाया है ।' उक्त संग्रह की अंतिम कविता 'धरती का गीत' शमशेर के जन्मदिन पर उन्हें समर्पित है । कहा जा चुका है कि श्याम कश्यप में थोड़े शब्दों का प्रयोग भले हो, लेकिन उनमें शमशेर वाले मौन का मुक्ताकाश नहीं है । इस कविता के आरंभ में ही वे शमशेर की शैली में, लेकिन अपनी सरलता के साथ कहते हैं—

आ
गले
लग जा
ओ धरती...

मुझे
भींच लो
कसकर
ओ
प्रपात

मुझे मार डालो—

मैं
तुम पर
मर मिटा हूँ
ओ
नज़्ज़ारो !

महादेवीजी का शब्द लेकर कहें, तो श्याम कश्यप का झुकाव 'पार्थिवता' की ओर है । यह आकस्मिक नहीं है कि 'पृथिवी मेरी बाँहों में' शीर्षक कविता के अंत में उन्होंने कहा है : 'मेरा प्यार है पृथिवी/मेरी बाँहों के घेरे में/अनंत जीवन की—/अजस्रा दिपदिपाती अजर-अमर लौ !' लेकिन कोरी पार्थिवता से कविता नहीं बन सकती, जैसे बिना आकाश के धरती पर मनुष्य जीवित नहीं रह सकता । तात्पर्य यह कि पार्थिवता के साथ अपार्थिवता भी दरकार है । लेकिन श्याम कश्यप के मन में कहीं से अपार्थिवता के लिए कोई आकर्षण नहीं है ।

पूछा जा सकता है कि फिर उनकी कविता कैसे अच्छी बन जाती है? इसका उत्तर यह है कि उनके पास जो कल्पनाशीलता है, वह एक अपार्थिव वस्तु ही है । वह अपार्थिवता उनकी कविता में समाई हुई है । यह पार्थिवता के प्रति गहरा लगाव ही है कि उन्होंने 'लहू में फँसे शब्द' नामक अपने दूसरे संग्रह में प्रकृति का विस्तार से और बहुत सुंदर वर्णन किया है । यह प्रकृति सामान्य भी है, लेकिन ज्यादातर स्थान-विशेष से संबंधित है । आजकल लेखकों की रुचि विदेश-यात्रा में बहुत ज्यादा है । जिस नए लेखक को देखिए, वह दुनिया के दूसरे देशों की ओर लपकता है, जबकि उसने अपने ही देश को, जिसे उपमहाद्वीप कहा जाता है, पूरा नहीं देखा । डा. रामविलास शर्मा को जब सोवियत लैंड नेहरू अवार्ड से सम्मानित किया गया, तो उन्हें पंद्रह दिनों तक सोवियत संघ की यात्रा करने का अवसर भी दिया गया । लेकिन उस अवसर को उन्होंने अस्वीकार कर दिया । मैंने उनसे पूछा कि आप सोवियत लैंड क्यों नहीं गए? इसका उत्तर उन्होंने यह कहकर दिया कि पंद्रह दिनों में मैं उस देश को क्या देखता? अपना देश ही बहुत बड़ा है, उसी को देखना चाहिए । श्याम कश्यप जैसे उन्हीं के रास्ते पर चले हैं और पूरे भारत का भ्रमण किया है । इस क्रम में उन्होंने हर स्थान की प्रकृति का अपनी कविताओं में चित्रण किया है । कभी-कभी उनमें वहाँ का जन-जीवन भी आ गया है ।

पहले हम उनके सामान्य प्रकृति-चित्रण को देखें । हेमंत का सूर्योदय—

हवन कुंड से फूटता है
उमग कर फूल आग का
लपकती रक्ताभ-स्वर्णिम
खिली पंखुड़ियों के साथ ।

ज्योति-स्फुलिंगों-से
झरते हैं पराग-कण

गुनगुनी चिनगारियों को लोक कर
हम अपने ठिठुरते हाथ सेंकते हैं !

बारिश की बदली—

पानी के बोझ से झुक आई थी
सलेटी साँवली सलोनी

उम्मीद-वर बदली—
अलस सुस्ता रही थी थकी-सी
बरसने से पेश्तर
हरी-हरी पहाड़ियों के काँधों से टिकी ।

ओट में छिपे अस्ताचलगामी सूर्य की
रक्तावरण स्वर्ण-रश्मियाँ
फूट पड़ी थीं बाहर—
इंद्रधनुष के चटकीले रंग बनकर ।

चाँदनी रात पर लिखी गई एक बेहद खूबसूरत कविता, जिसे नीचे पूरा दिया जा रहा है—

सेमल के तकिए पर
सिर रखते ही
बादलों को नींद आ गई

आँख मिचमिचाने लगे
शरारत से तारे—

चाँद सीटी बजाने लगा
फूलों वाली नीली रज़ाई से
मुँह बाहर सरका कर—

अपने सारे पत्ते गिरा
पेड़ अलफ़ नंगे हो गए
बारिश के बाद—
शर्म धोकर हददर्ज़ा बेशरम

मुँह चुराकर भाग गई
शरम से पानी-पानी हुई रुपहली रात ।

इसमें सबसे लाजवाब चौथा बंद है, जिसमें पेड़ बेशर्मी से निर्वसन हो जाते हैं । यह वस्तुत: पेड़ों की बेशर्मी नहीं, बल्कि चाँद का कमाल है, जिसने उन पत्रहीन पेड़ों पर अपनी पारदर्शी चाँदनी डालकर उन्हें झलका दिया है । उन्हें ही तो नंगा देखकर शर्म के मारे रुपहली रात भी भाग जाती है । अब आप निराला की ये

पंक्तियाँ याद करें : 'कैसी सुहाई जुन्हाई,/निशा में दिवा फिर आई' और श्याम कश्यप को भी इस बेजोड़ चित्रण के लिए दाद दें । उन्होंने शिशिर ऋतु में सुबह का भी वर्णन किया है :

ठिठुरती हवा के झोंकों के साथ
झर पड़ती हैं पेड़ों से—
पत्तियों में दुबक कर सोई
मोतियों की बेशुमार लड़ियाँ ।

मुरझाया हुआ-सा सूरज भी
रात के उनींदे—
किसी शराबी की तरह
ख़ुमारी में धीरे-धीरे सिर उठाता है ।

सतरंगे इन्द्रधनुष उड़ाते हैं
फिर दूब के हरियल मैदान
लश्कारे मारते—

इन कविताओं के अलावा इस संग्रह में अन्य जो प्रकृतिपरक कविताएँ हैं, वे प्राय: सब की सब स्थानगत प्रकृति का चित्रण करती हैं । चूँकि दृश्य उदात्त है, इसलिए भाषा भी स्वयं उदात्त हो गई है । मेरे जानते आज के किसी अन्य कवि ने अपनी कविता में इस हद तक उदात्त भाषा का प्रयोग नहीं किया, क्योंकि उनका कहना है कि आज के यथार्थ का चित्रण साधारण भाषा में ही हो सकता है, उदात्त भाषा में नहीं । यहाँ वर्ण्य विषय प्रकृति है, इसलिए उसका चित्रण साधारण भाषा में उसकी भव्यता को उपस्थित नहीं कर सकता था । यही श्याम कश्यप की विशिष्टता है । जुहू-तट पर सूर्यास्त का यह दृश्य देखिए :

आक्षितिज अदृश्य
तनी रस्सी पर
संतुलन साधते-साधते
एकाएक गिर पड़ता है रश्मि-रथी
सूर्यनाथ—

फिर यह अमरकंटक—

गर्विता पच्छिमाभिमुखा
नई नवारि नर्मदा से
रूठ कर बेवज़ह
चला गया पूरब
सरसराता सोनभद्र

पृथिवी की नाभि है
अमरकंटक—
हृदय में जिसके
गड़ा है शूल-सा
शिव के त्रिशूल-सा
आज भी यही कंटक

सतत प्रवाहित—
आँसुओं की दो धार बीच ।

आगे एक ऐसी कविता के अंश दिए जा रहे हैं, जिनमें बर्फीले शिखरों और समुद्र दोनों का वर्णन है । यह वर्णन जादुई दृश्यों से युक्त है, जो कवि की कल्पना-शक्ति की ही क्रीड़ा है । लेकिन उसका अन्य पक्ष यह है कि उससे आनंद प्रदान करनेवाले चमत्कारी सौंदर्य की सृष्टि होती है । पहले बर्फीले शिखरों का वर्णन—

गाल फुलाए बादल
तभी मेरे कमरे में घुस आए
खिलखिल खिलखिलाकर—
गेंद में बदल गए फिर फ़ौरन !

मैंने छरहरी छड़ी-सी
लंबी लड़की से कहा—
लो, खेलो-खेलो—
रौशन मैदान में बास्केट बॉल खेलो !
लंबी लड़की
छलाँग लगाकर
बादलों के झुंड में गुम हो गई ।...

फिर समुद्र का—

चटक चाँदनी रात में
समुद्र मेरे बिस्तर में
घुस आया—
घुटनों-घुटनों फेन उड़ाते ।

सिमटकर फिर सिंधु सब
पानी भरा टब बन गया
सातों महासागरों का कल नील-जल ।

होमवर्क से ऊबे
चिलबिल्ले लड़के से मैंने कहा—
लो, बनाओ-बनाओ—
पन्ने फाड़-फाड़कर गणित के नाव बनाओ !

शरारती लड़का जींस पहनकर
नाव में बैठ परदेश चला गया
सातों के सातों सागरों और सातों महाद्वीपों के पार...

विंध्याटवी-वनों में—

प्रज्वलित सिंदूरी
लपटों की तरह
तने खड़े थे—
पत्रहीन पेड़ टेसू के

विंध्याटवी-वनों में
सिर पर अंगार के—
छतनार मंडप सजाए !

हम रीवाँ से शहडोल
जाते हुए खुली जीप में
इन वनों से गुज़रते—
जैसे खेलते हैं जी-भर कर फाग ।

तिस्ता नदी :

कितनी शरारती है यह तिस्ता नदी भी
कभी दाएँ कभी बाएँ बल खाती
पतली-सी पहाड़ी धारा लगता है
साथ नहीं छोड़ेगी धुर दिल्ली तक हमारा !

बढ़ती जाती है पल-पल वेगवती
देवदारुओं की फ़ौजी कतारों के बीच
गहरे दर्रों और इस्पाती पुलों के नीचे से
कूदती-फाँदती झाँक-झाँक नाचती कभी ।

मैदानों की गंध सूँघती नाक बढ़ा
तिस्ता का पाट चौड़ा होता जाता है
पहाड़ों के तिलिस्मी पर्दों के पीछे—
किसी बेवफ़ा की तरह ग़ायब होने से पहले !

केरल की प्रकृति :

हरा रंग हरा है
गहरा हरा चमकीला
वनस्पतियों से घिरे हुए
केरल में—

नीला नील सागर
ख़ंजर-सा चट्टानों में
कटी-फटी तटरेखा से
भीतर तक धँसा हुआ ।

कोडईकनाल :

शाम होते ही
कोडईकनाल की
हरियाली-लदी पहाड़ियाँ
बदल गईं गुपचुप—
नीलगिरि की नील-नाभित नीलिमा में ।

प्रकृति के इस मनोरम
पट–परिवर्तन के साथ ही
घिरते अँधियारे में
घाटियों के छितर गए
दूर–दूर तक जगमग–जगमग तारागण !

बस्तियों के बीच से गुज़रती
नीचे मदुरै की लंबी सड़क बन गई
धरती पर उतरी घाटी में आकाश–गंगा !

कोलवन के तट पर :

फुँफकारते हुए बैल की तरह
दौड़ता चढ़ा आ रहा था समुद्र
अपनी पूँछ उठाए–
चारों पैरों से धरती की छाती को खूँदता

मुग़ल बाग़ान :

चश्मे–शाही का बर्फ़ीला पानी है
या आबे–हयात–

इसे पीते–पीते भी
हैरानी कि छुटी नहीं शराब
जहाँगीर की–
नूरजहाँ की पाज़ेब
बह गई होगी–
यहीं कहीं यहीं कहीं
चश्मे की रफ़्तार की उँगली पकड़ !

और सिंधु नदी–

पहाड़ों से कूदती
कभी चट्टानें फाँदती
गहरी घाटियों में बहती रही
सँकरे पाटवाली क्षिप्र प्रवेशी सिंधु

हज़ारों साल से हमारी
प्राचीण सभ्यताओं के उत्कर्ष
कभी प्राय: पतन भी–
इन सब की सिंधु साक्षी प्रत्यक्ष !

सिंधु को देखते ही
रोमांचित हो–
थरथरा उठा मेरा मन

बस रुकते ही आह्लादित
दौड़ पड़ा मैं बाँहें फैलाए
सहस्राब्दियों की बाड़ें फलाँगता
द्रुत-वेग घोड़े की तरह अयाल झटकारता ।

'नग़ीन के हाउस-बोट में' शीर्षक कविता में कवि ने पहले नग़ीन का यह मोहक वर्णन किया है : 'सामने पहाड़ों के घेरे से घिरी/चाँदी की जड़ाऊ अँगूठी में जड़े/नीले नीलम के नग़ीने-सी नग़ीन/डल से गलबहियाँ डाले सगी उसकी छोटी बहन' । इस वर्णन के बाद कवि ने वहाँ के जन-समूह का भी वर्णन किया है–

सौंदर्य-चित्रित इसके रंगीन झिलमिल
सुनहरे पर्दों के पीछे छिपी है ग़रीबी
तक़लीफ़ें बेशुमार और दर्द बेपनाह–
रोज़मर्रा की कड़ी ज़िंदगी के कठिन !...

साम्राजी साज़िशों की डोर से बँधा
पड़ोसी सियासत का गंदा मोहरा बना
कितना बदल चुका है कश्मीर मेरा–
ख़ून के आँसुओं में डूबा हर जन-मन !

इसी तरह 'कश्मीर के सात रंग' शीर्षक कविता में कवि ने पहले उसकी प्राकृतिक शोभा का वर्णन किया है, फिर उसकी राजनीतिक और सामाजिक स्थिति का । दोनों वर्णन क्रमश: नीचे दिए जा रहे हैं–

1. *मुँद जाती घाटी*
   कबूतर की आँख-सी

खिल उठती कभी धूप से
फूटकर बिखरते अनार-सी !

सब कहीं घूमे
बर्फ़ीले शिखरों को चूमे
हम सभी पर छाई रही
सातों पहर सातों दिन मस्ती बहार की !

पांपोर की
केसर-क्यारियों में
फूल अभी नहीं थे
अख़रोट और ख़ूबानियाँ
बादाम अभी कच्चे थे;

लगा कि लगेंगे दोबारा
फिर चक्कर, जन्नत-ए-कश्मीर के ।

2. *कितने दिन*
कैसे-कैसे
कितने रंग बदले
कश्मीर की सियासत के, मुल्क की तक़दीर के !

पड़ोसी की दुश्मनी और
तास्सुब और फ़िरकों की
नफ़रत की गंदगी—
फैल रही सब कहीं सब कहीं
टूटने लगे हैं भरोसे इंसानी ज़मीर के !

इससे स्पष्ट है कि कवि प्रकृति के सौंदर्य में डूबकर इतना बेसुध नहीं हो जाता कि उसे सामाजिक यथार्थ दिखलाई ही नहीं पड़ता । फिर भी यह सच है कि प्रस्तुत संग्रह की सर्वाधिक आकर्षक कविताएँ इसकी प्रकृति-कविताएँ ही हैं । तत्पश्चात् प्रेम-कविताओं की बारी आती है ।

प्रेम भी पार्थिवता के बिना संभव नहीं है । छायावादी कवियों के प्रेम को अशरीरी कहा गया है, लेकिन यह बहसतलब बात है । फ्रायड से प्रभावित आलोचकों ने, यथा डा. नगेंद्र, महादेवी के रहस्यवादी प्रेम को भी दमित वासना

की अभिव्यक्ति माना है । यह बहस का दूसरा छोर है । सच्चाई यह है कि प्रेम पार्थिव होता है, उसके बिना वह संभव नहीं है, लेकिन वह वहीं तक सीमित नहीं होता । जब शारीरिक आकर्षण अपार्थिव भावना से गहन रूप में संबद्ध हो जाता है, तब प्रेम जन्म लेता है । इसका प्रमाण संसार के अनेक कवियों ने दिया है । सूर की राधा के प्रति कृष्ण का प्रेम भी शरीर में अशरीरी और अशरीरी में शरीरी था । सूफी कवि अपनी कविताओं में इसका बहुत अच्छा उदाहरण उपस्थित करते हैं । वे मीर हों, या गालिब, ये सभी सूफी प्रेम के गायक थे । बहरहाल श्याम कश्यप ने 'लहू में फँसे शब्द' में अनेक सुंदर प्रेम-कविताएँ लिखी हैं । उसका एक नमूना देखिए, जिसमें प्रेम किशोरावस्था की स्मृति से जुड़ा हुआ है–

रात मैं चुपचाप
उसके सपनों में
चला गया था–
किसी को भी कुछ कहे बग़ैर ।

वो मेरे सपने में
झूला झूल रही थी
अंबियों की महक से घिरी
चोरी-छुपे चोरी-छुपे
कच्चे अमरूद चबाती ।

आगे की दो कविताओं में कवि का प्रेम युवावस्था का प्रेम है । उसने दोनों कविताओं में प्रेम का जो वर्णन किया है, वह प्रचुर ऐंद्रिय है । देखिए–

1. *तुम्हारे सीने के नर्म*
घोंसले से बाहर फुदक
चहकने लगे हैं नन्हें दो तीतर

2. *बिजली की तीव्र*
कौंध की तरह
बाँहों में फिसलता
सुतल तांबई जिस्म
कसी हुई
कमान की तरह

तनी प्रत्यंचा-सी थरथराती देह
छूटने-छूटने को तत्पर तीर !

इन कविताओं में जो ताजगी है, उनकी ओर इशारा करने की जरूरत नहीं है । श्याम कश्यप पढ़ाकू कवि हैं । वे संस्कृत और हिंदी की काव्य-परंपराओं से कमोबेश परिचित हैं । निम्नलिखित 'काली हिरणी' शीर्षक कविता उन्होंने कालिदास के शाकुन्तलम् के एक प्रसिद्ध श्लोक के आधार पर रची है–

मेरे दिल में
कुलाँचे भरती है
एक काली हिरनी...

अपने सुंदर
सींग की नोक से
खुजलाऊँ धीरे से
हिरनी की–
बड़ी-बड़ी आँखों की कोर

प्रकृति और प्रेम की कविताओं के साथ हमें श्याम कश्यप की एक कविता का यह अंश भी देखना चाहिए, जिसमें 'मानुष सत्य' को ही सर्वोपरि बतलाया गया है । कहते हैं–

हम ही हैं प्रकृति
और प्रकृति के फल भी
गति भी यति भी रति भी मति भी
प्रकृति की गतिशीलता और अनेकरूपता में
घुले-मिले रसवंती धारा के प्राण हैं हम ।...

हम ही हैं द्वीप हमीं नदी
सागर का सारा विस्तार हैं हम
हमीं महाद्वीपों से टूटकर बहते कगार ।

हमीं इस विराट् आकाशगंगा में
तारे, नक्षत्र और सितारे बन तैर रहे हैं !

जितना प्रेम इस कवि को अपनी मातृभूमि से है, उतना ही हिंदी से भी, जिसमें वह

कविता लिखता है । 'भाषा' शीर्षक कविता इस दृष्टि से महत्त्वपूर्ण है कि उसमें उल्लिखित प्रत्येक महान् लेखक और महान् कवि की भाषागत विशिष्टता को चिह्नित करने का प्रयास किया गया है । इसमें अपनी भाषा के प्रति कवि की उत्कट आत्मीयता को देखे बिना भाषा के प्रति कवि के लगाव को समझा नहीं जा सकता । विस्तार-भय से मैं इसके सिर्फ दो बंद उद्धृत कर रहा हूँ :

रामविलास की
सख़्त मुट्ठी में
तेग़-सी खिंची ये मेरी
ये मेरी भाषा—

जिसे एक ओर से
थामे रहे अज्ञेय
पंजाब की माटी की अपनी
सोंधी गंध लिए—
और दूसरे सिरे से फिर
मराठी की मरोड़ के साथ
मेरे मुक्तिबोध...

आगे उसने गर्व से कहा है : 'मेरे देश की गलहार/ये मेरी भाषा मातामही/सारी भाषाओं के मध्य/वैदूर्य-मणि-सी सुशोभित जड़ी !' इस संग्रह की अंतिम कविता है 'हमारा घर', जो मुझे यथार्थ से अधिक कल्पना प्रतीत होती है, लेकिन इस कल्पना के भीतर भी कवि का विश्वास छिपा हुआ है । चलते-चलते इसकी कुछ पंक्तियाँ भी देख लीजिए, जिनमें कवि अपने घर की विशेषता बतलाता है :

रातरानी की
महक से भीगी
हवा की मलमली लहरियाँ
हल्के साज़ की तरह खनक रही हैं

चटककर फूट रही हैं
चंपा-चमेली की कलियाँ
जहाँ घुल रही है—
धीमी-धीमी सर्दियों की बारिश की रागिनी !

श्याम कश्यप के दूसरे संग्रहों की कविताओं में वैसा वैविध्य नहीं है, जैसा उनके पहले संग्रह की कविताओं में है । लेकिन दूसरे संग्रह की कविताओं में, वह प्रकृति-प्रेम की हो, या मानव-प्रेम की, विस्तार अधिक है । दूसरी बात यह कि पहले संग्रह में जहाँ कम से कम शब्दों के प्रयोग की प्रवृत्ति है, वहाँ दूसरे संग्रह में कोई वैसी बात नहीं है । मुझे गिरधर राठी की एक कविता याद आ रही है, जिसमें विभिन्न प्रकार के कथनों का उल्लेख करने के बाद कवि ने कहा है : 'कहा त्रिलोचन ने—पूरा वाक्य लिखो ।' श्याम कश्यप त्रिलोचन के सान्निध्य में कुछ दिनों तक रहे हैं । संभव है, उन्होंने उनकी बात पर अमल किया हो ।

ज्ञानेंद्रपति

यह 1970 का साल था । मैं पटना विश्वविद्यालय के बी.एन. कालेज के हिंदी विभाग में अध्यापक था और ज्ञानेंद्रपति वहाँ अंग्रेजी ऑनर्स के छात्र थे । उन दिनों मैं 'सिर्फ' नामक त्रैमासिक लघुपत्रिका का संपादन करता था, जो युवालेखन के लिए प्रतिबद्ध था । एक दिन ज्ञानेंद्र स्टाफ रूम में आए और अपना परिचय देने के बाद मुझसे निवेदन किया कि वे हिंदी में कविताएँ लिखते हैं । उन्होंने अपनी यह इच्छा प्रकट की कि 'सिर्फ' में छापने की दृष्टि से मैं उनकी कविताएँ देखूँ । मैंने उनसे पूछा कि आपकी कविताएँ अभी तक कहीं छपी हैं या नहीं ? उन्होंने उत्तर दिया कि दो-तीन छोटी कविताएँ 'कादंबिनी' में छपी हैं । मैंने शाम को उन्हें रानीघाट वाले अपने पहले आवास पर बुलाया । वे ठीक समय पर आए और मुझे अपनी कुछ कविताएँ दिखलाईं । वे कविताएँ मुझे चकित कर देने के लिए काफी थीं । मुझे विश्वास हो गया कि यह कवि एक दिन हिंदी के समर्थ कवि के रूप में जरूर उभरेगा ।

अपनी योजना थोड़ी बदलकर मैंने 'सिर्फ' के अगले अंक के शुरू में ही बिना किसी टिप्पणी के उनकी चार कविताएँ छापीं । 'सिर्फ' की दो सौ प्रतियाँ संपूर्ण हिंदी क्षेत्र के लेखकों, कवियों और संपादकों में वितरित की जाती थीं । स्वभावतः ज्ञानेंद्र की कविताओं का व्यापक असर हुआ । लोग उनके नाम से परिचित ही नहीं हो गए, बल्कि उनकी कविताओं को काफी पसंद भी किया । तबसे छात्र रहते हुए भी वे मेरे साहित्यिक मित्र हो गए और 'सिर्फ' में छपनेवाली प्रत्येक कविता के संबंध में मैं उनकी राय को महत्त्व देने लगा । 1970 के दिसंबर के अंतिम सप्ताह में 'सिर्फ' की ओर से अखिल भारतीय स्तर पर युवा लेखक सम्मेलन का आयोजन किया गया, जिसके मेरे साथ वे भी एक मंत्री

थे । उस सम्मेलन में डा. नामवर सिंह से लेकर धूमिल-सहित अशोक वाजपेयी तक आए थे । राजस्थान, उत्तर प्रदेश, मध्य प्रदेश, उड़ीसा और आंध्र प्रदेश से लेकर सुदूर केरल तक के प्रतिनिधि लेखक पहुँचे थे । कुछ ऐसी प्रतिभाएँ भी थीं, जो किसी सम्मेलन में नहीं जातीं, जैसे ज्ञानरंजन । इस सम्मेलन का एक परिणाम यह हुआ कि ज्ञानेंद्र का साक्षात्कार और वार्तालाप अनेक लेखकों से हुआ । सभी उनसे बहुत प्रभावित हुए । इससे उन्हें पत्र-पत्रिकाओं में छपने में बहुत सहूलियत हुई ।

ज्ञानेंद्र की कविताओं को अशोक वाजपेयी ने इतना पसंद किया कि उनकी संभावनाएँ पहचानकर 'पहचान'-सीरीज के पहले ही अंक में उनकी काव्य-पुस्तिका 'आँख हाथ बनते हुए' (1970) छापी । फिर करीब दस वर्षों बाद उनका स्वतंत्र संग्रह आया—'शब्द लिखने के लिए ही यह काग़ज़ बना है' (1981) । आज ये दोनों संग्रह अनुपलब्ध हैं, इसलिए उस काल की कुछ अन्य कविताओं के साथ कवि ने 'भिनसार' (2006) नामक संग्रह में उन्हें एकत्र संकलित कर दिया है । ज्ञानेंद्र का एक संचयन 'कवि ने कहा' (2007) है, जिसमें कुछ असंकलित कविताएँ भी दी गई हैं । उनमें से कुछ को बाद के संग्रह में ले लिया गया है और कुछ को छोड़ दिया गया है । पहले हम इन दोनों पुस्तकों पर विचार कर लेंगे, फिर उनके सर्वोत्कृष्ट संग्रह 'गंगातट' (2006) और 'संशयात्मा' (2004) पर विचार करेंगे । 'संशयात्मा' की उत्कृष्टता का एक प्रमाण यह भी है कि कई वर्ष पूर्व साहित्य अकादेमी ने उसे पुरस्कृत कर मेरे विश्वास की पुष्टि की । सबसे अंत में हम ज्ञानेंद्र के नवीनतम कविता-संग्रह 'मनु को बनाती मनई' (2013) को देखेंगे, जो अपने ढंग का अकेला संग्रह है, यद्यपि इससे कवि की सीमाएँ भी प्रकट होने लगती हैं ।

'आँख हाथ बनते हुए' में नितांत सरल संवेदना की कविताएँ हैं, जिनमें भरपूर संभावना दिखलाई पड़ती है । उदाहरण के लिए मैं एक ही छोटी-सी कविता उद्धृत करना चाहूँगा । वह है 'रोशनी ढोता जिस्म'—

क्या है इन जुगनुओं का
रहस्य? नहीं जानता
नहीं जानना चाहता
मुझे अच्छा लगता है कि कोई जिस्म
रोशनी ढोता हो और
अँधेरे में चिनगी बना
घूमता हो ।

निस्संदेह यह कविता नितांत सरल है, लेकिन यह बात भी उतनी ही सही है कि इसमें नई भाषा, नए बिंब और नई कल्पना-शक्ति के दर्शन होते हैं । कुल मिलाकर इस कविता में एक ताजगी है । मैं ज्ञानेंद्र के शब्दों में ही कहना चाहूँगा कि कविता में कच्चापन भले हो, उसमें हरापन अवश्य होना चाहिए । यह हरापन इस संग्रह की कविताओं में अवश्य देखने में आता है । दूसरे संग्रह 'शब्द लिखने के लिए ही यह काग़ज़ बना है' से मैं एकाधिक कविताएँ उद्धृत करना चाहूँगा । एक तो 'नदी और नगर' शीर्षक कविता, जो पूरी है । वह है :

नदी के किनारे नगर बसते हैं
नगर बसने के बाद
नगर के किनारे से
नदी बहती है ।

यह ज्ञानेंद्र की वचन-वक्रता का उदाहरण है । वैसे यह ठीक भी है कि पहले नदी के किनारे नगर बसते हैं और बाद में लोग कहते हैं कि अमुक नगर के किनारे से अमुक नदी बहती है । दूसरी कविता 'चींटियाँ' एक प्रतीकात्मक कविता है, जिसका अंतिम अंश है–

आख़िर वे क्या करें
अपने ग़म में वे गलते जा रहे हैं
इन चींटियों को मारें तो वे चींटियाँ उनकी जगह ले लेती हैं
दरअसल चींटियों को मारा नहीं जा सकता
अपने भय में रोज़ वे अटारी उठाते हैं
और धरती से थोड़ा और ऊपर उठ जाते हैं
लेकिन वे जानते हैं अटारियों से झाँककर देखते और सिहरते हैं
कि काली कुरूप
चींटियाँ उनके महलों की नींव खोदती जा रही हैं लगातार लगातार ।

ज्ञानेंद्र की भाषा मूलत: बिंबात्मक है, लेकिन उनकी शैली अपवादस्वरूप ही कभी प्रतीकात्मक हुई है । 'भिनसार' में जो अन्य कविताएँ हैं, उनमें से मैं चार कविताओं की चर्चा करूँगा । शुरू से ही यह स्पष्ट होने लगता है कि उनकी कविता का नायक साधारण जन है । 'एक मामूली आदमी का वक्तव्य' शीर्षक कविता का स्तर काफी ऊँचा है, जो कवि की वचन-वक्रता की विलक्षण मिसाल पेश करता है । इस कविता का आरंभिक अंश देखिए–

मैं यह बात बिना किसी हुज्जत के मान लूँगा
कि मेरी पसलियों के दर्द का
आज़ादी से कोई संबंध नहीं है
हाँ, मैं ठीक कहता हूँ
आप एक बार कहें और मैं मान लूँगा
कि आपकी तोंद का भी
आज़ादी से कोई संबंध नहीं है

इस उक्ति में कैसा धारदार यथार्थ है, यह पाठक अनुभव करेंगे । यथार्थ को धार प्रदान करनेवाली चीज ही उसे कविता बना देती है । यहाँ वह चीज वचन-वक्रता ही है, कुछ और नहीं । एक आचार्य ने जब कहा था कि वक्रोक्ति ही काव्य की आत्मा है, तो वे सच्चाई से बहुत दूर नहीं थे । अन्य कविताओं में 'अ-सुर' और 'उपसंहार' इन दोनों कविताओं में कवि ने क्रमशः कहा है :

1. *हम भौंचक हैं*
हमारे उत्तेजित खुरों की उड़ाई गर्द ने
तुम्हें ढँक लिया है
और तुम उस मटियाले समुद्र में
बिलाते जा रहे हो
आः तुमने क्यों नहीं किया हमें आगाह बिठाए पहरे
हमारे न चाहते भी किन्हीं चोर दरवाज़ों से
वे निर्वासित उद्धत असुर
हमारे भीतर घुस आए हैं ।

2. *तुम जान गए हो*
कि केंद्र कहीं कुछ नहीं होता
परिधि ही अकेला सच होती है
और लीलती लहरों के अंदर
एक ख़ास दिशा में धँसते हुए
तुम महसूस कर रहे हो चुपचाप एक दूसरा सच
कि अँधेरे समंदर के भीतर
दहकता बड़वानल होता है
अप्रकट और अकूत ।

इन कविताओं के बारे में कहा जाएगा कि इनमें जो कुछ भी कहा गया है, वह यथार्थ न होकर कवि की सदिच्छा-मात्र है । ई. चेलिशेव ने पंतजी पर लिखी गई अपनी पुस्तक में उनके सदिच्छापूर्ण परवर्ती काव्य का सकारात्मक पक्ष यह बतलाया है कि मानव-भविष्य में आस्था को चरितार्थ होते देखना यूरोपीय आधुनिकता-बोध से बेहतर है । मैं ज्ञानेंद्र की सदिच्छापूर्ण कविताओं के बारे में दूसरी बात कहना चाहूँगा । वह यह कि सदिच्छा अपने वर्तमान परिवेश से असहमति ही नहीं, विद्रोह तक को प्रकट करती है । यहाँ मैं एक और कविता की चर्चा करना चाहूँगा, जो है 'क्रोध से परे' । साठोत्तरी दशक में आक्रोश से भरी ढेरों कविताएँ लिखी गईं । उक्त कविता में ज्ञानेंद्र आक्रोश को हास्यास्पद रूप में प्रस्तुत करते हैं । उनका कहना है कि निरा आक्रोश नेतृ-वर्ग के लिए हास्य की वस्तु होता है और वह उसका भरपूर मजा लेता है । इसकी गवाही निम्नलिखित पंक्तियाँ देती हैं—

अगियाबैताल हमारे अगुआ लाल-भभूके
ज़माने-भर में क्रोधी प्रसिद्ध हो गए
विदेशी राजनयिकों और सम्मानित अतिथियों से
मिलाने को उन्हें बुलाया जाता : ये हैं
हमारे क्रोधी   कभी इनका क्रोध तो देखिए
लीजिए साहब   एक बार इन्हें भी दिखा दीजिए
और हमारे अगुवा मुस्कुराते   आभार में झुकते
और मुँह से आग निकालना शुरू कर देते अपने
अंगों को मड़ोरते
क्रोध की पराकाष्ठा पर पहुँचकर सधा हुआ तांडव करते
(अतिथियों अधिकारियों को उनकी धाराप्रवाह गालियाँ
समधिन की गालियों से भी अधिक उत्कट और प्यारी लगतीं)

अंत में मैं अन्य कविताओं में से 'प्रत्यभिज्ञा' शीर्षक एक ऐसी कविता उद्धृत करना चाहता हूँ, जो पाठकों का मन मोह लेगी । वह उन्हें अपने बचपन में तो ले ही जाएगी, उनके सामने प्रकृति को साकार खड़ा कर देगी । कोयल को विषय बनाकर अनेक कविताएँ हिंदी और दूसरी भाषाओं में लिखी गई हैं, लेकिन इस कविता की बात ही कुछ और है । यह सौ प्रकृति-कविताओं पर भारी पड़ने-वाली कविता है । यह बात मैं इसलिए कह रहा हूँ कि ज्ञानेंद्र ने शुद्ध प्रकृति की कविताएँ बहुत कम लिखी हैं । अब इस कविता को हृदयंगम कीजिए—

कोई बड़े कोमल स्वर में पूछता है मुझसे :
कहो, ठीक हो?
कौन? मैं चौक जाता हूँ
ऐनक उतार पोंछता हूँ गर्द और देखता हूँ ध्यान से,
अरे,
इसने अब तक रखा मुझे याद? यह तो
बहुत पहले गुज़रे एक बियाबान की
कोयल है ।

'कवि ने कहा' नामक संचयन में जो असंकलित कविताएँ हैं, उनमें से मैं एक ही कविता 'क्यों न' का पूर्वांश नीचे दे रहा हूँ, जिसमें कवि का कविता-संबंधी आदर्श प्रकट हुआ है—

क्यों न कुछ निराला लिखें
इक नई देवमाला लिखें
अँधेरे का राज चौतरफ़
एक तीली उजाला लिखें
सच का मुँह चूमकर
झूठ का मुँह काला लिखें
कला भूल, कविता कराला लिखें

स्पष्टतः इसकी भाषा और शैली मस्ती से भरी हुई है । इसमें कवि ने अपना जो आदर्श बतलाया है, उसकी कसौटी पर यदि हम उसे परखें, तो हमें निराश नहीं होना पड़ेगा । वस्तुतः वहीं से इन पंक्तियों में बल आया है, वर्ना ये वाचालता का एक उदाहरण बनकर रह जातीं ।

'गंगातट' ज्ञानेंद्र का तीसरा और महत्त्वपूर्ण संग्रह है । इसमें बनारस की आत्मा या संस्कृति या चरित्र उस रूप में नहीं आया, जिस रूप में केदारनाथ सिंह की प्रसिद्ध कविता 'बनारस' में आया है । लेकिन इस संग्रह में ज्ञानेंद्र का उद्देश्य बनारस के चरित्र को उद्‌घाटित करना नहीं रहा । वस्तुतः उन्होंने बनारस में रहते हुए उसे जिस रूप में देखा है, उसे शब्दबद्ध किया है । इस देखने का महत्त्व बनारस की विशिष्टता को उद्‌घाटित करने से बढ़कर उसके माध्यम से अपने समय और परिवेश की सच्चाइयों को उद्‌घाटित करने में है । आगे बढ़कर कहें, तो 'गंगातट' की कविताएँ हमें बनारस ही नहीं घुमाती हैं, अपने दर्पण में आज की

पूरी दुनिया की झलक दिखलाती हैं । उदाहरण के लिए कुछ दृश्य देखे जा सकते हैं । सर्वप्रथम बनारस में गंगास्नान के लिए आई हुई एक बूढ़ी औरत : 'तुम क्या जानो/अपने को प्राणों तक प्रक्षालित कर रही है, पवित्र कर रही है/महाप्रस्थान-प्रस्तुत, डगमग पाँवोंवाली वह बूढ़ी मैया/तुम क्या जानो, क्योंकि तुम्हारे लिए नहीं बची है कोई पवित्र नदी/तुम्हारी सारी नदियाँ अपवित्र हो गई हैं– विषाक्त' । तत्पश्चात् गंगापार का यह दृश्य : 'गंगापार, पेड़ों के पीठ-पीछे धुआँ उगलती वह चिमनी/साम्राज्ञी पूँजीवाद के दैत्य-मुँह में दबा हुआ चुरुट है/अप-टू-डेट, जो उतरा है, बदले भेष, माया-वस्त्र पहने/इंदिरा गाँधी अंतर्राष्ट्रीय हवाई अड्डे पर बिछी लाल कालीन पर ठाठ/से चलता' । पुनः बनारस का वेश्याओं का प्रसिद्ध मुहल्ला दालमंडी : 'बनारस में एक दालमंडी थी/जहाँ दाल सबकी गलती थी/रँगी हुई एँड़ियोंवाली/दली गयी दालमंडी समय की एँड़ियोंतले/चाहे मंडी अभी बची हो और थोड़ी-बहुत दाल भी' । इसी के साथ मणिकर्णिका घाट : 'जहाँ चिता अबुझ जलती थी/अब भी है अक्षययौवना बल्कि अब तो/चिताओं की लपलपाती जिह्वावों से मुँह कभी-कभी इस/तरह भर जाता है/कि साँस लेना दूभर मणिकर्णिका का/बस गिद्धरंगी लकड़ियों के ढेर तुलते और ढुलते रहते हैं सहर्ष' । और तो और, ज्ञानेंद्र बनारस के साँढ़ों को भी नहीं भूले हैं । यह अंश थोड़ा बड़ा है, इसलिए अलग से उद्धरणीय है :

महाकाय वृषभों के बिलाने के बाद
नटगिट्टे साँढ़ों की ही बारी होगी
नगर में
बची-खुची अधेड़ गाएँ
शिवालों में घुसकर
दरकी हुई देह और अनंत यौवनवाली
भग्नविषाण नंदी प्रतिमाओं को
सूनी दोपहरियों में चूमेंगी-चाटेंगी
बोझिल वीर्यकोश और ककुद पर लिपटी हुई रुद्राक्ष-माला वाली
नंदी प्रतिमाएँ !
टूट गया होगा समय-प्रहार से कि उपेक्षा भरे व्यवहार से
उनका एक अद्भुत सुघड़ सींग
कि मानो दूज के चाँद की एक नोक टूटी हो
फिर भी वहाँ...वहीं

होगी कांति और शांति उनके लिए
अशांत अँधेरे समय में

अब आप बनारस के एक लालाटिक स्वामी को देखें : 'रुचिर अल्पना-रंजित उसका ललाट/सुबह-सुबह स्नानालय से निकल, दर्पण में देर तक नहानेवाला/एक अधेड़ ललाट जिसकी सलवटें रंगीन रेखाओं से ढँकी हुई/एक अभिनव भाल-लेख मानवी/काल-लेख को छुपा लेनेवाला'। बनारस में कंपनीबाग भी है। उसके वर्णन के प्रसंग में एक प्रसिद्ध साहित्यिक संस्था का यह विवरण : 'नगर-मध्य का म्युनिसिपल पार्क—कंपनीबाग/मैदागिन में, उस नागरी प्रचारिणी सभा का पड़ोसी/जिसके भव्य भवन में/नागरी के शव पर/साधक भूषा में/पालथी मार बैठा नटनागर एक/हिंदी ! हा ! हिंदी ! करता/दोमुँहा छलिया/जिसकी परिभाषा में जिगरी दोस्त वह जो दोस्त का जिगर खाए/और बाल वह जो कपाल पर नहीं, किसी ऊँची नाक का बाल हो अधोमुखी'। पोखरा पिशाचमोचन के बारें में ज्ञानेंद्र ने कहा है : 'वे विकास-प्राधिकरण के बनवाए एल.आई.जी. फ्लैट हैं/और यह जो एक सौध का/उल्टा प्रतिबिंब है/'गंगा पैलेस' है/नगर का नवजात सिनेमाघर/गंगा पैलेस—एक अजीब खिचड़ी-सा नाम/उस बनारस में जहाँ/सिनेमाहाउस खुद को चित्र-मंदिर कहते रहे हैं/समय के फेर का एक भाषिक प्रतिबिंब/पुराणाधुनिक/जो कि बनारस हो रहा है इन दिनों/या प्रायः पूरा भारत ही'। अंत में लल्लापुरा में स्थित दालमंडी की एक तवायफ की उसके प्रेमी द्वारा बनवाई गई एक क़ब्र का वर्णन, जिसके बारे में कवि कहता है :

ताजमहल भी तुम्हारे तलवों को उतनी ठंडक नहीं दे सकता
जितनी तुम्हें वहाँ मिल सकती है, लल्लापुरा में
यदि तुम उसके सामने सिर उठाए नहीं, सिर झुकाए खड़े होओ
भले ही तब बंकिम खंभोंवाला वह मज़ार
पूनों की चाँदनी में नहीं
सड़क-पार सामने की एक नन्हीं दुकान के कठखोखे
में जलनेवाले
बल्ब की रोशनी में डूबा हो

जाहिर है कि 'गंगातट' के कवि का ध्यान बनारस के दृश्यांकन पर उतना नहीं, जितना उसके भीतर से वर्तमान भारत या विश्व को देखने पर है, यद्यपि उसे साथ लिए हुए, उसके माध्यम से ही, उससे स्वतंत्र होकर नहीं।

ज्ञातव्य है कि इस संग्रह में कुछ कविताएँ ऐसी भी हैं, जिनका बनारस से संबंध नहीं, लेकिन उनका स्थानगत नहीं, तो कालगत संबंध फिर भी बनारस से बनता है । वर्तमान भारत या विश्व की समस्याएँ अनेक हैं—मानव-मूल्यों पर संकट और पर्यावरण-विनाश से लेकर पूँजीवादी-साम्राज्यवादी बाजार-संस्कृति के मायिक विस्तार तक । ज्ञानेंद्र ने बनारस पर लिखते हुए उन समस्याओं की भयावहता से हमें परिचित कराया है । कभी-कभी उन्होंने यह काम छोटे-छोटे प्रसंगों, घटनाओं और वस्तुओं के चित्रण के माध्यम से किया है, जैसे रक्त-परीक्षण के लिए एक बूँद रक्त ही काफी होता है । लक्ष्य करने योग्य बात यह भी है कि बाजार-संस्कृति के इस युग में लूट-खसोट, पांखड और धर्म का रूप भी बदलता जा रहा है । अपने परिवेश के प्रति अतिशय संवेदनशील होने के कारण ज्ञानेंद्र गहरी चिंता से तमाम चीजों को देखते हैं और एक जन-कवि की बेचैनी से उन्हें अपनी कविता का विषय बनाते हैं । हिंदी में कोई कविता-संग्रह ऐसा नहीं, जिसका विषय एक शहर हो और जिसमें उसके माध्यम से एक ऐसा प्रभाव उत्पन्न किया गया हो, जो स्फुट कविताओं का नहीं, आख्यान-काव्य का प्रभाव हो । उचित ही ज्ञानेंद्र ने 'जनसत्ता' में प्रकाशित अपने एक साक्षात्कार में 'गंगातट' को एक 'मुक्तधी उपन्यास' के रूप में पढ़ने की सिफारिश की है ।

'गंगातट' की भाषा में तत्समता और तद्‌भवता तो है ही, इन दोनों का मेल भी दिखलाई पड़ता है । अभी मेरे सामने उसका जो पृष्ठ खुल गया है, उस पर 'वायूर्मि-चिह्न' शीर्षक यह कविता अंकित है :

वायूर्मि-चिह्न
तट-रेत के दूर पसार में
तट के निकट गीली रेत पर
जल-पक्षियों के पद-चिह्न तर-ऊपर
जिनके बीच से निकलकर
गई हुई वह एक एकांतकामी पक्षी की
पद-पाँत है
शलाका से आँजी गई चार शिराएँ पंजों की
जिनकी आकृति धीरे-धीरे
रेखावकाश में रज अभ्रक स्फटिक कण भर अपनी
तूलिका से
मिटाती रहेगी हवा

जब वह उन्नतशीश चट्टानों को धरातल के निकट
अपनी बालुका-छेनी और हाथ के अदृश्य हथौड़े से
तराश रही होगी
मनचाही आकृतियों में
अनवरत

पाठकों का ध्यान इस कविता के 'वायूर्मि-चिह्न', 'एकांतकामी', 'रेखावकाश', 'रज अभ्रक स्फटिक कण' और 'उन्नतशीश'-जैसे शब्दों की तरफ तो जाएगा ही, 'पसार' और 'तर-ऊपर'-जैसे शब्दों की तरफ भी जाएगा । इन दोनों प्रकार के अर्थात् तत्सम और तद्भव शब्दों का मेल 'पद-पाँत' और 'बालुका-छेनी'-जैसे शब्दों में हुआ है । स्पष्टतः इन शब्दों से निर्मित भाषा समकालीन कविता की भाषा से बिलकुल भिन्न है । हमें यह बात हैरत में डालती है कि ज्ञानेंद्र के इस पूरे संग्रह में समकालीन कविता की भाषा का मुहावरा बिलकुल नहीं मिलता है, जबकि वह प्रायः उन कवियों में भी मिल जाता है, जो लोक की भूमि पर कविता लिखते हैं । इसके अलावा 'गंगातट' की कविताओं की भाषा में उलझाव, वाक्य-विन्यासगत शिथिलता और अपने ढंग से शब्द-क्रीड़ा की प्रवृत्ति भी है, लेकिन सवाल है कि उसमें सर्जनात्मकता है या नहीं, जो कि काव्य-भाषा की कसौटी है? मैं इस नतीजे पर पहुँचा हूँ कि वह सर्जनात्मकता से लबरेज भाषा है, जिसका स्वाद विलक्षण है । उसमें प्रयुक्त होकर शब्द, वे तत्सम, देशज, विदेशज या किसी मेल से ही बने हुए क्यों न हों, खनक उठते हैं । शब्द-प्रयोग को लेकर ज्ञानेंद्र में जो एक फक्कड़पन है, वे व्याकरण, तुकबंदी के आरोप, अतिशय क्षेत्रीयता आदि में से किसी की जो परवाह नहीं करते, वह बहुत आकर्षित करता है । 'सह्य' के साथ वे 'रह्य' शब्द बना सकते हैं और 'हलका'-जैसे हलके शब्द के लिए 'हल्लुक' का प्रयोग कर सकते हैं । उनकी तुकबंदी तो जितनी मोहक है, उतनी ही सार्थक भी । कुछ आप देखें : 'जटाजीवी-मायाजीवी', 'जांगलिक-मांगलिक', 'निरल्ले-हल्ले', 'सांगीतिक-सांघातिक', 'भुजबल-पददल', 'वंध्याकरण-अंधाकरण', 'गहमागहमी-सहमासहमी', 'झूठखोर-जूठखोर', 'हड़ियल-कड़ियल', 'मिट्टी-गिट्टी', 'निराहार-निराधार', 'खग-रोर-जग-शोर', 'चुस्कियों-मुस्कियों', 'पिंजर-पंजर', 'सुरभिसंधि-दुरभिसंधि', 'कोलाहल-हलाहल', 'आयताकार-नितंबाधार' आदि । जहाँ इन शब्दों का प्रयोग हुआ है, वहाँ पर स्पष्ट हुए बिना नहीं रहता कि यह निराला-जैसे छायावादी कवि की अनुप्रास-योजना से बिलकुल भिन्न किस्म की एक कला है, जिसका प्रयोग कवि

ने अपनी भाषा को, उसी के शब्द लेकर कहें, तो सांगीतिक बनाने के लिए नहीं, बल्कि सांघातिक बनाने के लिए किया है ।

ज्ञानेंद्र पर एक आरोप है कि उनकी कविताओं में 'नैरेशन' है । हाँ, इसी के द्वारा वे चित्र खड़ा करते हैं और अपनी बात कहते हैं । 'गंगातट' में अनेक अपेक्षाकृत लंबी कविताएँ हैं, जो आख्यानपरक हैं । आख्यान गद्य में भी होता है और कविता में भी । आख्यान को कविता बनानेवाली चीज उसमें पैदा किया गया तनाव है, जो सुगढ़ भाषा में हमें विष्णु खरे की कविताओं से मिलता है । ज्ञानेंद्र के पास भले सुगढ़ नहीं, पर एक सशक्त भाषा है । हमारा ध्यान उसकी शक्ति पर जाना चाहिए, न कि इस पर कि वह समकालीन काव्य-भाषा से कटी हुई है । उसकी शक्ति के तीन प्रमाण मैं नीचे दे रहा हूँ । बहुमंजिले पाँचसितारा होटल के बारे में कवि कहता है :

जन-शत्रु, जीवन-शत्रु
दुर्दम दुष्ट
चंद चतुर जनों की भोगाकांक्षा सर्वशोषक आत्मपोषक
पाँव फैलाकर बैठी हुई सागरतट नदीतट—
सड़कतट भी
धरती के रस-कुंड में
रुपयों की रुपहली स्ट्रा लगा
चुस्कियाँ लेती हुई सुस्वादु

इसी तरह आकाश के एक तारे के बारे में :

बहरहाल, वह तुम्हारा तारा है
जिसे उन्होंने छोड़ दिया है तुम्हारे लिए
वे—जिन्होंने तुम्हारे लिए जगमगाता बाजार सजा रखा है
मायावी बाजार, जिसमें
नए जूते की नोक पर जो एक तारा दिपता है
वह ध्रुवतारे से बड़ा है और ज्यादा चमकीला

अंत में गंगापार की चिमनी का एक और चित्र :

पेड़ों के बीच अदीख
खड़ी, उर का आक्रोश उलीचती वह करियाई चिमनी

हवा के हवाले करती अपना जहरीला धुआँ कि आत्मसुखी
चौमुखी विनाश-कामना
हवा के रह-रह बदलते रुख की खींची धूमरेखाएँ
दिशा-दिशा में उधियाते कर्कश झोंटों-सी दिखती हैं
उस चिमनी के साथ
प्रलंब खड़ी भी जो झूमती-नाचती है
पूँजी का डायन-नाच, उर में स्वार्थ आँखों में द्वेष भरे
अधरात नहीं, दिन-दहाड़े

इस भाषा में अटकाव है, जिससे उसे थोड़ा रुक-रुककर पढ़ना पड़ता है, जैसे बहुत हद तक रघुवीर सहाय में । ये दोनों ही कवि विराम-चिह्नों की उपेक्षा करके पाठकों की कठिनाई बढ़ाते हैं, लेकिन इस कठिनाई का भी मजा है, जो अच्छी कविता ही दे सकती है । विद्यापति ने नवोढ़ा नायिका के बारे में कहा है : 'दुख सहि-सहि सुख पाओल' । ज्ञानेंद्र की काव्य-भाषा से गुजरते हुए पाठकों को बहुत कुछ वही सुख मिलता है ।

'गंगातट' के कवि का काव्य-कौशल भी देखने लायक है । यह ठीक है कि संग्रह की सारी कविताओं में समान कोटि का कौशल नहीं दिखलाई पड़ता, लेकिन जहाँ कवि अपनी अभिव्यक्ति को कलात्मकता प्रदान करने में सफल हुआ है, वहाँ वह काबिलेतारीफ है । ऐसी कविताएँ इस संग्रह में दो दर्जन से कम नहीं हैं, जिनमें 'वायूर्मि-चिह्न' और 'चिता-संवाद'-जैसी छोटी कविताएँ हैं, तो 'अपने देवता का चुनाव' और 'हरिप्रसाद चौरसिया का बाँसुरी-वादन सुनते हुए (एक)'-जैसी किंचित् बड़ी कविताएँ भी । ज्ञानेंद्र प्राय: कविता को बहुत अच्छे ढंग से समाप्त करते हैं, कभी-कभी अपने शब्दों में जरा-सा घुमाव देते हुए, जैसे 'भुजबल ही पदबल नदी की राह में', 'हड़ियल है जिनका लालित्य/कड़ियल है जिनकी ममता', या फिर 'नगर के महाकाय पिंजर के पंजर को कँपाता/पंचम स्वर में', जिससे अभिव्यक्ति एक पूर्णता-सी पा लेती है । लेकिन ज्ञातव्य है कि जैसे प्रेमचंद की सफल-असफल सारी कहानियाँ मिलकर ही उनके कथालोक की रचना करती हैं और पाठकों पर अपना प्रभाव डालती हैं, 'गंगातट' की सारी कविताएँ मिलकर उनके बनारस से हमारा परिचय कराती हैं, जो सिर्फ बनारस तक सीमित नहीं है । एक दिलचस्प बात यह है कि निराला और मुक्तिबोध का नाम लेने और हवाला देने के बावजूद ज्ञानेंद्र की काव्य-शैली पर नागार्जुन की छाप है । यह बात उनकी रेखाचित्रात्मक कविताओं में बहुत साफ तौर पर

दिखलाई पड़ती है । वैसे काव्य-कला के क्षेत्र में भी उन्होंने नागार्जुन से बहुत कुछ सीखा है । यह चीज इस कवि को आधुनिक हिंदी कविता की परंपरा से जोड़ देती है । 'गंगातट' निस्संदेह समकालीन कविता को एक नया आयाम देता है और ज्ञानेंद्रपति के प्रति, जो पुरस्कारों और सम्मानों की दौड़ तथा साहित्य के राजनीतिक मंचों के इस्तेमाल से अलग रहकर सर्वप्रथम शब्द-साधना को समर्पित रहे हैं, मन में प्रशंसा का भाव जगाता है ।

'संशयात्मा' ज्ञानेंद्र का सर्वश्रेष्ठ संग्रह है । इसमें कवि की डेढ़ सौ कविताएँ संगृहीत हैं । दूसरे कवि जहाँ इतनी कविताओं से तीन संग्रह तैयार करते, वहाँ उन्होंने उन्हें एक ही संग्रह में डाल दिया है । तीसरे संग्रह 'गंगातट' की तरह ही इसमें भी कविताओं को फैलने के लिए बिलकुल जगह नहीं दी गई, यानी अगली कविता अनिवार्यत: नए पृष्ठ से न शुरू होकर पिछली कविता जिस पृष्ठ पर समाप्त होती है, जगह रहने पर उसी पृष्ठ से शुरू हो जाती है । इससे कुछ और हो या नहीं, दो बातों का पता अवश्य चलता है । एक तो इस बात का कि कवि के पास कविताओं की कमी नहीं है, क्योंकि उसमें पर्याप्त रचनात्मक ऊर्जा है, और दूसरी इस बात का कि उसकी कविता की दुनिया का पसार बहुत ज्यादा है । कभी-कभी कम कविताएँ भी कवि के विस्तृत भाव-लोक का ज्ञान कराने में समर्थ होती हैं, लेकिन ज्यादातर तो यही होता है कि कवि के अछोर मानस का पता उसकी कविता की बहुलता ही देती है ।

'संशयात्मा' की कविताएँ पढ़ने के बाद सबसे पहला प्रभाव मन पर यह पड़ता है कि ज्ञानेंद्र समकालीन दुनिया के कवि हैं । इस दुनिया के विस्तार के बारे में क्या कहना, एक 'भूमंडलीकरण' शब्द ही उसकी सूचना देने के लिए काफी है । ज्ञानेंद्र ने अपनी अनेकानेक कविताओं में उसके विभिन्न पहलुओं को उजागर किया है । यह बात उनके अन्य समकालीनों में भी अनुपस्थित नहीं है, लेकिन यह कहने में मुझे कोई दुविधा नहीं कि उनकी कविताएँ जिस कदर समकालीन मनुष्य के राष्ट्रीय-अंतर्राष्ट्रीय परिवेश और नियति से जुड़ी हुई हैं, उस कदर किसी अन्य प्रगतिशील या अगतिशील कवि की कविताएँ नहीं । खास बात यह कि इस जुड़ाव में जो तड़प से भरी हुई जनपक्षधरता है, वह उसकी सच्चाई का अचूक प्रमाण है । कहने की जरूरत नहीं कि समकालीन दुनिया जिन चीजों से बनी है, उनमें पूँजीवाद है, सांप्रदायिकता है, आतंकवाद है और भ्रष्टाचार है । ये सभी मिलकर लगातार उसे अमानवीय, क्रूर और हिंस्र बनाते जा रहे हैं । ज्ञानेंद्र की खूबी यह है कि उन्होंने इन तमाम चीजों को अपनी कविताओं में अवधारणात्मक रूप में न प्रस्तुत कर प्राय: चित्रात्मक रूप में प्रस्तुत किया है, जिससे वे हमारे

मानस को तीव्र आघात देकर हमें दहलाकर रख देती हैं । नमूने के लिए उनकी कुछ उक्तियों को देखना जरूरी होगा ।

'यह पृथ्वी क्या केवल तुम्हारी है' शीर्षक कविता में वे सर्वाधिक शक्तिशाली पूँजीवादी राष्ट्र के राष्ट्राध्यक्ष से कहते हैं—

तुम उसे राष्ट्र की शक्ति-साधना कहते हो
जब परमाणु बम के भूमिगत परीक्षण से फिर-फिर
थर्राते हो पृथ्वी की मिट्टी-देह
पयस्वती पृथ्वी के मर्मस्थल में
मारकर घूँसा
विश्व-मानव-समुदाय में अपनी वज्रमुट्ठी लहराते हो
नृशंस विजेता की बर्बर मुद्रा में
निरस्त्रीकरण-वार्ताओं के दौरान कैमरों के योग्य चकाचौंधी उजाले में
सभ्य-सौम्य-निष्पाप दिखते भी हर बार

लेकिन मैं जानता हूँ
पाषाण-युग से भी पीछे
हैं वे पाषाण-हृदय, जो
अत्याधुनिकों में अग्रगामी गिनते हैं खुद को
उनको मानव होना शेष अभी

'संशयात्मा' की एक अन्य कविता है 'कविता के दौड़ते हुए पाँव', जिसमें कवि ने कविता के माध्यम से मानव-भविष्य में अपनी आस्था भी प्रकट की है और प्रसंगवश पूँजीवादी विनाशकारी परिवेश का भी चित्रण किया है । उद्धरण किंचित् दीर्घ होते हुए भी यहाँ दिया जा रहा है—

वे पाँव जो पथराई पृथ्वी पर संभावित थे कबसे
कविता में दौड़ते हुए आते हैं
न जाने किन अज्ञात दिशाओं से
आठों दिग्गजों के अनजाने
दसों दिशाओं से अलग
रह-रह आकाश बुहारती सैकड़ों जासूस दूरबीनों के सर्चलाइट से अनदेखे
जिनकी संभावना की हर संभावित दिशा में
लुढ़का रही हैं दशानन फैक्टरियाँ जहरीला धुआँ

जिनकी श्वास-वायु के ऑक्सीजन को सोखकर
हवा में कार्बन-डाई-आक्साइड उलीच रही हैं निरंतर जिनके लिए
भ्रूणों का भोजन खास पसंद है जिसे वह आदमखोर रेडियो एक्टिविटी
जिनकी ओर आहिस्ता-आहिस्ता बेआवाज बढ़ रही है पंजों के बल—
हमारे लालच से हमारे दंभ से उपजी हुई कृत्याएँ कृतांत-घात में घोर

प्रसंगवश निवेदन कर दूँ कि ज्ञानेंद्र की कविताओं में शब्दों का बहुत ही सार्थक प्रयोग देखने को मिलता है, जो उनकी अभिव्यक्ति की अभिव्यंजकता को बहुत बढ़ा देता है । उनके शब्द-प्रयोग में शास्त्रीयता भी है, जिससे समकालीन कविता को परहेज है । पहले उद्धरण में 'पयस्वती' शब्द उनकी उक्ति को मार्मिकता प्रदान करता है, क्योंकि 'पयस्' शब्द का अर्थ 'जल' भी है और 'दुग्ध' भी। 'पयस्वती' शब्द 'पृथ्वी के मर्मस्थल' से जुड़कर अपने दोनों ही अर्थों में अभिव्यक्ति को समृद्ध करता है । द्वितीय उद्धरण में 'कृतांत' शब्द का अत्यंत सशक्त प्रयोग तो है ही, अभिव्यक्ति को मिथकीय और ओजस्वी रूप प्रदान करनेवाला शब्द है 'कृत्याएँ' । 'कृत्या' एक शक्ति या देवी है, जो अभिचार द्वारा किसी को मारने के लिए अनुष्ठान-विशेष से उत्पन्न की जाती है । निस्संदेह ऐसे प्रयोग से कवि के उस मानस का पता चलता है, जो स्मृति-विच्छिन्न नहीं ।

पूँजीवाद के दानवी रूप के चित्रण के बाद ज्ञानेंद्र ने उसी की तरह अनेक कविताओं में बाजार पर आधारित उसकी अर्थव्यवस्था का चित्रण किया है, जो लगातार फैलती हुई संपूर्ण मानव-संस्कृति को लीलकर उसकी जगह एक उपभोक्ता-संस्कृति को जन्म दे रही है । 'कदम-कदम पर' शीर्षक कविता में इस संस्कृति का जलवा देखिए—

बेच-खरीद के इस जमाने में
जब लोग बेच रहे हैं अपना वर्तमान ही नहीं, अपना अतीत-भविष्य
एक बैंक के मुंडाकार वाल्ट में से निकलकर
चली आती हैं आइंस्टाइन की अगाध आँखें
नीलामी पर चढ़ने
उनकी बगल में पिकासो की यशस्वी कूची है
और एल्विस प्रेस्ले का वीर्यस्वी जाँघिया
एक दिन नीलामी की ऊँची टेबुल पर, काठ के हथौड़े के नीचे
कौन जाने जो तुम्हारे बच्चों के अस्फुट मेधावी मस्तिष्क
की बगल में हो

वानगॉग का कटा बायाँ कान
और ब्रह्मा का छिन्न पाँचवाँ शीश
ठेठ कपालमोचन से बरामद आयद

शीतयुद्ध की समाप्ति के बाद, जब दुनिया एकध्रुवीय हो गई है, पूँजीवादी बाजार और मुक्त और खूँखार हो गया है। 'शीतयुद्ध की समाप्ति पर' शीर्षक कविता में ज्ञानेंद्र ने उसका यह भयावना चित्र खींचा है–

शीतयुद्ध की समाप्ति पर
चेहरे की जगह मुस्कुराता हुआ
टूथपेस्ट का सुहाना विज्ञापन-पट
उन्होंने एक ओर कर दिया है
और अब उनके मुँह से
आ रही भयानक दुर्गंध
तेल की जगह पेट्रोल में राँधे गए
मानव-मांस की तो नहीं?

इस पूँजीवादी बाजार की सर्वव्यापकता का प्रमाण यह है कि यह चीन-जैसे समाजवादी मुल्क में भी प्रसार पा रहा है। 'एक विज्ञापन-पट' शीर्षक कविता का यह आरंभिक अंश भी अवलोकनीय है–

चीन के सुनीलाकाश में
सुदीर्घाकाश में
तन गया है
एक विशालकाय विज्ञापन-पट
रंगीन नियोनी अक्षरों वाला
एक नेत्राकर्षक संदेश-पट
एक चित्र :
दर्जनों क्रेटों की बगल में
एक खुली उफनती उत्तुंग बोतल कोकाकोला की
उसकी दहकती शीतलता
प्यास मिटानेवाली नहीं, पिपासा से भरनेवाली
झाग से नहाई, नहीं दिखती है उसकी कंठनलिका
उस झाग में, जिससे

चेतन से परे
अचेतन की स्वप्नभूमि सिंचती है
और बदलता है धीरे-धीरे
एक स्वप्नलोक
सौवीं रात में निज गंध रंग

इस काव्यांश का विश्लेषण करने पर ज्ञानेंद्र की काव्यशैली की कई खूबियों का पता चलता है । इसमें विज्ञापन-पट की विराटता ही नहीं सजीव हो उठी है, कोकाकोला की एक विशाल उफनती हुई बोतल भी साकार हो उठी है । यह विराटता और विशालता पूँजीवादी बाजार की अपराजेय प्रभुसत्ता को सम्मूर्तित करती है और 'शीतलता' का 'दहकती'-जैसा विशेषण उसमें छिपी हुई मानव-विरोधी असलियत को बेपर्द कर देता है । पूँजीवादी बाजार हमें चेतन रूप से नहीं, बल्कि अचेतन रूप से बदलता है । एक स्वप्नलोक शनैः-शनैः अपना नया रंग और नई गंध प्राप्त कर लेता है, जो कि और कुछ नहीं, एक नई संस्कृति है— उपभोक्तावादी संस्कृति, जिसमें मनुष्य अपनी हार्दिकता छोड़कर पण्य-वस्तु में तब्दील हो जाता है । यह इस काव्यांश की अंतिम पंक्तियों से स्पष्ट है, जो भी अवधारणात्मक न होकर चित्रात्मक हैं ।

जैसे पूँजीवाद और बाजार हमारे जीवन के सौंदर्य, सौहार्द और सौमनस्य को नष्ट कर रहा है, वैसे ही आतंकवाद और सांप्रदायिकता भी । मजहबी भेद के साथ नस्ल-भेद और रंग-भेद को भी ध्यान में रखें, तो पूँजीवाद, बाजार और आतंकवाद की तरह ही सांप्रदायिकता या संप्रदायवाद भी एक अंतर्राष्ट्रीय परिघटना है । हमारे राष्ट्रीय जीवन को आतंकवाद और सांप्रदायिकता, जो कि आतंकवाद की तुलना में बहुत पहले से चली आ रही है, लगातार दूभर बनाते जा रहे हैं । इनके ऊपर कोढ़ में खाज की तरह राजनीतिक नेताओं का अपराध-कर्म और लूट-खसोट से भरा आचरण है । ज्ञानेंद्र एक संवेदनशील भारतीय की तरह इन तमाम चीजों से बहुत व्यथित हैं और अपने कवि-कर्म को सार्थक करते हुए अपनी कविताओं में उनकी भयावहता से हमें परिचित कराते हैं । आतंकवाद के विरोध में लिखी गई 'मानव-बम' शीर्षक कविता में वे कहते हैं कि—

सुतली-बम से लेकर
ट्रांजिस्टर-बम तक
कितनी तरह के बम फटे थे

मानव-बमों के फटने से पहले
जनसभाओं में जनपथों पर

किस माँ-गली से खरीद लाए हैं वे
बम का खोल बनाने मानव-तन कि मानव-मन
भावनाओं की अनगिन उमगती कोंपलों वाला
सद्यः प्रस्फुटित किसी विचार से महमहाता
मानव-मन

ये आतंकवादी 'कभी किसी पवित्र पृथुल ग्रंथ के हवाले से/कभी किसी गोपनीय गुटका किताब के बल पर/कभी किसी महान् उद्देश्य की बारूद भर' तरुणों की ब्रेनवाशिंग कर मानव-बम बनाते और 'किन्हीं सत्तालोलुप सेनानायकों के हित' आत्मघाती दस्ते तैयार करते हैं । 'पवित्र पृथुल ग्रंथ' और 'गोपनीय गुटका किताब' का धार्मिक और राजनीतिक संकेत अत्यंत स्पष्ट है । ये आतंकवादी यह नहीं देखते कि 'असीसती माँएँ कलपती रह जाती हैं/उसके लिए जो उनका ही पसार था/कि जिसके पंख अभी पसरे ही थे आकाश में ।'

जैसा कि ऊपर कहा गया, सांप्रदायिकता भारत में स्वाधीनता-आंदोलन के दिनों से ही एक समस्या रही है, जिससे हमारा सामुदायिक जीवन निरंतर विषाक्त होता गया है । ज्ञानेंद्र ने सांप्रदायिकता और सांप्रदायिक दंगे पर अनेक कविताएँ लिखी हैं । उनमें से मैं जिस एक कविता का हवाला देना चाहता हूँ, वह है 'अस्पताल के लाशघर में' । उसमें अस्पताल के लाशघर में दंगे में मारे गए लोगों की लाशें अगल-बगल पड़ी हैं । ज्ञानेंद्र कहते हैं—

लहूलुहान शव
जिनकी पसलियों में पैठनेवाला चाकू
जिस लोहारखाने में बना वहाँ
भाथी की फूँक से उठता हुआ चिनगारियों-भरा धुआँ नहीं
अगरु और लोबान का गमकता आँख-मींच धुआँ था
और निहाई की जगह
खुली हुई थी एक पवित्र पुस्तक

हमारे राष्ट्रीय जीवन को बर्बाद करने में विभिन्न राजनीतिक दलों के नेताओं का कम हाथ नहीं है । जो रंगदार और अपराधकर्मी पहले रात के अँधेरे में लूट-मार करते थे, विधायक और मंत्री बन जाने के बाद अब वे खुलेआम अपना

भ्रष्टाचार–तंत्र चलाते हैं । 'अब वे' शीर्षक कविता में–

अब तो इस रौशन महफिल में
रोब से सजा हुआ चेहरा है
जब कुछ खाता नहीं तो पान और अभिमान गुलगुलाता
हुआ एक मुँह
सफेद कपड़े से ढँकी हुई एक टेबुल है
ट्रे में परोसकर पेश किए जाते
टाँगें उठाए चूजे और झुंड में उड़ जाना चाहती लगती बगेड़ियाँ
और मृग
जिनकी आखिरी कुलाँच का कंप है
उनके मांस में
नोचे हुए पंख और लहू के दाग कहीं नहीं हैं
हड्डियों की कड़कड़ नहीं है
प्लेटों में सभ्य दाँतों से माँजी गई हड्डियों के ढेर

कहने की आवश्यकता नहीं कि इस उद्धरण में अभिव्यक्ति की तीक्ष्णता और सटीकता के साथ कवि की व्यापक संवेदनशीलता उसे प्रभावशाली बनानेवाली महत्त्वपूर्ण चीजें हैं । नेता का मुँह पान के साथ अभिमान भी गुलगुलाता है और प्लेटों में झक सफेद हड्डियों के जो ढेर हैं, वे उसके सभ्य दाँतों से माँजे यानी चिचोड़े जाने के कारण ! निश्चय ही यह अभिव्यक्ति बहुत ही धारदार है और हमें नागार्जुन तथा रघुवीर सहाय की याद दिलाती है । 'टाँगें उठाए चूजे और झुंड में उड़ जाना चाहती बगेड़ियाँ' यह वर्णन भी बेहद सटीक है । इसी तरह जीव–मात्र के प्रति ज्ञानेंद्र के मन में जो करुणा है, वह उनकी 'और मृग/जिनकी आखिरी कुलाँच का कंप है/उनके मांस में' पंक्तियों में हमें प्रकंपित कर देती है । उचित ही उनके मन में ऐसे नेताओं के प्रति अकूत घृणा है, जो उनकी कविता 'वे अब' की इन अंतिम पंक्तियों में फूट पड़ी है–

कहते हैं, त्यागी थे उनके पुरखे
पर अब त्याग के नाम पर
उनके पास केवल मल–मूत्र है
जीवन का बस एक सूत्र है
हसोथो दोनों हाथों से
देश की अधमरी देह चोंथो दाँतों से

इन नेताओं ने हमारी भाषा का कैसा अवमूल्यन किया है कि उनके प्रसंग में 'त्याग' के नाम पर अब सिर्फ 'मल-त्याग' और 'मूत्र-त्याग' ही याद आते हैं । अंतिम दो पंक्तियों को खास तौर से कँटीली बनानेवाले दो तुकांत शब्द हैं 'हसोथो' और 'चोंथो' । ज्ञानेंद्र ने हिंदी के अभिजात और भदेस दोनों प्रकार के शब्दों से अपनी कविता में काम लिया है । उक्त दोनों शब्दों में भदेस शब्दों की मार देखते ही बनती है । इनमें नेतृ-वर्ग के प्रति अभिव्यक्त घृणा और आक्रोश पुनः हमें नागार्जुन और रघुवीर सहाय की याद दिलाते हैं ।

आज यह बतलाने की जरूरत न होनी चाहिए कि ऊपर ज्ञानेंद्र की जितनी कविताओं का हवाला दिया गया है, उनमें उन्होंने मौजूदा औद्योगिक और व्यापारिक सभ्यता तथा सामाजिक-राजनीतिक व्यवस्था के प्रति अपना प्रबल विरोध प्रकट किया है, बावजूद इसके कि उनमें न नारेबाजी है और न तरानेबाजी । हिंदी कविता से वह दौर खत्म हो चुका है, जब यथार्थ-चित्रण पर बल न देकर उसका एक कल्पित स्वर्णिम या अरुणिम चित्र प्रस्तुत किया जाता था । अब जो भी महत्त्व है, वह पूरी गंभीरता के साथ यथार्थ को उसकी जटिलता या भयावहता में चित्रित करने का । इस यथार्थ-स्थापन में ही आदर्श-स्थापन निहित होता है, जो पहले की तरह कोई फार्मूलाबद्ध चीज नहीं । इसके अलावा यह भी स्पष्ट है कि ज्ञानेंद्र ने जो 'सभ्यता-समीक्षा' की है, वह साधारण जन के प्रति अपने अथाह प्रेम के कारण । इस प्रसंग में जो खास बात ध्यान देने लायक है, वह यह कि जैसे उनकी 'सभ्यता-समीक्षा' 'साहित्य-समीक्षा' से अलग नहीं, बल्कि उसी के माध्यम से है, वैसे ही उनका साधारण जन भी सही अर्थों में साधारण जन है, यानी किसी खास छाप का नहीं । न तो वह अपने अस्तित्व की चिंता से ग्रस्त मध्यवर्गीय प्राणी है, न खास साँचे में ढला हुआ औद्योगिक मजदूर । वह बस साधारण जन है, जिससे इस देश की अधिसंख्यक आबादी का निर्माण होता है और जो इस सभ्यता और व्यवस्था की मार सबसे अधिक झेल रहा है । स्वभावतः ज्ञानेंद्र का आदर्श भी कृत्रिम और आरोपित आदर्श नहीं है । उनमें प्रखर राजनीतिक चेतना है, लेकिन उनकी कोई दलीय प्रतिबद्धता नहीं ।

ग्राम्शी ने इस तथ्य पर बल दिया था कि साहित्य में व्यक्त होनेवाली राजनीतिक चेतना राजनीति में व्यक्त होनेवाली राजनीतिक चेतना की तरह नपी-तुली नहीं हो सकती । अज्ञेय ने अपने ढंग से इसी बात को इस तरह से कहा था कि हम साहित्य में राजनीतिक चेतना के तो कायल हैं, लेकिन राजनीति के नहीं । मैं निवेदन करूँ कि इस राजनीतिक चेतना का आदर्श रूप हमें हिंदी में स्वाधीनता-आंदोलन के दौर के कवियों में देखने को मिलता है, जो बहुत ही गहरे अर्थों में

राजनीतिक कवि थे, लेकिन न किसी नीति से बँधे हुए और न किसी कार्यक्रम से । वे पूरी तरह से स्वतंत्र कवि थे, जो किसी भी नीति और कार्यक्रम की आलोचना कर सकते थे और किसी भी नेता पर निर्मम प्रहार । ताज्जुब नहीं कि ज्ञानेंद्र जनपक्षी राजनीति के प्रखर समर्थक होते हुए भी न पूरे तौर पर प्रगतिशील शिविर में स्वीकृत हैं, न जनवादी शिविर में और अतिक्रांतिकारी शिविर में । ये सभी किसी हद तक उन्हें अपना मानते हैं, लेकिन ऐसा कवि, जो अंत तक उनके साथ नहीं चलता । कहना चाहिए कि उनकी रचनाशीलता की यह सबसे बड़ी विशेषता है, जो न उनकी कल्पना के पंखों को बाँधती है और उन उनके आकाश को छोटा करती है ।

ऊपर जिस साधारण जन का जिक्र किया गया है, वह ज्ञानेंद्र की अनेक कविताओं में उपस्थित है, कभी पूरे और कभी अधूरे रूप में । इसे लेकर दो मत नहीं हो सकते कि वह उनका सगा बंधु है, उनके संपूर्ण कवि-कर्म का उत्प्रेरक, उनका अथ और इति । 'अर्धरथी' शीर्षक कविता में वह एक रिक्शावान है, जिसे कवि ने महाभारत-काल का एक योद्धा कहा है, 'जीवनयुद्ध में किसी और की जय के लिए अंततः मरना जिसकी नियति ।' स्मरणीय है कि महाभारत के युद्ध में जो योद्धा मारे गए थे, वे वस्तुतः अपनी नहीं, किसी और की जय के लिए । रिक्शावान जन अर्धरथी इसलिए है कि उसके एक ही हाथ है । 'जीवनयात्रा के अधरस्ते' शीर्षक कविता में हावड़ा अमृतसर मेल और हावड़ा अमृतसर एक्सप्रेस की छतरी पर बैठकर पंजाब जानेवाले बिहार, बंगाल और उत्तर प्रदेश के मजूरे हैं, जो यमुना पुल की रँगाई के लिए बने मचान से झूल जाते हैं । पुल उनके लहू से रँग जाता है । ज्ञानेंद्र कहते हैं कि लहू सिर्फ पंजाब जानेवाले मजूरों का नहीं है–

लहू उनका
खँखोरी गई खदानों के भसकने से दबते हैं जो हर बार
कहीं जहरीली गैस के रिसने से मारे जाते हैं
दौड़-दौड़कर भी खूँटे से बँधे पशुओं की तरह
कारखानों के यंत्रचक्र जिनके अंगों की बलि लेते हैं बीच-बीच में
जिनके भाई-बंद, माई-बाप हर बार शीतलहर में घुलटते हैं
एक न एक
जो हर बार एक लहूलुहान संख्या हैं
पचास, सौ या हजार
हजारों हजार

यह है उनका साधारण जन, जो इकाई न होकर एक समूह है, सच्चे अर्थों में भारतीय जन-समूह ।

साधारण जन को प्रतीकित करनेवाली उनकी सर्वाधिक सशक्त कविता है 'खरपत्तू' । यह खरपत्तू एक पात्र है, जो बार-बार मरता है, कभी गेहूँ के बोरों से लबालब लदी ट्रक से कुचलकर, कभी चुनाव की पूर्व संध्या पर किसी दंगाई के चाकू से और कभी पूरे परिवार के साथ चूहामार दवा खाकर । दंगाई के चाकू से वह क्यों मारा जाता है इस पर ज्ञानेंद्र का कथन देखिए–

इसलिए कि राजनीति की बिसात पर
दंगे की चाल चली जानी थी
शह देने को एक शहीद चाहिए था
वह था खरपत्तू
जिसके नाम पर मुट्ठियाँ लहरा
नेताओं ने शपथ ली थी
कि कोई खर-पात नहीं है खरपत्तू
मरे तो क्या,
हम तुम्हें मरने न देंगे खरपत्तू
सरग से देखते रहियो, एकजुट हो हम बदला लेंगे खरपत्तू
बलिदान तुम्हारा जाया न जाने देंगे खरपत्तू
तुम्हारी टिकठी को हम अपने सिंहासन में बदलेंगे खरपत्तू
आह खरपत्तू ! वाह खरपत्तू !

यही भारतीय साधारण जन की नियति है । उसकी बलि लेकर विभिन्न राजनीतिक दल विभिन्न तरीके से अन्य मौकों से लेकर चुनाव तक में अपनी गोटी लाल करते हैं । कवि ने अत्यंत विदग्धता से भारतीय साधारण जन से लेकर भारतीय जनतंत्र तक के पेचीदे यथार्थ को यहाँ पूरे व्यंग्य और विडंबना के साथ उजागर किया है । उसने 'उड़ती हैं पत्तियाँ', 'फुटबाल को देखो', 'खून का रिश्ता' आदि कविताओं में होटलों और कारखानों में बच्चों से अमानवीय ढंग से काम लिए जाने का वर्णन किया है। बच्चे उसकी 'दीपावली की रात', 'संभवपर्व' और 'गणतंत्र-दिवस' शीर्षक कविताओं में भी हैं, इस सभ्यता के षड्यंत्र के शिकार और फालतू सामाजिक उत्पाद के रूप में । यह सब मिलकर उसके साधारण जन के चित्र को पूरा करता है । उसके शोषकों के प्रति घृणा की बात ऊपर भी कही गई है । यहाँ 'सूखे से जिनका सामना' शीर्षक कविता से लिया गया यह अंश भी

देखने लायक है, जिसमें हमें उनका यह बीभत्स चित्र मिलता है—

उनके डायनामों
बुलडागों की तरह गुर्रा-गुर्राकर
दूर-दूर रखेंगे अँधेरे के चौतरफ घेरे को
जलद मेघ की तरह घहराएगी
छतचढ़ टैंक के ऊँट-पेट में पानी पहुँचानेवाली सूँड़दार मशीन
उनके घर
पथराई हुई प्यास के देशव्यापी पसार के बावजूद
कि जब हमारे कंठ सूखेंगे
उनके कूलरों के पेट में
जलोदर के मरीज के पेट की तरह
भरा हुआ डोलेगा पानी

ज्ञानेंद्र की काव्य-संवेदना का विस्तार सिर्फ मनुष्य तक सीमित नहीं । वनस्पति-जगत् को उनकी कविता में वैसा महत्त्व नहीं मिला, लेकिन जीव-जंतु-जगत् का उसमें अच्छा स्थान है । उन्होंने कीड़े-मकोड़ों, हाथी, घोड़े, बैल, भालू, मेढ़क, कछुए, गिद्ध, सुग्गे तथा कुछ अन्य पक्षियों पर अनेक कविताएँ लिखी हैं, जिनमें से कई बेहद मार्मिक हैं । आज वर्तमान मनुष्य की एक चिंता पर्यावरण का निरंतर होनेवाला विनाश भी है, क्योंकि इसका संबंध पृथ्वी के मनुष्य के जीवित रहने के योग्य बने रहने से है । लेकिन ज्ञानेंद्र ने जीव-जंतुओं पर अपनी कविताएँ पर्यावरण-विनाश की चिंता से प्रेरित होकर नहीं लिखीं । मार्क्स ने कहा था कि वर्ग-संघर्ष की समाप्ति के बाद मनुष्य का संघर्ष प्रकृति से होगा । आज स्पष्ट है कि प्रकृति के प्रति शत्रुता का भाव नहीं, बल्कि पृथ्वी को जीवन धारण करने के योग्य बनाए रखने के लिए उसके प्रति मित्रता का भाव रखना अपेक्षित है । ज्ञानेंद्र की प्रकृति के प्रति कोई उपयोगितावादी दृष्टि नहीं । उनकी दृष्टि दार्शनिक भी नहीं है । वह वस्तुतः एक मानववादी दृष्टि है, मनुष्य को उसके संपूर्ण पार्थिव परिवेश में उपलब्ध करना, यानी खंडित नहीं, मुकम्मल रूप में । स्वभावतः उनकी जीव-जंतुओं पर लिखी गई कविताएँ एक नई आभा से युक्त हैं । प्रमाणस्वरूप 'विमानस्पर्धी' शीर्षक कविता की, जिसमें एक चील या गिद्ध-जैसा पक्षी 'खगपथों को मेघपथों से जोड़नेवाले अकासी सिवान पर' विमान से टकराकर नीचे गिर पड़ता है, ये पंक्तियाँ—

एक विमान के गर्म लहू से गीली-झुलसी धरती
उस पक्षी का भी शोक करती है
जो लहू की एक बूँद बन चू पड़ा
वह आकाश का आँसू नहीं
धरती की उमंग था

अर्थात् आकाश की ऊँचाइयों को छूने की धरती की उमंग । उन्होंने अपने एक वक्तव्य में कहा भी है कि "मानव-सत्य को सर्वोपरि मानते हुए भी कविता की चिंता-परिधि का मनुष्य-सीमित होना मुझे मंजूर नहीं । काव्यानुभूति के द्युतित क्षण में समस्त सृष्टि के साथ—जीवन के तमाम स्थावर-जंगम रूपों के साथ एकात्म होकर जिस 'ब्रह्मानंद-सहोदर' का एहसास होता है, मेरी नास्तिक बुद्धि का वह पुनः-पुनः काम्य है ।"

आधुनिक वैज्ञानिक सभ्यता मनुष्य के नैसर्गिक परिवेश को जो मिटाती जा रही है, उससे उनका मन भागकर कभी-कभी अतीत में शरण लेता हुआ भी दिखलाई पड़ता है । 'गाँव का घर', 'विदा, भाप-इंजन' और 'सारनाथ के प्रांगण में' उनकी तीन ऐसी कविताएँ हैं, जिनके आधार पर उन्हें अतीत-मोह या 'नॉस्टेल्जिया' से पीड़ित कहा जा सकता है, लेकिन सच्चाई यह है कि यह उनका प्रति-गमन नहीं, बल्कि उक्त वैज्ञानिक सभ्यता की संहारलीला के विरुद्ध उनका चीत्कार है, उस त्राणदायी और वत्सल स्मृति का पुनरावाहन, जिसकी छाया भी आज हमारे ऊपर से हटती जा रही है । इन कविताओं में से पहली कविता 'गाँव का घर' की निम्नलिखित इन पंक्तियों से कवि का आशय स्पष्ट हो जाता है—

दस कोस दूर शहर से आनेवाला सर्कस का प्रकाश-बुलौवा
तो कब का मर चुका है
कि जैसे गिर गया हो गजदंतों को गँवाकर कोई हाथी
रेते गए उन दाँतों की जरा-सी धवल धूल पर
छीज रहे जंगल में,
लीलनेवाले मुँह खोले, शहर में बुलाते हैं बस
अदालतों और अस्पतालों के फैले-फैले भी रुँधते-गँधाते अमित्र परिसर
कि जिन बुलौवों से
गाँव के घर की रीढ़ झुरझुराती है

मानना पड़ेगा कि इन पंक्तियों में अंकित हाथी का सजीव और त्रासद बिंब एक

हत्यारी सभ्यता के अस्तित्व में आने की अशुभ सूचना है, जिससे किसी भी संवेदनशील कवि के लिए तालमेल बिठाना कठिन है ।

यह सही है कि ज्ञानेंद्र की काव्य-चिंता सिर्फ मनुष्य तक सीमित नहीं, लेकिन यह भी सही है कि जीव-जंतुओं पर अनेक कविताएँ लिखने के बावजूद प्रकृति अपनी संपूर्णता में उन्हें आकर्षित नहीं करती । इसके बावजूद कभी वे प्रकृति से संवेदित होते हैं, तो अपनी 'एक कछुआ-शिशु'-जैसी कविता में ऐसे नवीन और विलक्षण चित्रों की सृष्टि करते हैं—

वह तारकावली क्षितिज पर
लहरोन्नत सागर जिसकी आभा को
भरकर भुजपाश में
रात जगा रहा है निस्तंद्र
जब आँख मूँद लेता है चंद्र

यहीं मैं निवेदन कर दूँ कि मनुष्य की नाना प्रकार की सामाजिक, राजनीतिक और आर्थिक समस्याओं से उलझते हुए भी ज्ञानेंद्र यदा-कदा बहुत नाजुक कविताएँ भी लिखते हैं, जो उनकी कवि-दृष्टि को एक पूर्णता प्रदान करता है । 'जसीडीह स्टेशन के पास', 'चंद्रोदय हमने कबसे नहीं देखा' और 'क्षितिज-शोक' उनकी ऐसी ही कविताएँ हैं, जो पढ़ने पर हमारे अंतरमन के तारों को कँपा देती हैं । मैं यहाँ 'क्षितिज-शोक' शीर्षक कविता की कुछ पंक्तियाँ उद्धृत करना चाहूँगा, क्योंकि इसमें विषय तो बनाया गया है शहर के 'आकाश में एक और कंकरीट के कुकुरमुत्ते के शीश उठाने' को, लेकिन इसका अंत हुआ है इन पंक्तियों के साथ—

अचानक बुझ जाता है एक क्षितिज
नागरिकों के अनजाने
उनके सामने
अनुपस्थित हो जाती हैं उनके कंधों के गिर्द पड़ी हुई
एक आकाश की बाहें
सदा के लिए

ऊपर 'संशयात्मा' की कविताओं से जो प्रभूत और कई बार प्रदीर्घ उद्धरण दिए गए हैं, वह एक तो इस कारण कि पाठक कवि के अंतःकरण के आयतन से परिचित हों और दूसरे इस कारण कि वे उसकी भाषा के तेवर को देखें । दरअसल अंतर्वस्तु और अभिव्यक्ति दोनों दो न होकर एक ही हैं, कम से कम

हमारे अनुभव में वे अद्वैत रूप में ही आती हैं और भाषा के माध्यम से ही, इसलिए कविता में भाषा का विशेष महत्त्व है । ज्ञानेंद्र की भाषा को लेकर हिंदी में यत्किंचित् चर्चा हुई है । चूँकि उनके संवेदन का क्षेत्र आस-पास से लेकर विश्व तक और वर्तमान से लेकर अतीत तक फैला हुआ है, इसलिए उसमें तत्सम, तद्भव, देशज और विदेशज सभी प्रकार के शब्दों का प्रयोग स्वाभाविक है । उनकी खूबी यह है कि वे सभी प्रकार के शब्दों का प्रयोग उन पर अपनी छाप छोड़ते हुए करते हैं । कभी मैदान के विशेषण के रूप में 'खेलनिया' और 'घुमनिया' तथा क्रमशः रसाल और लीची के विशेषण के रूप में 'मधुकूपक' और 'रसगुल्लक'-जैसे सुंदर और सशक्त शब्दों का निर्माण करते हैं और कभी 'क्रीड़ास्थली-कूड़ास्थली', 'मानवाधिकार-दानवाधिकार', 'लोकतंत्र-शोकतंत्र' और 'वनमानुष-धनमानुष'-जैसे व्यंग्य, विडंबना, विसंगति और वाग्मिता से युक्त शब्द-युग्मों का । देखना यह है कि उनका यह कौशल आगे आनेवाले दिनों में कहीं उनके लिए एक स्पंदनहीन विधि बनकर तो नहीं रह जाता है । उनके शब्दों की तरह उनके वाक्य भी, जो कभी-कभी लंबे होते हैं, आपस में गुँथे हुए होते हैं । विराम-चिह्नों का न के बराबर प्रयोग करने के कारण उन्हें ग्रहण करने के लिए कई बार रुककर शब्दों के आगे-पीछे का संबंध बिठाना पड़ता है । इससे निश्चय ही आनंद में कोई बाधा नहीं पड़ती, उसमें किंचित् वृद्धि ही होती है । उचित ही इस प्रकार के अवरोधों को विद्वानों ने 'कलात्मक अवरोध' कहा है । इनमें से कुछ बातों का उल्लेख 'गंगातट' पर की गई चर्चा में भी किया गया है । वर्णन ज्ञानेंद्र का इतना सशक्त होता है कि मन कभी द्रवित और कभी उद्दीप्त हो उठता है । क्रमशः दो कविताओं से दोनों के दो छोटे-छोटे उदाहरण नीचे दिए जा रहे हैं ।

पहला उदाहरण 'ताजमहल और दयानंद' शीर्षक कविता से है, जिसमें दयानंद नामक संस्कृत के एक शोध-छात्र द्वारा बनारस से लाकर तीन छोटे-छोटे ताजमहल नए बने मकान के रोशनदान में सजाए जाते हैं, जिन्हें मस्तराम बाबा नामक एक ढोंगी बाबा यह कहते हुए कि 'इस मुसलमट्टी के नीचे बिछा रखी है शीतलपट्टी', उन्हें अपने हाथों से खंड-खंड कर देता है । इस पर कवि का कथन है—

ये शिशु ताजमहल ही भूमिसात् हुए थे हठात्
पककर चूने से बहुत पहले
एक क्रूर कठोर कंस हाथ ने

घर की डाल से उन्हें तोड़ा था
उनकी कंठनलिका से दूध ढलका था
शिशु ताजमहलों की कंठनलिका से धूपरंगी दूध
तोड़े गए जो घर की डाल से कि युवमन की डाल से
झकझोर

दूसरा उदाहरण 1991 के खाड़ी-युद्ध को विषय बनाकर लिखी गई कविता 'युद्ध के विरुद्ध' से है, जिसमें एक स्थल पर कवि कहता है—

एक राजनीतिक प्रतीपालंकार हमारे समय का यह दृश्य :
संयुक्त राष्ट्रसंघ के सींगों का नाम है संयुक्त राज्य अमेरिका
कि एक उन्मत्त साँड़ है संयुक्त राज्य अमेरिका
और उसका उफनता अंडकोश भर है संयुक्त राष्ट्रसंघ

इस कवि की प्रवृत्ति साधारण वस्तु में छिपे हुए कवित्व को उद्‌घाटित करने की है । 'संशयात्मा' की कविताओं में भी प्रचुरता से यह चीज देखने को मिलती है, लेकिन प्रस्तुत संग्रह में 'उनके बाथरूम में', 'सुतली' और 'सैलून-स्तुति'-जैसी सफल कविताओं की संख्या कम है और असफल कविताओं की संख्या उनसे कई गुना ज्यादा है । मेरे एक मित्र, जो कविता के मर्मज्ञ पाठक हैं, हिसाब लगाकर इस नतीजे पर पहुँचे हैं कि 'संशयात्मा' में सफल और असफल कविताओं का अनुपात क्रमशः साठ और चालीस का है । ऐसा लगता है कि ज्ञानेंद्र अपनी कविताओं में चयन नहीं करते और जो कुछ लिखते हैं, उन सबको छपा डालना चाहते हैं । इससे उन्हें यह लाभ होता है कि उनकी कविता की पूरी दुनिया की तसवीर सामने आ जाती है, क्योंकि उसके निर्माण में सफल ही नहीं, असफल कविताओं का भी योगदान होता है । इससे होनेवाली क्षति यह है कि असफल कविताओं के बीच सफल कविताएँ दब जाती हैं । ऐसी स्थिति में ज्ञानेंद्र संग्रह के लिए सिर्फ सफल कविताओं का ही चयन करें तो बेहतर, क्योंकि वे कम लिखनेवाले कवि नहीं हैं और अपनी चुनी हुई कविताओं के बल पर भी अपने समकालीनों के बीच विशिष्ट बने रह सकते हैं ।

उनके इस संग्रह को पढ़ते हुए कई बार मुझे ऐसा लगा कि उनकी कविता की दुनिया आत्मविहीन है । यों तो वे किसी न किसी रूप में अपनी प्रत्येक कविता में उपस्थित रहते हैं, लेकिन वह उनका निजी नहीं, बल्कि सार्वजनिक रूप होता है । उनके जिस वक्तव्य का ऊपर हवाला दिया गया है, उसी

में उन्होंने यह भी कहा है कि 'कविता में अपने मनोभावों का आरोपण करने की जगह पर-काया-प्रवेश की साधना में ही मुझे सृजनात्मकता की सिद्धि दिखाई देती है ।' वैसे तो प्रत्येक कवि की संवेदना की अपनी बनावट होती है, लेकिन यहाँ प्रश्न है कि क्या अपनी वैयक्तिकता के साथ पर-काया-प्रवेश संभव नहीं है? क्या सामाजिक या सार्वजनिक सत्य की अभिव्यक्ति के लिए अपने आत्म का पूर्ण निषेध आवश्यक है? क्या आत्मपरकता से रचना में एक नई स्फूर्ति और प्रभावोत्पादकता संभव नहीं होती? संसार के अनेक महान् आधुनिक कवि ज्ञानेंद्र की मान्यता को झुठलाते हैं । स्वयं मुक्तिबोध ने कहा था कि मानवता का विश्वदर्शी काव्य व्यक्ति की व्यथा के माध्यम से अभिव्यक्त हो तो क्या कहने ! प्रसिद्ध मार्क्सवादी आलोचक टेरी ईग्लटन ने भी कहा है कि आत्मपरकता का अपर पक्ष है वस्तुपरकता । यों भी साहित्य-जगत् इलियट के निर्वैयक्तिकता के सिद्धांत से काफी आगे आ गया है ।

कुछ लोग ज्ञानेंद्र को मुक्तिबोध की परंपरा का कवि बतलाते हैं । ज्ञातव्य है कि उन्होंने न तो मुक्तिबोध की तरह लंबी कविताएँ लिखी हैं, न उनमें उनकी तरह कल्पना की ऊँची छलाँग देखने को मिलती है, जिसका परिणाम है उनकी फैंटेसी, न उनमें उन-जैसी आत्मपरकता है और न उनकी संवेदना मार्क्सवादी विचारधारा की सरणियों में प्रवाहित होती है । ज्ञानेंद्र मुक्तिबोध की तुलना में अधिक मुक्त कवि हैं, जिसका मतलब यह कतई नहीं है कि इन दोनों के बीच बहुत ज्यादा फासला नहीं है । मुक्तिबोध की अभिव्यक्ति में जो जटिलता है, वह उनकी मार्क्सवादी अवधारणाओं के उनकी संवेदना से संश्लिष्ट होने के कारण, जबकि ऐसी कोई जटिलता ज्ञानेंद्र में नहीं है । ज्ञानेंद्र की भाषा की पद्धति भी मुक्तिबोध से भिन्न है । कहा जा चुका है कि वे तत्सम के साथ तद्भव और देशज के साथ विदेशज शब्दों को भी समान महत्त्व देते हैं । उनकी वाक्य-रचना मुक्तिबोध की अपेक्षा रघुवीर सहाय के अधिक करीब है, जिसमें उन्हीं-जैसी शब्द-क्रीड़ा और 'विट्' की प्रवृत्ति है । उन्हीं की तरह विराम-चिह्नों का प्रयोग न कर वे सावधानी के साथ पाठकों को अपने साथ चलने के लिए आगाह करते हैं । कहीं-कहीं उन पर निराला और नागार्जुन का प्रभाव भी देखने में आता है । ज्ञानेंद्र ने वस्तुतः निराला, नागार्जुन, मुक्तिबोध और रघुवीर सहाय इन सबों के काव्य से अपना गहरा संबंध स्थापित कर अपनी सर्जनशीलता का निर्माण और विकास किया है । ऐसी स्थिति में उनके बारे में अधिक से अधिक यही कहा जा सकता है कि वे मुक्तिबोध की परंपरा के नहीं, उनकी भूमि के कवि हैं । निस्संदेह इससे उनका महत्त्व बढ़ता है, घटता नहीं ।

अंतिम बात यह कि 'संशयात्मा' में गीता की उक्ति 'संशयात्मा विनश्यति' की जगह कवि ने 'संशयात्मा विपश्यति' को महत्त्व दिया है । मार्क्स का सर्वप्रिय आदर्श था : 'सब कुछ संदेह योग्य है', लेकिन मार्क्सवादियों ने मार्क्सवाद को हर तरह के संदेह से परे रखा । ज्ञानेंद्र की स्थिति बहुत कुछ विजयदेव नारायण साही-जैसी है, जो समाजवादी होते हुए भी कवि-रूप में मुक्तिबोध के विपरीत एक अनिश्चय के शिकार थे । इतिहास ने यह प्रमाणित किया कि मुक्तिबोध की निश्चयात्मकता अंततः अनुर्वर और नकारात्मक थी, जबकि साही के अनिश्चय में ही संभावना छिपी हुई थी और वही सकारात्मक वस्तु थी । 'संशयात्मा' का बल भी 'निश्चय' की जगह 'संशय' ही है और आज यही कविता की सबसे मानवीय और उर्वर भूमि है । इसमें कोई धोखा नहीं है, न कोई दंभ । एक खुलापन है और एक स्पृहणीय विनम्रता ।

जैसा कि ऊपर संकेत किया जा चुका है, 'मनु को बनाती मनई' ज्ञानेंद्र का नवीनतम संग्रह है । इस संग्रह की कविताओं की अंतर्वस्तु का पता इसके समर्पण से चलता है : 'करुणामयी नारी-शक्ति के सबल हाथों में'। पूरे संग्रह को ध्यान से पढ़ने पर इसकी संरचना पकड़ में आती है । यह शुरू से अंत तक स्त्री पर लिखी गई कविताओं से युक्त है । चूँकि इसमें कलात्मक दृष्टि से पूर्ण स्वतंत्र कविताएँ कम हैं, इसलिए इसे एक खंडकाव्य समझना चाहिए । यह नए ढंग का खंडकाव्य है, जिसमें कोई सर्गनिबद्ध छोटी या बड़ी कथा नहीं चलती, बल्कि सर्गों की जगह इसमें स्फुट कविताएँ हैं, जिन्हें तीन भागों में विभक्त किया जा सकता है । इसके पहले भाग में दीन-हीन स्त्रियों का वर्णन है, दूसरे भाग में मध्यवर्गीय युवती के साथ प्रेम का और तीसरे भाग में निम्न और मध्यवर्ग की अधेड़ तथा वृद्ध महिलाओं का । पहला भाग निश्चय ही बहुत जोरदार है, जिसे पढ़ने के बाद ऐसा महसूस होता है कि हम नारीवाद या नारी के सशक्तीकरण का केवल नारा लगाते हैं, उसे जानते नहीं हैं । उसे कौन जानता है? ज्ञानेंद्रपति-जैसा कवि । यह बात मैं पुनः दुहरा दूँ कि इस संग्रह की कविताएँ अलग-अलग कलात्मक दृष्टि से पूर्ण नहीं हैं, लेकिन कम से कम पहले भाग की सारी कविताओं को एक बार अवधानतापूर्वक पढ़ने के बाद आँखों पर से जैसे परदा उठ जाता है । मैं इस लेख में ज्यादातर ऐसी ही कविताओं को उद्धृत करूँगा, जो अपने आप में कलात्मक दृष्टि से भी पूर्ण हैं, यानी वे पूर्ण का अंश होते हुए भी पूर्ण हैं । पहले भाग में पहली ही 'वह' शीर्षक कविता देखिए :

उसके होंठ प्रेमिका के होंठ हैं
उसकी छातियाँ माँ की छातियाँ हैं

उसके हाथ मज़दूर के हाथ हैं

इस दुनिया के भीतर गिरती-पड़ती
वह नहीं जानती
कि वह इसे लुढ़काए भी लिए जा रही है

कहने की आवश्यकता नहीं कि इस दुनिया को सेठ और साहूकार नहीं, बल्कि मजदूर ही चलाते हैं, क्योंकि सारा निर्माण-कार्य उन्हीं के हाथों से संपन्न होता है। यह छोटी-सी कविता ज्ञानेंद्र की कविता के स्तर का पता देती है। निस्संदेह उनका मानसिक क्षितिज बहुत विस्तृत है, जिसे वे छोटी से छोटी वस्तु में विराट् सत्य का दर्शन कर लेते हैं। निम्न श्रेणी की एक युवा स्त्री है, जिसके शरीर को लोग लगातार घूरते रहते हैं। 'गूँजता रहता है' कविता में कवि कहता है–

गूँजता रहता है
जिसकी देह का घर
दस्तकों से
उसके मन के घर में
ओह ! कितनी निर्जनता है

यह कविता भी असाधारण है और उस युवा स्त्री को एक बड़े परिप्रेक्ष्य में रखकर देखती है। एक कविता में एक पागल युवती है, जो बीच सड़क पर खुलकर हँसती है। लोग उसे 'चालू' कहते हैं। संभव है, उसकी जो अवस्था है, उसमें लोगों ने उसके साथ दुराचार किया हो, लेकिन उसके लिए वह कसूरवार नहीं है। ज्ञानेंद्र ने अपनी कविता में केवल उस युवती की उन्मुक्त हँसी का बड़े प्यार और ताकतवर ढंग से वर्णन किया है। यह मानव-यातना में रस लेना नहीं, बल्कि उन्मुक्त हँसी के प्रति कवि का मात्र गहरा आकर्षण है। कविता इस प्रकार है–

एक उन्मुक्त हँसी
सरेराह ठिठक कर सुनी गई वह एक उन्मुक्त हँसी–
कोई कह रहा था कि चालू थी वह साँवली स्त्री
बीच सड़क हँसते-हँसते दुहरी–
दिशाओं में बँट गई वर्तुल पर वर्तुल बनाती वह हँसी
देर रात अचानक पास आ जाती है
कुछ ऐसे कि जैसे घुँघरूदार पायलें पहने
दौड़ती गई हो अधनींद के बाहर कोई नन्ही बच्ची

दूसरे भाग में प्रेम की ढेरों कविताएँ हैं, जिस कारण पाठक का मन कभी-कभी ऊबता भी है, क्योंकि अत्यधिक मधुर पदार्थ भी एक हद के बाद ग्रहण नहीं किया जा सकता । इसके बावजूद ज्ञानेंद्र ने प्रेम की कुछ विलक्षण कविताएँ लिखी हैं, जिनमें जितना विस्तार है, जितनी गहराई है, उतनी ही असलियत है । पहले आप 'करतल' शीर्षक कविता का अवलोकन करें—

तुम्हें भी आई होगी याद
करतल में लेने की करतल

इस पल जब हाथों में
बची हुई हैं अपनी ही हथेलियाँ
हथेलियों में रचे हुए हैं
सहजीवन के पल
करतलगत थी जब यह पृथ्वी
करतलगत थे द्युलोक सकल

दूर, अपने शहर में अधरात
आई होगी तुम्हें भी याद
करतल में लेने की करतल

'इस तरह मिली' शीर्षक कविता का यह पूर्वांश भी देखें—

तुमने कहा :
याद रखना इसे
मैं जो तुम्हें इस तरह मिली

इस तरह, हाँ
कभी घूमी नहीं थी इतनी तेज़
पृथ्वी अपनी धुरी पर
इस तरह हाँ, कभी नहीं हुआ था
इस पृथ्वी की चरखी पर सवार
इस तरह मेघों से माथा नहीं नहाया था

'मैं एक पेड़ हूँ' शीर्षक कविता में :

मैं एक पेड़ हूँ
तुम किसी गिलहरी-सी

मुझ पर चढ़ने–उतरने का खेल खेलो
जड़ों से शुरू कर
फुनगी के करीब तक दौड़ती जाओ
रीढ़ को रोमांच देती
देखना, उस पल
मेरा वल्कल रेशम में बदल जाएगा
तुम्हारी कोमलता के मुआफ़िक़

प्रेम की जो अंतिम कविता मैं उद्धृत करना चाहता हूँ, वह अत्यधिक स्वाभाविक होने के कारण ही विलक्षण हो गई है । प्रेम करना आसान है, प्रेम पर कविता लिखना भी आसान है, लेकिन 'शिला–संधि के दूर्वांकुर' को उँगलियों से पकड़कर हस्तगत करना एक दुष्कर कार्य है । वह कार्य 'तुम–सा ही' शीर्षक कविता में ज्ञानेंद्र ने स्पृहणीय सफलता के साथ संपन्न किया है—

तुमने जो फूल मुझे दिखाया
वह तुम–सा ही भोला अकेला साहसी
मुस्कुराता तनिक उदास
तुम–सा ही हाथों की पहुँच के थोड़ा ऊपर खिला हुआ

तीसरा भाग इस पुस्तक का सबसे कमजोर भाग है । इस कारण मैं उससे एक काव्यांश और एक पूरी कविता ही उद्धृत कर सकूँगा । 'ढाई माँ' शीर्षक कविता के आरंभ में कवि का यह वक्तव्य आता है—

वह जो सड़क पर
तुम्हारे आगे–आगे जा रही है
एक अधेड़ औरत

किसी बँगले से निकल कर
सिविल लाइंस की इस जनधमनी में दाख़िल होते
तुम कभी–कभी देख सकते हो उसे
यदि इधर से गुज़रना होता हो तुम्हारा

उसकी थकी हुई जल्दबाज़ चाल से
तुम उसे पहचान लेते हो

हर बार उसके हाथ में
घर के लिए कुछ सहेजा हुआ रहता है
बग़ल से लगा

उसके घर का एक पेट है
जुगत कर लाई चीज़ों से जिसका काम चलता है

ऐसा बहुतों का हाल है
इस ओर ध्यान देना शिष्टता नहीं गिनी जाती
अत: उसकी अनदेखी-सी करते
गुज़रते हो बग़ल से तुम
जब कभी हुआ गुज़रना

'जो हथेलियाँ' शीर्षक कविता पूर्ण रूप में नीचे दी जा रही है । यह ऐसी कविता है, जो इस भाग को भी कुछ वजन दे देती है—

जो हथेलियाँ
रोटियाँ थापती हैं
गोइठे थापती हैं
थापती हैं शिशुओं के माथ
आकार देती हैं
घर को
धरती को करती हैं कुछ और गोल

जिन हथेलियों से
आकाश झरता है कि जैसे नृत्य की हथेलियों से
आदमी के ऊपर के आकाश को
करता कुछ और आकाश

तुम्हारे हाथों में वही हथेलियाँ बसती हैं

अंत में मुझे यह कहने में कोई दुविधा नहीं है कि अपनी कुछ नई और दुर्लभ विशेषताओं के बावजूद समग्रता में ज्ञानेंद्र का यह नवीनतम संग्रह 'संशयात्मा' क्या, 'गंगातट' को भी नहीं छूता ।

उदय प्रकाश

उदय प्रकाश की दस कविताएँ भी तरुण कवियों की सीरीज में मैंने 'धरातल' में छापी थीं । उनकी कविताओं की सादगी, अपनापन और जन-साधारण से प्रतिबद्धता ने मुझे बहुत आकर्षित किया था । उनका पहला कविता-संग्रह 'सुनो कारीगर' 1980 में प्रकाश में आया । इसकी कविताएँ तीन खंडों में विभाजित हैं : 'कारीगर को बुलाओ यह इमारत तो हिल रही है', 'जेठ की धूप में आँच तो रहेगी ही' और 'छोटे-मोटे दुःख-सुख' । पहले खंड की कविताओं में कारीगर, दस्तकार, बढ़ई, खलासी, किरानी, श्रमजीवी हैं, जो कवि के आत्मीय बंधु के समान उनमें आते हैं । कई कविताओं में आनेवाले व्यक्तिवाचक नाम उन्हें अपने परिवेश के साथ सजीव कर देते हैं । ऐसी कविताओं में से एक कविता है 'हालचाल', जिसमें जीवन दास एक आफिस में किरानी है और नाना प्रकार की विपदाओं का मारा हुआ है । कवि उससे कहता है :

ये अकेले का सफ़र नहीं है
जीवन दास
तुम अपनी साइकिल के
अकेले अनोखे सवार नहीं हो
जीवन दास

जीवन दास
ज़रा एक बार
ठीक से
सोचकर देखो ।

यह क्रांतिकारी चेतना के प्रसार का लोकतांत्रिक तरीका है, अतिक्रांतिकारी नहीं । उदय प्रकाश को कारीगर और इमारत का रिश्ता अच्छी तरह से मालूम हो चुका है और वे जानते हैं कि दोनों के बीच की दुर्लंघ्य खाई अनिश्चित काल तक के लिए बनी नहीं रह सकेगी । जैसे-जैसे श्रमजीवियों की हालत बिगड़ती जाएगी और वे संगठित होते जाएँगे, उनके श्रम पर पलने वालों के सुख के दिन हवा होते जाएँगे । स्वभावत: 'इमारत' शीर्षक कविता में कवि की उक्ति है : 'नहीं जानता इंजीनियर/या जानता है/कि इमारत हिल रही है/ज़ोर-ज़ोर से/क्योंकि तीन सौ मील दूर गाँव में अपनी झिलंगी खटिया पर/पड़ा हुआ कारीगर/खाँस रहा है ज़ोर-ज़ोर से ।' इस खंड में 'पिता' शीर्षक से दो कविताएँ हैं । दोनों में पिता कारीगर हैं । पहली कविता में पिता के श्रमिक होने के साथ ममता का स्रोत होने का भी वर्णन है और दूसरी कविता में कवि पिता से आशीर्वाद माँगता है और कहता है कि नरक से निकलकर तुम हमारे साथ आओ, क्योंकि हम 'प्रतिशोध की सामूहिक आग में जलते' हुए आगे बढ़ रहे हैं ।

समकालीन लेखन में एक दौर वह आया था, जब यथार्थ के चित्रण को रचनाकार और आलोचक दोनों ही नाकाफी समझते थे और उसमें प्रतिरोध का होना आवश्यक बतलाते थे । लूकाच आलोचनात्मक यथार्थवाद के बाद समाजवादी यथार्थवाद की बात करते थे । यह बाद की साहित्यिक समझ है कि यथार्थ का चित्रण अपने आपमें पूर्ण है, क्योंकि वह हमारे भीतर स्वयं उसके प्रतिरोध का भाव जगाता है । 'सुनो कारीगर' के दूसरे खंड की कविताओं में अलग से प्रतिरोध की बात की गई है । यह प्रतिरोध कई बार निर्णायक रूप में चित्रित है, जब कि शोषण-पीड़न का यथार्थ अभी उस बिंदु पर नहीं पहुँचा । ऐसी स्थिति में उसे 'इच्छित विश्वास' की संज्ञा देना गलत न होगा । उदाहरण के लिए इस खंड की पहली ही कविता 'सरकार' को देखा जा सकता है । लेकिन इस 'इच्छित विश्वास' का भी महत्त्व हो सकता है, शोषण पर आधारित समाज से मुक्त होने की दृढ़ आकांक्षा और भविष्य शोषितों-पीड़ितों के पक्ष में होने के कारण । मार्क्स ने कहा था कि इतिहास में कभी-कभी सौ दिन एक दिन के बराबर और एक दिन सौ दिनों के बराबर होता है । ऐसी स्थिति में 'इच्छित विश्वास' को निरा खोखला नहीं कह सकते । 'मालिक, आप नाहक नाराज हैं', 'गेम सेंक्चुअरी', 'बहेलिए' और 'पक्षी' शीर्षक सभी कविताओं में प्रतिरोध है । 'महापुरुष' शीर्षक कविता में महापुरुषों की सुख में डूबी और आत्मतुष्ट छवि लाजवाब ढंग से आँकी गई है । इसी तरह 'सम्राट की वापसी' में हारे हुए सम्राट् की । ये महापुरुष, और सम्राट् भी क्यों नहीं, जनतंत्र के अधिपति हैं, जिसे मार्क्सवाद में पूँजीवादी जनतंत्र

कहा गया है । 'राजा की शान' शीर्षक कविता में नए तानाशाह के झूठे घमंड और नंगई का उसी बीभत्सता से चित्रण किया गया है । देखिए–

अपनी शानदार पूँछ
ऊपर उठाकर
गर्व से चलता है
जंगल का राजा

तो उसकी
कौन-सी चीज़
खुली रह जाती है?

इस खंड की सबसे महत्त्वपूर्ण छः कविताएँ वे हैं, जो 'सुअर' शीर्षक से लिखी गई हैं । ये कविताएँ नेता पर केंद्रित हैं, जिसके कई रूप इनमें उजागर हैं। 'सुअर' सूअर के रूप में पैदा नहीं होते, धीरे-धीरे उन्हें सूअर बनाया जाता है और वे जनतंत्र से डरते भी हैं । इस शृंखला की अंतिम कविता की अंतिम पंक्तियाँ हैं : 'इस तरह जब हिरन एक दिन पूरी तरह/सुअर बन गया/तब सुअर ने उसे/सुअर पीठ का/सर्वोच्च कला पुरस्कार देकर/सम्मानित किया ।' यहाँ आते-आते उदय प्रकाश की उक्ति में अच्छी वक्रता आ जाती है और उनके व्यंग्य की धार बहुत पैनी हो जाती है ।

तीसरे खंड में स्फुट विषयों पर लिखी गई कविताएँ हैं । उनमें 'तिब्बत' शीर्षक सुपरिचित कविता भी है, जिसमें अपने देश के प्रति प्रेम बहुत ही अमुखर और मार्मिक रूप में प्रकट हुआ है । एक सरल कविता वसंत पर है, जो छोटी है, इसलिए पूरी उद्धृत की जा रही है :

रेलगाड़ी आती है
और बिना रुके
चली जाती है

जंगल में
पलाश का एक गार्ड
लाल झंडियाँ
दिखाता रह जाता है ।

लाल झंडी दिखाने वाले गार्ड को कवि ने किस तरह पलाश के रूप में बदला है,

यह देखने लायक है । उसके हाथ में एक ही झंडी होती है, जिसे वह हिलाता है । उसका हिलाना उक्त पंक्तियों में पलाश के अनेक फूल बन गए हैं । इस चित्रण में कहीं कोई कलाबाजी नहीं है और आँखों के सामने लाल फूलों से युक्त पलाश का वृक्ष साकार हो जाता है ।

1984 में प्रकाशित दूसरा संग्रह 'अबूतर-कबूतर' कवि के पहले संग्रह का ही बढ़ाव है, क्योंकि इसकी कविताओं में पहले संग्रह की कविताओं की तुलना में कोई गुणात्मक विकास नहीं दिखलाई पड़ता । इस संग्रह की कविताओं के भी तीन खंड हैं—'पसली का दर्द', 'अबूतर-कबूतर' और 'करीमन और अशर्फी' । पहले खंड की कविताएँ मुख्यत: संबंधों की कविताएँ हैं । इन संबंधों के मूल में प्रेमिका, बहन, बड़ा भाई, बच्चे, मित्र, पत्नी, पिता, शत्रु और कवि स्वयं है । इनमें निराशा और आशा दोनों के भाव हैं । इस खंड की जो कविता सबसे अच्छी है, वह है 'घोड़े की सवारी' । जमाने बाद उसे पढ़ते हुए मुझे वह दिन याद आया, जब करीब ढाई-तीन दशक पूर्व उदय प्रकाश ने वह जेएनयू के अपने कक्ष में मुझे सुनाई थी । अनुमानत: वह तुरत-तुरत लिखी गई थी । मुझे वह बहुत पसंद आई थी । इस बार उसे पढ़ते समय उस दिन की याद तो मुझे आई ही, वह कुछ ज्यादा ही अच्छी लगी । इसमें कवि ने निम्न-मध्यवर्गीय युवक की लाचारी को इतने सशक्त रूप में चित्रित किया है कि उसे दाद देनी ही पड़ती है । कविता वही है, जिसे पढ़-सुनकर पाठक मन में सोचता रह जाए और उसके मुँह से प्रशंसा के शब्द स्वयं फूट पड़ें । इसमें उस युवक के पाँवों पर उसका बच्चा चढ़ता है, क्योंकि वह चित लेटा है । बच्चा उसके उठे हुए पाँवों पर बैठकर उसे घोड़ा बनाता है और जब वह टाँगें हिलाता है, तो बच्चा हर्ष के मारे बोलता है, 'चला घोड़ा, चला' और उसके मुँह से 'चख्-चख्' की आवाज निकलती है । चूँकि युवक थका था और घंटा-भर से घोड़ा बना था, इसलिए इस बार उसने टाँगें हिलाईं, तो बच्चा फर्श पर गिर पड़ा और उसका सिर दीवार से टकराया । युवक ने वापस आदमी होने की कोशिश की और उठकर बैठ गया । आगे कवि के शब्दों में—

वह लड़के को चुप कराना
चाहता था ।

लेकिन उसके गले में से
थके हुए घोड़े की
हिनहिनाहट निकली सिर्फ़ !

सीधे ढंग से सोचने वाले पाठक कहेंगे, आदमी सचमुच का घोड़ा कैसे बन सकता है? लेकिन कवि अपनी अभिव्यक्ति को जोरदार बनाने के लिए अनेक विधियाँ अपना सकता है, जिनमें से यह सिर्फ एक विधि है । इसे आप नया-पुराना जो नाम दें ।

दूसरे खंड में वस्तुपरक कविताएँ हैं, जिनमें से ज्यादा कविताएँ जनतंत्र के कुशासन के विरुद्ध हैं, जो नागरिकों को मौलिक अधिकार देकर भी उन्हें उनका प्रयोग नहीं करने देता या उसके योग्य उन्हें नहीं बनाता । वह चापलूस पैदा करता है, या फिर ऐसे नागरिक, जो उसकी स्वार्थ-सिद्धि में सहायक हो सकें । इस खंड की सर्वश्रेष्ठ कविता है 'तानाशाह की खोज' जो इसकी पहली ही कविता है और जिसमें कवि ने यह मार्के की बात कही है, पूरे तीखेपन के साथ, जिसमें तानाशाह के नए रूप की ओर इशारा है–

अब तो वह आएगा तो उसे पहचानना भी मुश्किल होगा,
हो सकता है, वह कहता हुआ आए कि मैं इस
शताब्दी का सबसे ज्यादा छला गया व्यक्ति हूँ
और वह विनोबा भावे या संत तुकाराम के बारे में
बात करे या सफ़ेद-सफ़ेद कपड़े पहनकर
सफ़ेद-सफ़ेद कबूतर उड़ाए या निश्शस्त्रीकरण
की बात करे
उसका चेहरा सफ़ाचट हो, चेहरे में झुर्रियाँ हों
और वह सेना और पुलिस के होने के ही खिलाफ़ हो

तीसरे खंड में कई प्रकार की कविताएँ हैं । 'हम कोयल हैं/सरकार के/हम साज़िंदे/दरबार के' से शुरू होने वाली 'सरकारी कोयल' शीर्षक कविता की कुछ पंक्तियाँ उन दिनों की याद दिलाती हैं, जब प्रतिबद्ध और प्रतिबद्धता के विरोधी रचनाकारों का संघर्ष बहुत बढ़ गया था । एक तरफ प्रगतिशील चेतना वाले रचनाकार थे और दूसरी तरफ परिमल नामक इलाहाबादी साहित्यिक संस्था से जुड़े हुए रचनाकार । प्रतिबद्धता-विरोधी रचनाकार इस रचना में कहते हैं–

कोई चिंता नहीं है हमें ।
हमें फ़िक्र है तो
है बिंबों की
भाषा की तलाश है ।

हम रचना के स्वायत्त क्षण में
जीते हैं
मरते हैं ।

यह बात और है कि प्रगतिशील जहाँ मार्क्सवाद के प्रभाव में थे, वहाँ क्षणवादी अस्तित्ववाद के प्रभाव में । प्रसंगवश यहाँ यह कह देना भी असमीचीन न होगा कि अस्तित्ववाद संकीर्ण मार्क्सवाद के व्यक्ति-विरोधी रवैए की प्रतिक्रिया में ही पैदा हुआ था । प्रतिक्रिया में व्यक्ति-स्वातंत्र्य का पक्ष लेते-लेते वह इस अतिवाद तक पहुँच गया कि समाज को व्यक्ति का शत्रु घोषित कर बैठा । इस खंड में एक ऐसी कविता है, जो आलोचक-विशेष को दृष्टि में रखकर लिखी गई है । उदय प्रकाश की ऐसी ख्याति रही है कि वे प्रतिशोध की भावना से प्रेरित होकर अपनी कविता और कहानी में लेखक-विशेष को विषय बनाकर उसका उपहास करते हैं । निस्संदेह रचनाकार प्राय: अपनी रचना का विषय अपने परिवेश से ही ग्रहण करते हैं, लेकिन उसे व्यापकता प्रदान करने के लिए वे उसका निर्वैयक्तिकीकरण कर देते हैं । इस कविता में कवि इसमें असफल रहा है, जिससे उसका उपहास फैलता नहीं, आलोचक-विशेष पर केंद्रित हो जाता है । इस खंड की अंतिम कविता एक लंबी कविता है, जिसमें गाँवों में एक वैरागी आता है और देश के भूखे-अधनंगे लोगों के बीच 'वर्ग-चेतना की ज्वालामुखी' के जगने की बात कहता है । यह कविता अच्छी नहीं है, लेकिन कवि की शक्ति का यह अच्छी तरह से परिचय देती है । इसके एक अंश से पाठकों को उस शक्ति की झलक मिल जाएगी—

जाकर कहेंगे
गोप-गोपिका से
कि वे पुष्ट और प्रसन्न हो जाएँ ।
शिशुओं से
कि वे रोटी-भात खाकर
लट्टू नचाएँ
कालियादह पर गेंद खेलें
पृथ्वी को गिल्ली बना लें
आकाशगंगा को डंडा
समुंदर को मैदान
और खेलें ।

खेलें, कोबरों-करैतों से भरे इस
घटाघोप जंगल में ।
खेलें निर्भय इन विषधरों के
हज़ार-हज़ार फनों पर
अपनी दूध-सी कोमल और उजली
पगथलियाँ पटक कर...

उदय प्रकाश की पूर्ण शक्ति का प्रकाश उनके तीसरे कविता-संग्रह 'रात में हारमोनियम' (1998) में हुआ है । इसकी दो कविताओं में उन्होंने हारमोनियम का जिक्र किया है । एक कविता में कहा है कि उनकी कविता उस हारमोनियम की तरह है, जिसकी आवाज रात के सन्नाटे में दूर-दूर तक जाती है और अत्यधिक आकर्षक होती है । मुझे गाँव की एक घटना याद आती है । आज से करीब पाँच दशक पूर्व मेरे दरवाजे पर हारमोनियम पर एक गायक गा रहे थे । गाँव से बाहर एक मील की दूरी पर एक ग्रामीण सज्जन अपने बथान में सोए हुए थे । वे लघुशंका के लिए उठे, तो पश्चिम से आती हुई उन्हें हारमोनियम की आवाज सुनाई पड़ी । साथ-साथ गायक का स्वर भी । वे उनकी डोर पकड़कर चलते हुए और खेतों और बगीचों को लाँघते हुए मेरे दरवाजे पर पहुँच गए । उस समय जाड़े की रात का एक बज रहा था । यह एक चकित करनेवाली अनुभूति है, जिसे मैं भूल नहीं पाता । दूसरी कविता में कवि का कहना है कि आज के संगीत में इस वाद्य यंत्र की जगह लगातार कम होती जा रही है । सच्चाई यह है कि आज कविता-मात्र की यही स्थिति है । जहाँ तक उदय प्रकाश की अपनी कविता के रात में हारमोनियम की आवाज की तरह दूर तक जाने वाली और आकर्षक होने का सवाल है, वह बिलकुल सही है । एक अन्य कविता में उन्होंने कविता को परिभाषित करते हुए कहा है कि कविता और जीवन का संबंध इतना घनिष्ठ है कि उसमें कविता जीवनमय और जीवन कवितामय होता है । यह बात भी सही है और उनकी अपनी कविता पर भी लागू है । आज की कविता का मुख्य विषय आधुनिक औद्योगिक सभ्यता है, जो बाजारीकरण के कारण संपूर्ण मानव-संस्कृति को अपना शिकार बनाने पर आमादा है । सारी चीजें पण्य-वस्तुओं में बदलती जा रही हैं । यहाँ तक कि मनुष्य और उसके संबंध भी । आज के सभी कवियों ने प्राय: इसी विषय के विभिन्न पहलुओं को अपने वैशिष्ट्य के साथ अपनी कविताओं में प्रस्तुत किया है ।

यह बहुत अच्छी बात है कि उदय प्रकाश न अतीतवादी हैं, न वर्तमानवादी।

वे दोनों की त्रुटियों और उपलब्धियों से परिचित हैं और उन्हीं को ध्यान में रखकर आगे बढ़ना चाहते हैं, मानव-भविष्य की कल्पना करते हैं । अतीतजीविता का विरोध उन्होंने 'ईलू-ईलू' शीर्षक कविता में किया है और आधुनिक सभ्यता में मनुष्य के स्वप्न देखने पर भी जो प्रतिबंध है, उसका 'डायनासोर कभी नहीं हुआ' कविता में । 'क़ायदा' शीर्षक कविता में भी उन्होंने इस बात का विरोध किया है कि आज सारा जोर मनुष्य के संभ्रांत नागरिक बनने पर है, जिससे 'संस्थाएँ हमें भी भेजेंगी विदेश/हमारे कंधे भी ओढ़ेंगे शाल'। जैसा कि कहा गया, वे अतीतवादी नहीं हैं, पर उसकी कुछ चीजों के प्रति उनके मन में आकर्षण है, क्योंकि वे सीधे-सरल जीवन की प्रतीक थीं । 'अर्जी' शीर्षक कविता में उन्होंने रेतघड़ी का वर्णन किया है और कहा है : 'रेतघड़ियों की तरह हम भी/बिलकुल सही समय बताते थे/हमारा सेल ख़त्म नहीं होता था ।' इस तरह अतीत में आज-जैसी लकदक और पैसे का खेल नहीं था । रेतघड़ी को 'सरलता' का उपमान बनाने के लिए उन्हें जितना सराहा जाए, कम है । 'बचाओ' शीर्षक कविता में भी उन्होंने कुछ चीजों के बचाए जाने पर जोर दिया है और यह भी कहा है कि 'मैं एक बार फिर प्रयत्न करता हूँ प्रयत्न/कि बच सके तो बच जाए हिंदी में समकालीन कविता' । प्रो. नलिनविलोचन शर्मा का कहना है कि मनुष्यता के दो-चार पर्यायों में से एक कविता भी है । इस तरह उदय प्रकाश का परिप्रेक्ष्य बहुत बड़ा है ।

स्वभावत: वे साधारण जन के प्रति गहरी सहानुभूति रखते हैं । इस दृष्टि से उनकी प्रसिद्ध कविता है 'ढेला', जो निस्संदिग्ध रूप से एक अ-साधारण कविता है । इसमें साधारण जन का प्रतीक है ढेला, जो किसी तरह दिल्ली पहुँच जाता है—

एक दिन देख ही लिया गया राजधानी में
लोग-बाग चौंके कि ये तो कैसा ढेला है
कि रोता भी है आदमी लोगों की तरह
दया भी उपजी कुछ के भीतर

कुछ ने कहा कैसे क्या तो करें इसका
नौकरी पर रखें तो क्या पता
किसी का सर ही फोड़ दे
ज़्यादातर काँच की हैं दीवारें और इतने कीमती
इलेक्ट्रॉनिक आइटम

कुछ ने कहा विश्वसनीयता का भी प्रश्न है
ढेले की जात कब किस दिशा में लुढ़क जाए
क्या पता किसी बारिश में ही घुल जाए

जिस साधारण जन पर हमारा कथित जनतंत्र टिका है, उसके बारे में राजधानी में रहनेवालों के क्या विचार हैं, यह उपर्युक्त पंक्तियों से स्पष्ट होता है । इसमें दो राय नहीं हो सकती कि भारत से, जो गाँवों का देश है, दिल्ली जितनी कटी हुई है, उतना शायद ही कोई और महानगर । अंत में कवि कहता है—

आदमी लोगो, सुनो !
इस ढेले के भी हैं कुछ विचार
ढेले को भी करनी है बाज़ार में ख़रीददारी
इस कठिन समय में ढेले का सोचना है
उसको भी निभानी है कोई भूमिका

भाई, कोई है ?
कोई सुनेगा ढेले का मूल्यवान प्रवचन
कोई अख़बार छापेगा
ढेले के विचार

भाई, कोई है,
जो उसे उठाए
उस तरह जिस तरह नहीं उठाया जाता कोई ढेला !

इस कविता में कवि की भाषा भी कुछ बदल गई है, जो साधारण जन की भाषा का प्रभाव है । 'आदमी लोग' प्रयोग वहीं से आया है । प्रस्तुत संग्रह में 'शरीर' शीर्षक एक बहुत सशक्त कविता है, जिसमें शारीरिक संरचना का वर्णन है, लेकिन जो भी वस्तुतः साधारण जन पर ही केंद्रित है । उस साधारण जन के गले में एक अंधा कुआँ है, जिससे पुराने मरे हुए आदमी की भर्राई हुई आवाज आती है । 'प्रधानमंत्री रमेशजी के बारे में कुछ पंक्तियाँ' रघुवीर सहाय से 'रमेश' चरित्र लेकर बहुत दिलचस्प ढंग से लिखी गई एक ऐसी कविता है, जिसके भीतर झाँकने पर साधारण जन पर ही नजर जाती है । ऐसा आदमी कैसे प्रधानमंत्री हो सकता है, 'जो खाता हो आलू, पहनता हो पाजामा/और जिसकी विरासत हो दाढ़ का दर्द ।' 'किताब' शीर्षक कविता की अंतर्वस्तु भी यही है कि यथार्थ किताबों

में नहीं, साधारण जन के जीवन में है । आज के साहित्य में नारी को अलग से महत्त्व दिया जा रहा है, क्योंकि वह साधारण जनों से भी प्रताड़ित होती है। लेकिन आती है वह साधारण जन की श्रेणी में ही । कम से कम उदय प्रकाश की औरत इसी श्रेणी की है । उन्होंने नारी पर दो बेहद मार्मिक कविताएँ लिखी हैं– एक 'औरतें' शीर्षक से और दूसरी 'पंचनामे में जो दर्ज नहीं है' शीर्षक से । दोनों से एक-एक उद्धरण :

1. *हज़ारों-लाखों छुपती हैं गर्भ के अँधेरे में*
   इस दुनिया में जन्म लेने से इंकार करती हुई
   वहाँ भी खोज लेती हैं उन्हें भेदिया ध्वनि तरंगें
   वहाँ भी, भ्रूण में उतरती है हत्यारी कटार ।

2. *वर्षों तक, उन्हीं के ख़ून और उन्हीं के रज से उनको नहलाते हुए*
   ...किसी एक दिन उन्हें मिट्टी तेल या पेट्रोल में
   भिगोया गया और एक तीली उन्हें दिखाई गई
   या जिस तकिए में उन्होंने 'गुडनाइट' या नमस्ते और अज्ञात फूल काढ़ रखे थे
   वही तकिया
   उनकी नाक में देर तक दबाया गया

बेकारी भी आधुनिक सभ्यता की ही देन है और मनुष्य की जगह काम करने वाले यंत्रों के आविष्कार के साथ हर देश में वह बढ़ती जा रही है । मार्क्स ने यह भी कहा था कि वैज्ञानिक प्रगति के साथ मनुष्य के काम के घंटे कम होते जाएँगे, लेकिन उनका सिद्धांत दूर का सुख-स्वप्न मालूम पड़ता है । सभी देशों में यही स्थिति है कि एक कंप्यूटर के निकल जाने के बाद सारे प्रेसों में काम करने वाले लाखों-लाख कर्मचारी बेकार हो गए । बहरहाल । दिल्ली में कवि की मुलाकात नौकरी ढूँढ़ती एक युवती से होती है, जिसके बाद दोनों एक दूसरे से प्रेम करने लगते हैं । बहुत कोशिश करने पर भी उन्हें काम नहीं मिलता । अंततः युवती धंधा करने वाली लड़कियों में शामिल हो जाती है, जिन्हें दारू पिला-पिलाकर कारोबारी अपना कारोबार करते हैं। एक दिन कवि भी उनके बीच पहुँच जाता है । वहाँ वह पाता है कि–

यहाँ वह थी, पाँच लड़कियों द्वारा चारों ओर से घिरी किसी कुएँ की तरह
वह बार-बार किसी पुलक से भरकर अपने समूचे वजूद से हँसती थी

कशिश से भरी उसकी आँखों में प्रसन्नता की कौंध थी
हीरे की तरह जिसकी नुकीली कनियाँ मेरी आत्मा में चुभती थीं
वह हँसती थी मेरे आर-पार देखती हुई
फिर मैंने सुनी उसकी भाषा.... 'मेरे को लिटा दो कहीं भी मेरे को चढ़ गई है क़सम से...'

यहाँ यह कहने की जरूरत नहीं कि वह कवि स्वयं कवि नहीं, बल्कि कोई भी बेकार युवक हो सकता है, जो नग्न यथार्थ को देखकर सिहर जाता है । यह कविता 'इस सदी में एक लड़की' शीर्षक से है ।

प्रस्तुत संग्रह में एक कविता बचपन के बारे में है । इसमें दो बच्चों की लड़ाई का वर्णन है । एक का पक्ष है न्याय का और दूसरे का अन्याय का । कवि पहले बच्चे का समर्थन करता है, क्योंकि वह भावुक, ईमानदार और मानवीय है । ऐसी ही धारणाओं पर नीतिशास्त्र या राजनीतिक सिद्धांत की बुनियाद रखी जाती है, लेकिन बड़े लोग ऐसे बचपन को पसंद नहीं करते, क्योंकि बच्चा उस पर कायम रहेगा, तो उसका भावी जीवन संकटपूर्ण होगा, सो वे ऐसे बचपन को दफन करने की बात करते हैं । दूसरे बच्चे का पक्ष अन्याय का पक्ष है, यद्यपि वह अपने को अन्यायी नहीं मानता और उसके पास अपना तर्क भी है । कविता के अंत में कवि का कहना है कि वही बच्चा अपने जीवन में सफल होगा, लेकिन वह यह भी कहता है कि वह 'होगा यशवान अपनी पराजय के पहले तक', यानी अंत में उसकी पराजय निश्चित है । बचपन से संबंधित एक और कविता है, जो बहुत मार्मिक है । इसमें हत्यारे एक व्यक्ति की हत्या करते हैं, जिसे काटते समय उसके गले से एक रक्त से सनी बच्चों वाली सीटी निकलती है, जिसे बजाने पर उसकी आवाज से संपूर्ण पृथ्वी ही नहीं, हत्यारे भी रोने लगते हैं । सीटी बजाने वाला तो रोता ही है । कवि कहता है, 'उसे याद आ गई थी अपने बचपन/में खोई हुई सीटी' । कहें तो कविता वस्तुतः उसी सीटी की आवाज है, जो अत्यंत पवित्र, निष्पाप और मानवीय है । इन दोनों कविताओं को भी आधुनिक सभ्यता से ही जोड़कर देखना चाहिए । रघुवीर सहाय बदहाल प्रजातंत्र या जनतंत्र के अनेक पहलुओं के तीखे चित्रण के लिए प्रसिद्ध हैं । उदय प्रकाश ने भी दो-तीन कविताओं में जनतंत्र का असली चेहरा दिखलाया है । इस संग्रह की पहली ही कविता एक मंत्र की तरह है, जिसका अर्थ समझने पर मौजूदा जनतंत्र पूरा का पूरा आँखों के सामने मूर्त हो उठता है । कविता है :

इस पत्थर के भीतर
एक देवता ज़रूर है

उस देवता के मंत्र से
यह पत्थर है

जैसे हम सब
पत्थर हैं किसी देवता के मंत्र से ।

जनतंत्र में कोई न कोई ऐसा नेता जरूर होता है, जो देवता की तरह पूजित होता है और जनता का समर्थन पा लेता है, यानी उसे पत्थर की तरह जड़ बना देता है । ऐसे अनेक नेताओं को पिछले दिनों अपने देश में हम देख चुके हैं । संग्रह की अंतिम कविता संतों की वाणी में लिखी गई है । संस्कृत में ब्रह्म के बारे में कहा गया है : 'एकोऽहं बहु स्याम्' । जनतंत्र में सिद्धांततः जनता की ही सरकार होती है, वह उसी के द्वारा चलाई जाती है और उसी के हित में काम करती है । स्वभावतः कवि ने कहा है :

नाम-पता, ना ठौर-ठिकाना, जात-धरम ना कोई
मुलक-ख़लक़, राजा-परजा हम, हम बेलन, हम लोई ।
हम ही दुल्हा, हमी बराती, हम फूँका, हम छाना ।।

निस्संदेह आज यह कथन एक विडंबना मालूम पड़ती है, जिसे आलोचकों ने नोट नहीं किया है । 'कवि की पीड़ित ख़ुफिया आँखें' शीर्षक कविता में इस तंत्र की लालफीताशाही का बहुत तीखा और सटीक वर्णन है । 'हत्यारे ने उस औरत को मारने में दो मिनट लगाए/उसकी सत्तर साल तक जाँच करता है जाँच आयोग' । कहा जा सकता है कि इस कथन में अतिरंजना से काम लिया गया है, लेकिन लक्ष्य है कि यह कलात्मक अतिरंजना है, जो चित्रकला और काव्यकला की एक सुपरिचित विधि है । उदय प्रकाश में 'विट्' भी है, जिससे विद्वानों को विषय बनाकर लिखी गई एक कविता में उन्होंने बहुत असरदार ढंग से काम लिया है । एक अन्य कविता 'एक कविता के नोट्स' में उन्होंने एक कवि का उपहासास्पद चित्र अंकित किया है, जिसे दिल्ली के लेखक आसानी से पहचान जाएँगे । तात्पर्य यह कि कवि इसमें उस कवि का निर्वैयक्तिकीकरण नहीं कर सका है ।

शायद ही हमें कोई ऐसा कवि मिलेगा, जिसका प्रकृति से लगाव न हो । यदि उसने स्वतंत्र रूप में प्रकृति की कविता नहीं लिखी है, तो वह उसके एक आवश्यक उपादान की तरह उसमें प्रयुक्त होती है, उसकी संवेदना के अंग के रूप में । इस संग्रह में उदय प्रकाश की एक कविता है 'चंद्रमा', जो थोड़ी लंबी है, इसलिए इसमें कई अभिप्राय समाविष्ट हैं । चंद्रमा के बारे में कवि की यह उक्ति

बहुत ही मनोहारी है कि—

चंद्रमा है संसार के सभी बच्चों का मामा
वह सांताक्लाज है उन समाजों का भी
जहाँ तक नहीं पहुँची प्रभु यीशु की परछाईं

वह होता रहता है बीच-बीच में
सौर मंडल से फरार और खाने आता है
माँओं के कटोरे में दूध-भात

अंत में—

मैं तो कहता हूँ
कि वही है सच्चा कवि, जिसका शरीर रात में चमकता है
चंद्रमा की तरह
जो जानता है समुद्र के बुख़ार के बारे में
बजाता है संसार के सारे घंटाघरों को
नियमपूर्वक
जीवन भर
लगातार ।

'समुद्र के बुख़ार' से मतलब है समाज की स्थिति से कि वह कितना उत्तप्त है और 'घंटाघरों को नियमपूर्वक बजाने' का मतलब है समय पर पकड़ होना । कवि के लिए निश्चय ही ये दोनों चीजें आवश्यक हैं । जब कवि का प्रसंग उपस्थित हुआ है, तो एक बात मैं कहना चाहता हूँ । यह बात मैं समझ नहीं पा रहा हूँ कि उदय प्रकाश अपने को उपेक्षित क्यों महसूस करते हैं? कवि और कथाकार दोनों ही रूपों में नई पीढ़ी में उन्हें पर्याप्त ख्याति मिली है । निराला और अज्ञेय की तरह उनका विरोध कभी नहीं किया गया, न मुक्तिबोध की तरह वे कवि-रूप में कभी अस्वीकृत रहे, न ही शमशेर, नागार्जुन तथा त्रिलोचन की तरह विपन्नता ही उनका पीछा करती रही । उदय प्रकाश आरंभिक स्थिति की तुलना में आज नई पीढ़ी के रचनाकारों में संपन्न ही माने जाएँगे । फिर वे कभी अपने लौट जाने और कभी सहानुभूति की माँग करने की बात क्यों करते हैं? उनका यह कथन हिंदी के कवि-मात्र के बारे में नहीं, बल्कि स्वयं उनके अपने बारे में है, यह तीसरी कविता से, जिसे पूरा उद्धृत किया जाएगा, स्पष्ट हो जाती है । 'मैं लौट आऊँगा' शीर्षक कविता में वे कहते हैं : 'अँधेरा लौट जाता है किसी अज्ञातवास में अपने दुखते हुए

शरीर को/कंबल में छुपाए/थोड़े-से सुख और चुटकी-भर सांत्वना के लोभ में सबसे छुपकर आई हुई/व्यभिचारिणी जैसे लौट जाती है वापस अपनी गुफा में भयभीत' । इसी तरह 'सहानुभूति की माँग' शीर्षक कविता में : 'पैदा करो सहानुभूति/कि मैं अब भी हँसता हुआ दिखता हूँ/अब भी लिखता हूँ कविताएँ' । अब 'नमस्कार' शीर्षक पूरी कविता नीचे दी जा रही है, जिसकी आत्मनिष्ठता बिलकुल स्पष्ट है :

पानी अगर सिर पर से गुज़रा, आलोचको
तो मैं किसी दिन आजिज़ आकर अपने शरीर को
परात में गूँधकर मैदे की लोई बना डालूँगा
और पिछले तमाम वर्षों की रचनाओं को मसाले में लपेटकर
बनाऊँगा दो दर्जन समोसे

और समोसे आपकी थाली में परोस दूँगा

तृप्त हो जाएँगे आप और निश्चिंत
कि आपके अखाड़े से चला गया
एक अवांछित कवि-कथाकार
नमस्कार !

उदय प्रकाश के चौथे कविता-संग्रह 'एक भाषा हुआ करती है' का प्रकाशन-काल 2009 है । उसके बाद उनका कोई संग्रह अभी तक नहीं निकला। इस संग्रह में भी कवि ने तीन खंडों में कविताओं का विभाजन किया है, लेकिन मैं उनका विभाजन अपने ढंग से करना चाहूँगा, जिससे कि उन पर विचार करने में सुविधा हो । पहले प्रकार की कविताएँ वे हैं, जिनमें कवि ने सामाजिक यथार्थ के विभिन्न पहलुओं का चित्रण किया है; दूसरे प्रकार की कविताओं में वह आज के साहित्य या कविता या कवि के बारे में कहता है और तीसरे प्रकार की कविताओं में उसने आत्माभिव्यक्ति की है, जो उसके कल्पित उपेक्षा-भाव से उपजी है। तीनों प्रकार की कविताओं में वह अपनी कलम की ताकत का एहसास कराता है ।

'एक लिखी जा रही कविता का पहला ड्राफ्ट' में मेहनतकश कहते हैं : 'अपनी ही भाषा और अपने ही लोकतंत्र के भीतर/हम अबुगरेब के क़ैदी/अपने ही कुएँ का तेल, अपनी ही नदी का जल पीने से प्रतिबंधित/हत्यारों के उत्सव-समारोह में अँगोछे में छिपाए अपना मुँह/बैठे हैं सबसे पीछे की क़तार के एक धुँधले कोने में/छाती दबाकर रोके हुए अपनी खाँसी और बलग़म' । इनका काम

समारोह के बाद सभागार से जाजिम और कुर्सियाँ समेटना तथा झाड़ू लगाना है । 'छिपकली' शीर्षक कविता में मेहनतकश अवाम छिपकलियों की तरह है, जिसके लिए वर्तमान सभ्यता में कोई जगह नहीं है । 'सफल चुप्पी' एक बहुत प्रभावशाली कविता है, जिसमें उन लोगों का वर्णन है, जिन्हें पुलिस दिल्ली से बाहर खदेड़ देती है, लेकिन जो फिर कीड़ों और मक्खियों की तरह हर जगह उग जाते हैं । पुलिस बुलडोजर और बंदूकों के साथ आकर उनका संसार उजाड़ देती है और उनके घरों में घुसकर उनकी स्त्रियों के साथ बलात्कार करती है । लेकिन आधुनिक कविता की सफलता का रहस्य तो ऐसी जगहों की खामोशी पर ही मुनहसर है !'इस समूचे दृश्य के बाद' कविता शिल्प की दृष्टि से एक नायाब कविता है, जिसमें कुछ दृश्यों का वर्णन है और उसके बाद कवि ने कुछ नहीं कहा । वर्णित दृश्य ही वर्तमान सभ्यता या व्यवस्था का पूरा परिदृश्य हमारे सामने उद्‌घाटित करते हैं, जिससे उनके बाद की बातें स्वयं कल्पना में आ जाती हैं । इसकी कुछ पंक्तियाँ देखिए—

किसी ट्रेन में जो टाइम बम रखा है, बिलकुल ठीक समय पर
उसके फूट जाने के बाद
काव्य-पाठ और समारोह समाप्त हो जाने के बाद
किसी अनधिकृत मानव-सभ्यता पर किसी अधिकृत अ-सभ्यता का
बुलडोज़र चल जाने के बाद
मृत्यु जिसे आना ही था नियत घड़ी पर
उसके आ जाने के बाद

सफदर हाशमी की स्मृति में लिखी हुई कविता भी प्रकारांतर से मानवीयता का पर्याय बन गई है और यह देखकर आश्वस्ति होती है कि ऐसे युवक भी हमारे बीच हैं, जो मानव-मूल्यों की रक्षा में लगे हैं, भले वे मार दिए जाते हैं । 'जो फ़िल्म नहीं है का दृश्य' 'इस समूचे दृश्य के बाद'-जैसी ही एक कविता है, जिसमें फ़िल्म के बाहर का यह भयावना दृश्य है कि न्याय और अन्याय तथा पुण्य और पाप के पक्षधर सब एक साथ एक-दूसरे के गले मिलकर नाचते हैं और एक-दूसरे को तमगे और विशेषण बाँटते हुए 'आपस में मुँहों में/आपस की घूँटों को लेते और देते वे एकदम एक थे' । अंत में : 'जो इस फ़िल्म से डरकर चीख़ता था/फ़िल्म के बाद उसे मारने का पुख़्ता इंतज़ाम था' । सामाजिक यथार्थ का यह साक्षात्कार तो और भी त्रासद है :

वह आग हमारी ही थी और हमारा ही था मानव सभ्यता के
अंधकार में वह धुँधला-सा आलोक
हमें ही देर तक भूना गया था
आखेटकों के हर कौर में हमारे कई मानवीय अंग-प्रत्यंग थे
हमें अपनी घूँट की तरह पीते हुए उसके नशे
और स्वाद के आह्लाद में डूबे शिकारियों
और लुटेरों ने कहा था-'आह ! अ-मृत'
क्योंकि आज की ही तरह तब भी हम मृत नहीं थे
जीवित थे तमाम अटकलों के बावजूद

उदय प्रकाश को आधुनिक विचारकों से भी शिकायत है । उनका मानना है कि इन विचारकों के द्वारा किए गए अतीत के अत्याचारियों के चित्रण को उघाड़ने पर उसमें वर्तमान अत्याचारियों के पक्ष में छिपा हुआ तर्क नजर आता है । इससे अंदाजा लगाया जा सकता है कि स्थिति कितनी बिगड़ चुकी है । वे भाषा पर कविताओं की एक शृंखला लिखना चाहते हैं । उस शृंखला की पहली कविता, जो थोड़ी लंबी है, इस संग्रह के प्रायः अंत में दी गई है । उनकी भाषा हिंदी है, जिसके बारे में उनसे पहले की पीढ़ी के कवि भी कह चुके हैं कि शब्दों को उनके अर्थ से अलग कर देने के कारण वह भ्रष्ट हो चुकी है । व्यावसायिक से लेकर राजनीतिक विज्ञापन तक इसका एक उदाहरण हैं । उदय प्रकाश ने बहुत सशक्त ढंग से हिंदी भाषा की दुर्दशा के तमाम ब्योरे दिए हैं और यह भी कहा है कि इस भाषा में लिखता हुआ हर ईमानदार कवि पागल हो जाता है । यहाँ निराला का स्मरण होता है । उन्हें भरोसा था कि देश के स्वतंत्र होने पर हिंदी को उसका अधिकार मिलेगा और वह उच्च्च स्तर को प्राप्त करेगी, पर वैसा होने के बाद उसका अपना अधिकार तो उसे नहीं ही मिला, लगातार उसका अवमूल्यन शुरू हो गया । इसकी प्रतिक्रिया में काफी दिनों तक निराला ने हिंदी बोलना और उसमें हस्ताक्षर करना तक बंद कर दिया था । उदय प्रकाश के मन में इस भाषा के लिए कैसी ममता है, यह कविता की अंतिम पंक्तियों से मालूम होता है : 'लेकिन देखो/हर पाँचवें सेकेंड पर इस पृथ्वी पर जन्म लेता है एक और बच्चा/और इसी भाषा में भरता है किलकारी/और/कहता है—'माँ' !'

समकालीन साहित्य की केंद्रीय समस्या उदय प्रकाश के लिए यह है कि 'हर बार हड्डी एक हुआ करती थी/और जबड़े कई एक/...सबसे सुसंगठित, फुर्तीला और ताक़तवर/सुनियोजित तरीके से हड्डी ले भागता था'। निश्चय ही

यह किसी भी साहित्य के लिए एक समस्या हो सकती है, लेकिन उसे उसकी 'केंद्रीय' समस्या बतलाना कवि की किसी ग्रंथि की सूचना देता है । कविता के अंत में भी उसने कहा है : 'शेष जो सोते थे वे खोते थे/जो जागते थे/वे रोते थे'। स्पष्ट है कि 'केंद्रीय' शब्द का प्रयोग व्यंग्य में नहीं, बल्कि पूरी गंभीरता के साथ किया गया है । इसी तरह 'स्मृति-शेष' कविता में उसने कहा है : 'कुछ-कुछ विचित्र-सा ही है हिंदी कविता का यह नियम/कि भविष्य में चूज़े ही किया करते हैं अतीत के हर स्वर्गीय महाकवि की कविता का पाठ' । ये चूजे कौन हैं? ये वे हैं, जो किसी बड़े कवि की मृत्यु के बाद उनके प्रशंसक बन जाते हैं । 'एक जल्दबाज़ बुरी कविता में आँकड़े' कविता एक सवाल उठाती है, लेकिन अंत तक जाते-जाते यह कविता किंचित् व्यंग्यात्मक हो जाती है । समझ में नहीं आता कि यह व्यंग्य कविता के लिए है, या कवि के लिए, या वर्तमान समाज के लिए । यदि यह व्यंग्य समाज के लिए है, तो उसे और उभरना चाहिए था, लेकिन 'राष्ट्र' के साथ 'कवि' को भी बिठाकर कवि ने व्यंग्य का बाण कवि पर भी फेंक दिया है। ऐसी स्थिति में क्या वह कविता लिखना बंद करके सिर्फ नागरिक का सामाजिक कर्तव्य निभाए और समाज को बदलने में लगे? क्या उसका कविता लिखना भी समाज को बदलने का एक काम नहीं है? कविता का आरंभ देखिए : 'कविता का एक वाक्य लिखने में दो मिनट लगते हैं/इतनी देर में चालीस हज़ार बच्चे मर चुके होते है।/ज़्यादातर तीसरी दुनिया के/भूख और रोग से', और अंत : 'यानी ज़्यादा मुकम्मल कविता के नीचे/एक बहुत बड़ा श्मशान होता है/जितना बड़ा श्मशान/उतना ही कवि और राष्ट्र महान्' । मैंने उक्त बातें कविता की अंतर्वस्तु को ध्यान में रखकर लिखी हैं । यदि उससे स्वतंत्र रूप में इस कविता को देखें, तो यह एक सधी हुई कविता है । लेकिन अंतर्वस्तु से रूप को अलग नहीं किया जा सकता, जिससे यह अर्थ निकलता है कि वह कवि की मान्यता है । लेकिन मेरा सुझाव है कि इस कविता को एक विडंबना के रूप में लिया जाए, जो कि वस्तुतः वह है और नहीं है, तो उसे होना चाहिए था। 'पेड़ की भाषाहीनता के बावजूद' कविता में कवि ने कहा है : 'हम भी तो हैं कलाकार इसी समाज के और इसी स्वतंत्र बाज़ार के/सूरजकुंड में भेज दिए जाने से उसी तरह बचते हुए जैसे कोई/कुत्ता सड़क का बच जाता है सर/म्युनिसपैलिटी की कुत्ता-पकड़ गाड़ी से ।' बिरजित खान वह गड़ेरिया था, जो अफगानिस्तान में अमरीकी बमवारी के दौरान अपनी भेड़ों के साथ घायल हुआ था । उस हाल में भी वह अपने मेमनों और भेड़ों के लिए चीख रहा था । उदय प्रकाश ने पहले इस घटना का बहुत सशक्त वर्णन किया है :

लहूलुहान माथा, टूटी हुई बाँह, चिथिड़ी हुई आत्मा
अब सिर्फ़ एक बेचैन कबंध भर है
बिरजित ख़ान

ख़ून में नहाए मेमने
जैसे गोधूलि की अंतिम किरणों में रँगी हुई
बद्दलों की लाल लाल गठरियाँ

फिर कहा है : 'हिंदी में हम/जैसे कंधार में बिरजित ख़ान' ।

जैसा कि कहा जा चुका है, तीसरे प्रकार की कविताओं में कवि ने आत्माभिव्यक्ति की है । संग्रह की पहली ही कविता में वह कहता है : 'देख लो/कोई नहीं सोया है इस चंद्रमा जैसे शरीर से लिपटकर/एक छोटे-से सँकरे कमरे में/जागता हुआ अकेला आधी रात/सिर्फ़ एक अपमानित आत्मा जो छोड़ना चाहती है धीरे-धीरे अपना केंचुल' । इसी तरह एक अन्य कविता में : 'मरता है उधर कवि कोई एक/संस्कृति के अंधकार में सूचनाओं से बाहर/उपनगर के किसी विस्मृत कोने में/न बिकने की बेहद अपनी ज़िद में बीमार ।' अंतिम पंक्ति में कवि अपना हाल ही बयान नहीं करता है, अपने को गौरवान्वित भी करता है । अब तक उदय प्रकाश प्रगतिशील या जनवादी थे, मार्क्सवाद से प्रभावित, पर अब लगता है, उनका उससे मोहभंग हो गया है और कम्युनिस्ट पार्टियों की असलियत वे जान गए हैं । प्रमाणस्वरूप 'एक डरे हुए रिएक्शनरी कवि की कविता' की ये पंक्तियाँ :

पूरी निडरता के साथ मैं कहना चाहता हूँ
कि मुझे डर लगता है

क्योंकि जो डुबोते हैं जार का जहाज़ किसी समुद्र में
वही छीनकर ले जाते हैं सूफ़ियों के लंगर की कड़ाही,
ग़रीबों से उनका ईश्वर
खेतिहरों से उनके खेत
और कवियों से उनकी क़मीज़, क़लम, आँखें और शब्द

उदय प्रकाश का बुरा हाल है : 'रोगी के पथ्य की तरह कौर को चबाता हुआ निरंतर चुप परिवार/मैं जिस मकान में हूँ वह कोई घर है या मिर्ज़ा ग़ालिब की मज़ार ?' पुनः, 'जैसे अमर कंटक में अब भी बेचता है कोई साधू/मोतियाबिंद के

लिए गुलकावली का अर्क/...इत्तेला है मीर इस ज़माने में/लिक्खे जाता है मेरे जैसा अब भी कोई-कोई कवि/उसी रेख़्ते में कविता'। अपनी प्रेम-कविता में भी वे कहते हैं : 'मैं हार बैठा हूँ अपना जीवन/जो पहले से ही हारा-थका जीवन था/अपनी वंचनाओं में चुपचाप...'। उनका यह भी कहना है कि 'अलंकार थे गण्यमान्यों और गणिकाओं के ही निमित्त/संस्थान थे, साधन थे, सम्मान थे उन्हीं के हेतु।' इस कथन की सच्चाई का पता लगाने के लिए उनके संग्रह के साथ उनके संचयन 'कवि ने कहा' में दिया गया उनका परिचय ही काफी है। उनके अनुसार उन्हें साहित्य अकादेमी के पुरस्कार सहित करीब एक दर्जन अन्य महत्त्वपूर्ण पुरस्कारों से सम्मानित किया जा चुका है। इतना ही नहीं, वे अमरीका, जर्मनी, इटली, दक्षिण कोरिया और हालैंड की यात्राएँ भी कर चुके हैं और उन्हीं के अनुसार अंतर्राष्ट्रीय गोष्ठियों और उत्सवों में हिस्सेदारी भी। अंग्रेजी में कई कृतियों के अनुवाद के साथ जर्मन में भी उनकी एकाधिक कृतियाँ आ चुकी हैं। भारतीय भाषाओं में मराठी, पंजाबी, उर्दू, उड़िया, कन्नड़ और तेलगु भाषाएँ भी उनकी कृतियों के अनुवाद से समृद्ध हो चुकी हैं। उन्हें सम्मानित करने का जो सिलसिला 1980 में शुरू हुआ, वह आज तक जारी है, फिर उनके अपने आपको उपक्षित समझने का कोई कारण नहीं है। बेचारी हिंदी के नए कवियों-लेखकों में से कौन-सा रचनाकार देश-विदेश में इतना सम्मानित हुआ है? यह बात पहले ही मैं कह चुका हूँ कि उनकी आत्माभिव्यक्ति आत्माभिव्यक्ति ही है, और कुछ नहीं।

अरुण कमल

अरुण कमल की कविताएँ 'सिर्फ' में भी छपी थीं, लेकिन कायदे से मैंने सटिप्पणी उनकी दस कविताओं के साथ उन्हें 'धरातल' की तरुण कवियों वाली सीरीज में प्रस्तुत किया । इस सीरीज के वे पहले ही कवि थे, क्योंकि उसमें कवियों को वयःक्रम से प्रस्तुत करना मुश्किल था। सो, जैसे-जैसे चुनिंदा कवियों की कविताएँ मिलती गईं, मैं उन्हें स्थान देता गया । इस तरह राजेश जोशी, उदय प्रकाश और अरुण कमल को लेकर धूमिलोत्तर हिंदी कविता में नए वामपंथी कवियों की एक त्रयी बनी, जिसने नई जमीन पर कविता लिखी और आज भी लिख रही है । यह जमीन केदार, नागार्जुन और त्रिलोचन ने तैयार की थी । उक्त कवियों ने उसे अपने ढंग से उर्वर बनाकर उसमें कविता की नई फसल उगाना शुरू किया, जो आज भी लहरा रही है । त्रयी में अरुणजी इस दृष्टि से विशिष्ट हैं कि उनकी भाषा प्रचलित काव्य-भाषा से बिलकुल अलग है । उसका एक कारण यह है कि वे भाषा को नकली ढंग से तराशते नहीं हैं और उसमें भोजपुरी के शब्दों और मुहावरों का बहुत सरस ढंग से प्रयोग करते हैं । सर्जनात्मक कल्पना के योग से उन्होंने जो बिंब बनाए हैं, वे मोहक तो हैं ही, इस बात का भी प्रमाण देते हैं कि उनका ऐंद्रिय बोध आज के कवियों में सर्वाधिक तीक्ष्ण है । बेशक कभी-कभी वे बिंब कविता के बीच में आकर पाठक को रोक लेते हैं और उनकी चमक में उसका अगला अंश धूमिल दिखलाई पड़ने लगता है । प्रो. नलिनविलोचन शर्मा एम.ए. में हमलोगों को रघुवंश का द्वितीय सर्ग पढ़ाते थे । जब उसके किसी श्लोक में बहुत सटीक उपमा मिलती थी, तो वे अत्यंत गंभीरता से कहते थे : 'यही है कालिदास की प्रसिद्ध उपमा, जिससे पूरा प्रसंग उद्‌भासित हो उठता है और जिसका प्रयोग वे अतिशय कृपणता के साथ करते हैं ।' इस कथन में

रेखांकित करने योग्य शब्द हैं 'कृपणता के साथ'। अरुणजी प्रायः अपने उपमानजनित बिंबों के निर्माण में लोकभाषा का प्रयोग उदारतापूर्वक करते हैं। यह बात उनकी कविता को क्षति पहुँचाती है।

उनकी कई त्रुटियों के साथ एक त्रुटि यह भी है कि कविता को अनौपचारिक बनाने के क्रम में कभी-कभी वे प्रत्येक घटना, प्रसंग और वस्तु को अपने स्पर्श से कविता में तब्दील कर देना चाहते हैं। कविता सर्वत्र दिखलाई पड़े, यह बहुत बड़ी कवि-दृष्टि है, पर उसमें सतही होने का खतरा बना रहता है। रवींद्रनाथ के बाद किसी कवि में मुझे यह क्षमता नहीं दिखलाई पड़ी कि वह जिस वस्तु को छू दे, वह कविता बन जाए। ऊपर तरुण कवियों की त्रयी को वामपंथी कहा गया है। वामपंथी होने का एक संकीर्ण अर्थ भी है, जो कविता पर उसकी प्रकृति के विरुद्ध अंकुश का काम करता है। इन तीनों ही कवियों ने धीरे-धीरे इस बात को समझा है और अपनी कविता को उससे मुक्त कर साधारण जन की भूमि पर आ गए हैं। साधारण जन की भूमि यानी एक व्यापक मानववाद, जिसका विस्तार पूरे विश्व तक हो सकता है, क्योंकि इस गोवर्धन को साधारण जन ही तो अपनी कानी उँगली पर उठाए हुए है ! जब उनकी कानी उँगली में इतनी ताकत है, तो उनके पूरे शरीर में कितनी ताकत होगी, इसका अनुमान आसानी से लगाया जा सकता है। लेकिन विडंबना यह है कि वही पूरे विश्व में सबसे पीड़ित और शोषित हैं, उनके साथ-साथ उनके अधिकांश पक्षधर भी। मेरे एक मित्र ने बतलाया कि देह-व्यापार करनेवाली औरतों में रूसी औरतें मुंबई में सबसे सस्ती हैं और आज के अखबार में मैंने पढ़ा है कि अमरीका में हर पाँच औरतों में से एक बलात्कार का शिकार होती है। डा. राममनोहर लोहिया उचित ही औरतों को भी, वे किसी भी वर्ग में क्यों न उत्पन्न हों, पिछड़ा वर्ग में रखते थे और आज जो नारी-सशक्तीकरण का आंदोलन चल रहा है, वह यथार्थ की भूमि से स्वाभाविक रूप में पैदा हुआ है। औरतों की स्थिति कवि को ही नहीं, किसी भी सोचने वाले को विभ्रांत बना देती है और वह फिर एक बार पूछ सकता है—'कौन-सा पथ है ?' यहाँ यह कहने की आवश्यकता नहीं है कि औरतें हों, या बच्चे, दोनों साधारण जन की श्रेणी में ही आते हैं और उनकी स्थिति संपूर्ण सामाजिक स्थिति का दर्पण है।

अरुणजी के पाँच कविता-संग्रह प्रकाशित हैं। उन्हें ध्यानपूर्वक कई बार पढ़ने के बाद मैं इस नतीजे पर पहुँचा हूँ कि वे स्वतंत्र स्फुट कविताओं के कवि हैं और वे कविताएँ अधिक से अधिक यथार्थ को हमारे सामने लाने का प्रयास करती हैं। ताज्जुब नहीं कि स्फुट कविताओं में भी उनकी ज्यादा सफल

कविताएँ वे हैं, जो अपेक्षाकृत छोटे आकार की हैं । कभी-कभी वे बहुत छोटी कविताएँ भी लिखते हैं, जिनमें सिर्फ एक चित्र अंकित होता है । वे चित्र स्वयं ही अतिशय व्यंजक होते हैं, इसलिए कवि को कुछ और करने की जरूरत नहीं होती । उनमें वर्णन और प्रसंगोचित संवाद लिखने की भी भरपूर क्षमता है, पर कविता ज्यादा लंबी हुई, तो इसकी संभावना बनी रहती है कि वह कहीं शिथिल पड़ सकती है । निस्संदेह इसका अपवाद भी उनमें देखने को मिलता है । उनका पहला संग्रह है 'अपनी केवल धार' (1980) । उसकी कविताएँ पढ़कर उन्हीं की पीढ़ी के एक कवि ने उन्हें कहा था कि आपने इन्हें छपाकर अच्छा किया, वर्ना बाद में आप ही इन्हें नहीं छपाते । मैंने उस समय भी इस बात का विरोध किया था और आज भी कर रहा हूँ । इस संग्रह की कविताएँ बाल-कविताएँ नहीं हैं । उनमें अनाज के कच्चे दानों के दूध-जैसी ताजगी है, पर वह अनाज सूखने वाला नहीं था, यह आज साबित हो चुका है, जब नई चमक के साथ उसके दाने पक गए हैं और कवि के खलिहान को भर रहे हैं । इस संग्रह में 'सौंदर्य', 'मई का एक दिन', 'दरजिन', 'हाथ', 'रावण के माथे', 'भाग्यफल', 'कल्याणी' और 'शहंशाह मैकबेथ' अत्यंत श्रेष्ठ कविताएँ हैं, जिनमें अरुणजी की कविताओं के कई रंग दिखलाई पड़ते हैं । प्रगतिशील कवि संघर्ष का गायक न हो, यह कैसे हो सकता है? देखने की बात यह है कि वह संघर्ष में छिपे दुर्द्धर्ष सौंदर्य का उद्‌घाटन करने में सफल हुआ है या नहीं । 'सौंदर्य' शीर्षक कविता में, 'पछार खा रहे हैं/अंधर में पेड़/ललाट से ललाट टकराते/मथ रहे हैं बादलों से भरा आकाश' । जैसे आकाश बिजलियाँ गिराकर पृथ्वी को जला डालना चाहता है, लेकिन पृथ्वी की ओर से उसका प्रतिनिधित्व वृक्ष करते हैं : 'गरजता है गगन/और बिजलियों को देह में सोखने को उद्यत/गरजते हैं धरती की ओर से/ये वृक्ष' । कवि चुनौती के स्वर में कहता है : 'ठहरेगा कौन इस राह पर/देखेगा कौन इन संघर्षरत वृक्षों का/दुर्द्धर्ष सौंदर्य?' बड़ी कलात्मकता से इसमें संघर्ष के दोनों पक्ष दिखला दिए गए हैं, साथ-साथ प्रगतिशील कवि का धर्म भी बतला दिया गया है । स्पष्टतः इसमें कवि का तेवर ओज से भरा हुआ है । 'मई का एक दिन' शीर्षक कविता का क्षितिज अंतर्राष्ट्रीय है । यह कविता अनुमानतः उस दौर में लिखी गई थी, जिस दौर में पश्चिम बंगाल के बच्चे भी यह नारा लगाते थे—'मेरा नाम तेरा नाम/वियतनाम वियतनाम' । अरुणजी ने कहा है : 'ऐसा ही दिन था वह मई के महीने का/जब भविष्य की तेज धाह मेरे चेहरे को/तृप्त कर रही थी—/तुमने, वियतनाम, तुमने मुझे दी थी वह ताकत/कंबोडिया, तुमने, तुमने मुझे दी थी वह हिम्मत/कि मैं भविष्य से कुछ बातें करता/टहल रहा था—/क्या हुआ जो मैं बहुत हारा था/बहुत

खोया था/और मेरा परिवार तकलीफों में गर्क था/जब तुम जीते तब मैं भी जीता था ।' इसमें संसार से लेकर अपने परिवार तक को एक सूत्र में पिरोया गया है । ऐसी ही व्यापक और गहन दृष्टि श्रेष्ठ कविता को जन्म दे सकती है । आश्चर्य नहीं कि इस कविता की ये अंतिम पंक्तियाँ हिंदी कविता के प्रेमियों की स्मृति में बस चुकी हैं–

मैं रुक गया एक पेड़ के नीचे
और ताव फेंकती, झुलसी हुई धरती को देखा–
मैंने चाक पर रखी हुई ढलती हुई धरती को देखा;
और टहलता रहा
टहलता रहा
टहलता रहा गर्मी की धूप में...

स्पष्टतः इस कविता में कवि की एक भिन्न मुद्रा दिखलाई पड़ती है, जो कि धैर्य और दृढ़ता से भरी हुई है ।

'दरजिन' एक बहुत ही मार्मिक कविता है । इसमें एक दरजिन है, जो घर-घर जाकर सीने के लिए कपड़े माँगती है और जो बाहर से आधे पैसे पर सीती है, लेकिन इसमें भी उसे निराश होना पड़ता है । इस कविता में कवि का संवाद-कौशल देखते ही बनता है। इसकी अंतिम पंक्तियाँ देखिए : 'क्या बेबीजी, क्या कहती हैं?/नहीं !/नया फैशन का?/दरजी से? ठीक है बीबीजी ।' इन कविताओं को देखकर यह स्पष्ट लगता है कि इनमें केदार, नागार्जुन और त्रिलोचन के बाद की प्रगतिशील कविता कुछ डेग और आगे बढ़ी है । 'रावण के माथे' एक दिलचस्प कविता है । कवि ने इस पर प्रतीकत्व आरोपित नहीं किया है, लेकिन वह स्वयं शोषक-वर्ग का प्रतीक बन गई है । जरा भी हवा चलती है कि रावण के दसों माथे आपस में टकराने लगते हैं, कहा-सुनी करते हैं और एक ही धड़ पर आँखें मटकाते हैं,–

लेकिन अंदर-अंदर रावण के ये
दस-दस माथे
रहे सोचते एक ही बात
एक ढंग से एक ही बात
रावण के ये दस-दस माथे ।

पाठकों को यह बतलाने की जरूरत नहीं होगी कि रावण के दस-दस माथे जो एक ही बात सोचते हैं, वह क्या है? 'भाग्य-फल' शीर्षक कविता में अरुणजी

मखौल बनाने की मुद्रा में हैं । इसका एक सामाजिक पक्ष भी है कि ज्योतिषी समाज को मूर्ख बनाकर उसे ठगते हैं । एक नामी ज्योतिषी कुँजड़िन से सब्जी के लिए मोल-भाव करता है । सिर्फ दस पैसे के लिए वह उससे मुँह लगा रहा था और वह इतनी मुँहफट कि उसकी एक न सुनी और सरेबाजार उसकी इज्जत ले ली । अंत में कवि मजा लेते हुए कहता है कि 'बेचारा ज्योतिषी/आज यही लिखा था भाग्य में ।'' 'दरजिन' की तरह ही 'कल्याणी' एक मार्मिक कविता है । इसमें कल्याणी नामक घर में काम करनेवाली एक लड़की है, जो बचपन में आई थी, लेकिन अब ब्याहने योग्य हो गई है । इस कारण उस घर में नाते का जब कोई लड़का आता है, घर के लोग उससे कहते हैं कि तुम देख लो, इसी लड़के से तुम्हारा ब्याह होगा ! एक बार फिर ऐसा हुआ, तो—

कल्याणी ने लड़के को देखा किनारे से
और तन तन सिहरी
जैसे आकर खड़ा हुआ बीच दोपहर
कोई बटोही जवान ।
और वृक्ष की पत्तियाँ सिहरीं ।
कल्याणी ! कल्याणी !
कल्याणी कुछ नहीं बोलती
कल्याणी कुछ नहीं बोलती
क्या सच क्या मजाक,
कल्याणी ?

इसमें भी मजाक है, लेकिन कितना भिन्न ! कल्याणी का मजाक उड़ाया जाता है, जिसे कवि ने ऐसा बना दिया है कि वह उलट कर व्यंग्य-शर बनकर मजाक उड़ानेवालों को लगता है । इस क्रम में अंतिम जिस कविता का मैं जिक्र करना चाहता हूँ, वह है 'शहंशाह मैकबेथ' । इसमें तो अरुणजी की व्यंग्यधार इतनी तीक्ष्ण हो गई है कि ब्रेख्त की याद आती है । जरा इन शब्दों पर तो नजरसानी करें—

वाह !
जनरल डायर के जूते ऐसे
कि हर शहंशाह के पाँवों में फिट
और बंदूक की नली हर शहंशाह की
प्यारी इकलौती दूरबीन

लेकिन दुनिया बहुत बड़ी है शहंशाह
बंदूक की नली में अँटेगी नहीं !

प्रत्येक मानववादी कवि फासीवाद का विरोधी होता है । अपने देश में भी नवफासीवाद बुलंद हौसले से सिर उठा रहा है । इस संदर्भ में अरुणजी की उक्त पंक्तियाँ राजा की ओर निर्भीकता से तर्जनी उठाकर कहती हैं– अरे, राजा तो नंगा है ! इस कदर ये पंक्तियाँ नए तानाशाह को बेपर्द करती हैं और उसे गोली की तरह लगती हैं ।

अब मैं उनकी एक-दो छोटी कविताओं का जिक्र करना चाहूँगा । मार्क्सवाद के अनुसार संसार की कोई वस्तु स्वतंत्र नहीं है । सारी वस्तुएँ एक दूसरे से जुड़ी हुई हैं । मुक्तिबोध के शब्दों में, 'फिक्र से फिक्र लगी हुई है' । अरुणजी ने 'अपनी केवल धार' की पहली ही कविता में इस सत्य को बहुत सुंदर ढंग से उदाहृत किया है–

पहले भी देखा था यह फल
सूँघा था
चखा था बहुत बार
बचपन से ही

पर आज पहली बार जब देखा है
डाल पर पकते इस फल को
तभी जाना है असली रंग-स्वाद-गंध
इस छोटे-से फल के
धरती-आकाश तक फैले संबंध ।

इस कविता को पढ़ते ही आँखों के सामने से जैसे परदा उठ जाता है और मनुष्य से लेकर प्रकृति तक जो असंख्य सूत्रों में बँधे हुए हैं, यह स्पष्ट हो जाता है । एक कविता है 'हाथ', जिसमें सरकार कहती है कि कारखाने में जो गोली चली, उसमें ट्रेड यूनियन का हाथ है; जो मुसहर मारे गए, उसमें भी किसान-सभाओं का हाथ है; विद्यार्थियों के हंगामों में छात्र-संगठनों का हाथ है और राज्य में जो भी गड़बड़ी है, सबमें कम्युनिस्टों का हाथ है । कवि उत्तर देता है–'हुजूर ने ठीक फरमाया/इस दुनिया के पीछे भी ईश्वर का हाथ है !' इसमें भी यह करारा व्यंग्य है कि मनुष्य की किस्मत सरकारों के हाथ में है, लेकिन इसकी जवाबदेही सरकारें ईश्वर पर थोपती हैं !

अरुणजी की कविता 'यात्रा' प्रसिद्ध है । निश्चय ही यह कविता कलात्मक पूर्णता से युक्त एक मार्मिक कविता होती, यदि इसका एक अंश बीच में ही आकर पाठकों को अपनी कौंध से रोक नहीं लेता । इसमें पंजाब के कुछ मजदूर पंजाब मेल से वापस अपने काम पर कोलकाता जा रहे हैं । उन्हीं में एक जालंधर का मजदूर निहाल सिंह भी है । एक यात्री उससे पूछता है कि पंजाब तो बहुत खुशहाल है, फिर तुम पश्चिम बंगाल क्यों जा रहे हो? इसका वह जो उत्तर देता है, वह पूरी कविता पर भारी पड़ता है । उसके शब्द, मुहावरे और वाक्य की पूरी बनावट इतनी जबर्दस्त है कि पाठक उसी से निहाल हो जाता है, लेकिन कवि कहना जारी रखता है और उसकी बात भले पूरी हो जाए, कविता उतार पर आती जाती है । निहाल सिंह का उत्तर ही वह अंश है, जिसे मैं उद्धृत कर रहा हूँ—

कौन नहीं चाहता जहाँ जिस जमीन उगे
मिट्टी बन जाय वहीं,
पर दोमट नहीं, तपता हुआ रेत ही है घर
तरबूज का,
जहाँ निभे जिंदगी वही घर वही गाँव ।

चमकदार उक्तियाँ अरुणजी की कविताओं के बीच-बीच में आती ही रहती हैं, लेकिन जब वे सही स्थान पर आती हैं, तो कविता को ऊँचाई पर पहुँचा देती हैं । उदाहरणार्थ 'स्नान-पर्व' शीर्षक कविता की ये पंक्तियाँ, जो उसके अंत में आई हैं—

नदी, तुम अपनी धार को
लटाई पर लपेटे धागे-सा ढील दो
पटा दो उस मजदूर का शरीर
उस खेत को पटा दो ।

उनका दूसरा संग्रह है 'सबूत', जिसका प्रकाशन काल 1989 है । पहले और दूसरे संग्रह के बीच के काल में कवि की संवेदना में परिपक्वता भी आई है और उसका फैलाव भी हुआ है । शिक्षक-आंदोलन में गिरफ्तार होकर वह कुछ दिनों के लिए भागलपुर जेल में भी रहा था। वहाँ उसने स्वतंत्र रूप से और कैदियों से उनके अपराध और जीवन के बारे में जानकर कई सार्थक कविताएँ लिखीं । उनमें से मैं एक कविता का जिक्र करना चाहूँगा, जिसका शीर्षक है 'मुझसे इतना भय था' । लंगूरों का पूरा कुनबा एक बच्चे के साथ जेल के सेल

के छत पर आ बैठा था । कवि को कुत्ता-बिल्ली देखे भी कई दिन हो गए थे, इसलिए वह रुककर लंगूरों को देखने लगा, जो सुबह की धूप ताप रहे थे । तत्पश्चात् 'जैसे ही लंगूरों ने देखा मुझको/सारा घर परिवार समेटा और भागे पूरब/भागे/छाती से बच्चा चिपकाकर/छलाँगती भागी लंगूर माँ/मुड़ी भी नहीं एक बार/अस्त हो गया दीवारों के पार/पूरा परिवार' । इस उद्धरण में अंत में जो लंगूरों के पूरे परिवार के *अस्त* होने की बात आती है, वह न केवल उनके प्रति बल्कि पूरे वन्य जीवन के प्रति कवि के सम्मान और प्रेम को दर्शाती है, जिससे हमारा रोज-ब-रोज बिछोह होता जा रहा है । कविता का समापन इस पंक्ति से होता है—'मुझसे इतना भय था !' यह उस मनुष्य पर व्यंग्य है, जो कभी वन में ही अपना मुक्त जीवन बिताता था । 'उम्मीद' शीर्षक कविता में जीवन के प्रति कवि की अखंड आस्था की अभिव्यक्ति हुई है । बाढ़, तूफान और अकाल में अनेक बस्तियाँ उजड़ जाती हैं, लेकिन दूसरे दिन फिर वे उसी स्थान पर बस जाती हैं । इस तरह जीवन का सिलसिला जारी रहता है । अरुणजी ने कविता के अंत में बहुत ही सुंदर ढंग से कहा है—

आज तक मैं समझ नहीं पाया
कि जब वृक्ष पर एक भी पत्ता नहीं होता
झड़ चुके होते हैं सारे पत्ते
तो सूर्य डूबते-डूबते
बहुत दूर से चीत्कार करता
पंख पटकता
लौटता है पक्षियों का एक दल
उसी ठूँठ वृक्ष के घोंसलों में

क्यों? आज तक मैं समझ नहीं पाया ।

आखिरी पंक्ति में जो पुनरावृत्ति है, वह सार्थक है, क्योंकि वह भाव को गहरा बनाती है । इस कविता में यह भी लक्ष्य करने योग्य है कि इसमें कोई शोरगुल नहीं है और यह शांतिपूर्वक आगे बढ़ती है । यह उथली संवेदना से संभव नहीं है । 'बुढ़ापा' शीर्षक कविता, जो अब्दुल गफ्फार खाँ के प्रति लिखी गई है, हिंदी में संभवत: ऐसी अकेली कविता है । अब तक हम यह समझते रहे हैं कि बुढ़ापा का मानी होता है दिन भर खाट पर पड़े रहना, हुक्का गुड़गुड़ाना और आते-जाते किसी भी आदमी को रोककर खैरियत पूछना । यहाँ मुझे एक प्रसंग याद आता

है । मोहन राकेश की एक कहानी में उनके मित्र उनसे मिलने के लिए आते रहते थे । उनके पिता उस कमरे में पड़े रहते थे, जिससे होकर अंदर लेखक से मिलने के लिए जाना पड़ता था । लेखक के मित्र घर पर आते और सीधे लेखक के पास चले जाते । उसके पिता से कोई बातें नहीं करता था । लेखक का एक मित्र जब पिता वाले बीच के कमरे से होकर बाहर जाने लगा, तो उन्होंने उससे कहा–'क्यों साहब, जिता दिया न आप लोगों ने इंदिरा गाँधी को !' यह लेखक–मित्र के साथ विचार–विमर्श करने का प्रस्ताव था, स्वभावत: जिसे अनसुना कर वह बाहर चला गया । अरुणजी ने इस कविता में यह कहा है कि बुढ़ापे का मतलब बादशाह खान भी है, साथ–साथ दुनिया–भर के पोते–पोतियों के लिए गिरफ्तारी, जेल और पीठ पर कोड़े । इस तरह–

जुल्म के खिलाफ लड़ने की उम्र कभी खत्म नहीं होती
उम्र दराज हो तुम्हारी, चिनार देवदारु बादशाह खान
न विवशता न थकान न स्यापा
हो, तो जिंदगी की नोक हो बुढ़ापा

आज की पीढ़ी के कई कवियों ने यदा–कदा छंद में लिखने की कोशिश की है, लेकिन वे असफल हुए हैं, या उन्हें आंशिक सफलता ही मिली है । अरुणजी की कई कविताएँ भी छंदोबद्ध हैं । उन्होंने युक्तछंद में भी लिखा है और मुक्तछंद में भी । सफलता उन्हें युक्तछंद में लिखी गई एक ही कविता में मिली है, जिसका शीर्षक है 'उत्सव'। इसमें कवि ने न केवल बहुत चुस्ती के साथ छंद का प्रयोग किया है, बल्कि उसमें पूरे सामर्थ्य के साथ भावाभिव्यक्ति की है । छंद और भाव के बीच जैसे आगे निकलने की होड़ लगी हुई है । इस तनाव में कविता ने गजब का असर पैदा किया है । छंद का प्रयोग तो निर्दोष है ही, तुकें भी उत्तम कोटि की हैं । छंद सरसी (27 मात्राएँ) और सार (28 मात्राएँ) छंदों के योग से बना है, क्योंकि दोनों छंदों की लय आपस में मिलती है । दिनकरजी ने 'रश्मिरथी' के प्रथम सर्ग की रचना इन्हीं दोनों छंदों में की है । उनका छंद:प्रयोग बहुत प्रभावशाली है, क्योंकि उन्होंने बंदों में पहले सार छंद को रखा है, फिर सरसी छंद को । इससे अंतिम दो पंक्तियाँ एक आघात करती प्रतीत होती हैं । अरुणजी की कविता में ऐसा कुछ नहीं है, पर निस्संदेह यह एक चमत्कार है, उनके लिए भी और आज की कविता के पाठकों के लिए भी । कविता क्या है, हमारे पूरे परिवेश को अत्यंत सजीवता से हमारी आँखों के सामने चलचित्र की तरह उघार देनेवाला एक भयावना दृश्य । वैसे तो यह पूरी कविता उद्धरण योग्य है, लेकिन मैं सिर्फ दो

पंक्तियाँ उद्धृत कर रहा हूँ, जिससे इसके तेवर का अंदाजा मिल जाता है—

देखो हत्यारों को मिलता राजपाट सम्मान
जिनके मुँह में कौर मांस का उनको मगही पान

इस संग्रह तक आते-आते अरुणजी को त्रासद बिंब घेरने लगते हैं । स्वभावतः उनकी 'इक्कीसवीं शताब्दी की ओर' शीर्षक कविता जी दहलाने वाली बन गई है । पाठकों को याद होगा कि राजीव गाँधी ने भारत को इक्कीसवीं शताब्दी में ले जाने की बात कही थी । कवि ने इस पर करारा व्यंग्य करते हुए प्रकारांतर से जानना चाहा है कि जब वर्तमान ऐसा है, तो भविष्य कैसा होगा ? वर्तमान के दो चित्र देखें—

1. *पहली बार गर्भ धारती युवतियों के गर्भ गिर रहे हैं*
माताएँ मरे बच्चों को जन्म दे रही हैं
और हिजड़े चौराहों पर थपड़ी बजाते
सोहर गा रहे हैं
हम इक्कीसवीं शताब्दी की ओर जा रहे हैं

2. *ओ एक दूसरे में रस्सियों से गुँथे-बँटे मर्द-औरतो*
रोनाल्ड रीगन ने अभी-अभी मारी है
मौत की चिट्ठियों पर मुहर
मचा है जीवन और मृत्यु का द्वंद्व—
आज अभी सृष्टि की इस आखिरी रात
तुम स्वीकार करोगी अपने गर्भ में
जीवन का अर्घ्य ?

इसी कविता की अगली कड़ी है 'दुःस्वप्न' शीर्षक कविता, जिसका एकल अभिनय पटने के प्रसिद्ध रंगकर्मी परवेज अख्तर बहुत प्रभावशाली ढंग से किया करते थे । पटना कालेज में वह अभिनय स्व. भीष्म साहनी ने भी देखा था । वे उसे देखकर कवि की क्षमता के इस कदर कायल हुए कि अनुमानतः उसी के बल पर उन्होंने उसे अफ्रो-एशियाई लेखक संघ के अधिवेशन में भारत का प्रतिनिधि बनाकर भेजा । न्यूट्रान बम गिरने के बाद सारे जीव नष्ट हो जाएँगे, लेकिन निर्जीव वस्तुएँ बची रहेंगी, यही कवि का भयावह दुःस्वप्न है । इस कविता का अंतिम किंचित् बृहत् अंश उद्धृत किए बिना मैं नहीं रह सकता—

कहीं कोई आवाज नहीं
सिर्फ नाली में पानी बहने की आवाज
सारी दुनिया खाल में भूसा भरे बछड़े की तरह
सारी दुनिया खाल में भूसा भरे बछड़े की तरह

मुझे चाहिए हरी भरी दुनिया
घने पेड़ों के चलते अँधेरा हुआ रास्ता
बच्चों की दौड़ से हिलता हुआ घर
और अपनी माँ के थनों को हुमकता
गाज भरे मुँह वाला
उजला बछड़ा

कहाँ ले आए हो मुझको कोलंबस
मैं कहाँ चला आया हूँ ?

साठोत्तरी कविता में संत्रास का बहुत जोर था । हम उसका कारण नहीं समझ पा रहे थे । बाद में विचारकों और आलोचकों ने बतलाया कि वह पश्चिमी कविता की नकल था । यूरोपीय देशों में द्वितीय विश्वयुद्ध ने जो कहर बरपा किया था, उससे वहाँ का हर व्यक्ति संत्रस्त था । इस कारण कविता में भी वह चीज भर गई । यह चीज एलेन गिंसबर्ग में भी देखने को मिलती है, क्योंकि अमरीका शीत-युद्ध के दौर से गुजर रहा था । गिंसबर्ग ने 'अमरीका' शीर्षक से अपनी जो अत्यंत सशक्त कविता लिखी है, उसमें वे एक जगह पूछते हैं : 'अमरीका व्हेन विल यू सेंड योर एग्स टु इंडिया?' कहने की आवश्यकता नहीं कि अमरीकी नवसाम्राज्यवाद ने सारे विश्व को शीत-युद्ध में झोंक दिया था, लेकिन आज संत्रास का क्या कारण हो सकता है? अरुणजी अतिशय संवेदनशील हैं, सो वे अतिशय संत्रस्त भी हैं । एक अन्य कविता में उन्होंने कहा है—

ऐसा जमाना आ गया है उल्टा
कि कोई तुम्हें रास्ता बतावे तो
शक करो
वह तुम्हें लूट सकता है सुनसान पाकर
कोई तुम्हें रात में सोने की जगह दे तो सोचो
तुम्हारा खून कर सकता है चुपचाप
और लाश आँगन में गाड़ देगा

फिर—

रात के दो बजे हैं
सुख से सोया है संसार
और कोई रहड़-कटे खेत की खूँटियों पर
भागता जा रहा है—
चारों तरफ से घेरते आ रहे हत्यारे
हाथ में छुरा लिए

आज जब देश में अपहरण, हत्या और सामूहिक बलात्कार की घटनाएँ बढ़ती जा रही हैं, भ्रष्टाचार चरम शिखर पर है, विधि-व्यवस्था में लगातार गिरावट है और अमीर अमीर तथा गरीब गरीब होते जा रहे हैं, तो कौन संवेदनशील प्राणी होगा, जो संत्रस्त न होगा? लेकिन जैसा कि कहा गया है, अरुणजी मानव-सभ्यता के इतिहास को ध्यान में रखकर मनुष्य और उसके भविष्य में आस्था नहीं खोते । आशा का स्वर्णिम छोर उनके हाथों में तब आता है, जब वे कहते हैं कि 'जानता तो हूँ कि बेबी डॉक/जल्दी-जल्दी जाँघिया पहनता/हवाई पट्टी पर दौड़ा/हाइती से बाहर/और जिन औरतों ने चौखट के पार कभी/पाँव नहीं डाला/उन्होंने घेर ली देश की संसद अचानक' । इस संग्रह की अंतिम कविता है 'पसंद', जो जितनी अमुखर है, उतनी ही गंभीर भी । असके अंत में कवि ने कहा है—

चलना बस चलना पसंद नहीं मुझको
कोई दिशा कोई मंजिल हो सामने जरूर
जो आता जाए लगातार पास
कुछ छूटता जाए पीछे दूर ।

इसमें भी 'सखियाँ' शीर्षक एक छोटी और सादी कविता है, जो अत्यंत सहजता से हार्दिक सखी-भाव की व्यंजना करती है । इस संग्रह में वही कविता कमजोर हो गई है, जिसमें कवि पात्र की जगह स्वयं बोलने लगता है, या जिसमें अयथार्थ पर आधारित केंद्रीय बिंब है । 'छोटी दुनिया' शीर्षक कविता काफी अच्छी है, जो स्वयं बोलती है, फिर यह समझ में नहीं आता कि कवि अंत में अपनी ओर से क्यों यह कहना चाहता है कि 'चैन नहीं है कभी, सुख नहीं है अकेले अकेले/सबके साथ ही सुख है, सबके दु:ख में दु:ख' ? कवि के कुछ दिन जेल में रहने की बात कही जा चुकी है । जेल धीरे-धीरे आदमी को अकेला बना देता है और रह- रहकर उसे बाहरी दुनिया की याद आती है । 'जेल में याद' शीर्षक कविता में वह कहता है—

मुझे बार-बार अपने बच्चे की याद आ रही है
बार-बार घूम जा रहा है उसी का चेहरा
जैसे कि मैं कोई
आईना होऊँ
और वह बिल्कुल नाक सटाए ताक रहा हो मुझमें
दूर बहुत गहरे पेंदी तक उतरा हो मुझमें
आँख पर रखता आँख

यदि बच्चे के आईने में नाक और आँख सटाने को सिर्फ चित्र वा स्मृति-चित्र के रूप में लें, तो यह ठीक है, वर्ना यदि कवि का आशय यह है कि उससे वह उसके मन में गहरे पेंदी तक उतर गया है, तो वह गलत है । यहाँ 'रत्नाकर'जी को याद करना चाहिए, जिनके 'उद्धवशतक' के एक प्रसिद्ध छंद में गोपिका उद्धव से कहती है कि मथुरा जाकर कृष्ण दर्पण-मन में और गहरे पैठ गए हैं ! आईने को सामने रखें और पीछे हटते जाएँ । जैसे-जैसे आप पीछे हटते जाएँगे, आप उसमें धँसते जाएँगे । इसीलिए अशोक वाजपेयी का यह कथन जेहन में बैठा लेना चाहिए कि कविता में आनेवाले छाते को सबसे पहले एक छाता होना चाहिए ।

अपने नए संग्रह 'नए इलाके में' (1996) में अरुणजी अपनी दिशा में कुछ और आगे बढ़े हैं, साथ-साथ उनकी कविता में कुछ नए आयाम भी प्रकट हुए हैं । पिछले संग्रह की कई कविताओं में मिलने वाले संत्रास का जिक्र किया गया है । वह सिलसिला जारी रहता है । इसलिए कि पिछले कुछ वर्षों में दुनिया और देश की हालत बदतर हुई है। जनतंत्र के स्पर्श-मात्र से पूरबी यूरोप से लेकर सोवियत संघ तक कथित समाजवादी सरकारें ही नहीं भहरा गईं, बल्कि जो बड़ी दुर्घटना हुई, वह यह कि दुनिया एकध्रुवीय हो गई । अब अमरीका की चौधराहट पर मजबूती से उँगली उठानेवाला कोई देश न रहा । सारे संसार में पूँजी का साम्राज्य फल-फूल रहा है । उससे भी बड़ी दुर्घटना यह हुई कि प्रगतिकामी लोगों के मन में जो एक स्वप्न था, वह टूट गया और उसकी जगह कोई नया स्वप्न जन्म नहीं ले रहा । खासकर अपने देश की वामपंथी पार्टियाँ विभ्रांत हैं । विदेशों में जहाँ-तहाँ कभी-कभी रौशनी दिखलाई पड़ती है, पर फिर वह कुहासे में खो जाती है। अरुणजी अंतिम रूप से निराश नहीं होते, पर संत्रास के साथ असुरक्षा-भाव तो उन्हें घेरता ही है ।

'हाट' शीर्षक कविता इस संग्रह की एक असाधारण कविता है । इसमें कवि ने ऐसा जादुई वातावरण बनाया है कि मन उसकी काव्य-कला पर रीझ

उठता है । इसमें कवि जवान होने पर काम करने की खोज में बाहर निकलता है, लेकिन उसे काम नहीं मिलता । हार कर जब ढली हुई देह लिए वह घर लौटता है, तो पाता है–

वहाँ जहाँ घर था मेरा घर नहीं था
अट्टालिका थी लौह कपाट और द्वारपाल–
यहाँ मेरा घर था मेरे पिता मेरी माँ
मेरा घर ?

द्वारपाल हँसे–
तुम किस जन्म की बात कर रहे हो ?

इसके मूल में नए युग का संत्रास ही है, जो एक साधारण जन को गृह-वंचित किए जाने से पैदा हुआ है । यह कैसा परिवर्तन और कैसी प्रगति है कि गरीबों की झोपड़ी उजाड़कर धनपति वहाँ अपनी अट्टालिका खड़ी कर रहे हैं ! 'चार दिन' शीर्षक से दी गई चार कविताओं में से पहली कविता में कवि अपने को ऐतिहासिक नगरी का शरणार्थी और इस विपुला पृथ्वी की बुहारन बतलाता है । उसे न कहीं आश्रय मिलता है, न उसकी साँस बंद होती है । ऐसे व्यक्ति को भी 'पता नहीं क्यों खोज रहे थे हत्यारे' । शेष तीनों कविताओं में भी संत्रास ही है, लेकिन यह संत्रास सांप्रदायिक हिंसाजनित है । कवि कितना डरा हुआ है, इसका अनुमान उसकी अंतिम कविता की इन अंतिम पंक्तियों से लगाया जा सकता है : 'टिकट पर जीभ फिराते डर लगा/क्या पता गोंद में जहर हो' । 'दाना' शीर्षक कविता भी संत्रास की ही कविता है । कवि को अपनी हत्या का भय हमेशा घेरे रहता है । कविता के अंत की ओर बढ़ते हुए वह कहता है : 'वह किसका दुश्मन है/किसकी धूप छेंक रही है मेरी पीठ/ऐसे समय मैंने कलम में रौशनाई भरी/जब कोई मेरे नाम पर पिस्तौल में गोलियाँ भर रहा था'। यहाँ यह कहने की आवश्यकता नहीं है कि इन कविताओं में कवि एक साधारण भारतीय नागरिक का प्रतिनिधि है । इसके साथ उसके द्वारा प्रयुक्त बिंबों की नवीनता भी ध्यातव्य है, जो हमें आज के किसी कवि में बहुलता से देखने को नहीं मिलती । यह कवि प्राय: मैं-शैली में ही बातें करता है, इसलिए उससे अब पाठकों को भ्रम नहीं होना चाहिए । 'बात' शीर्षक कविता में उसने आधुनिक युग की क्रूरता या उसमें पाए जानेवाले मानवीय संवेदना के अभाव का बहुत सशक्त ढंग से वर्णन किया है । पहले वह दूसरों के सामने कौर भी नहीं उठा पाता था, लेकिन अब खा-पीकर काफी स्वस्थ

हो गया है । वह इस परिवर्तन को समझ नहीं पाता है, इसलिए कहता है : 'अब मुझे क्या हो गया है/बच्चों के सामने कुल्फी चाटता चलता हूँ बीच बाजार/कमीज की बाँह बार बार झाड़ता केस रँगता ब्लू फिल्में देखता/जेब में कंघी हाथ में रूमाल' । अंत में नए युग की क्रूरता का यह निदर्शन–

बीसियों मरे उस मोटर दुर्घटना में
जो बचे वे भी जैसे तैसे
एक मैं ही बचा साबुत
और मैंने यारों को दारू पिलाई इस मौज में–
इसमें आखिर ऐसी क्या बात है ?

संत्रास के ही आस-पास की चीज है असुरक्षा-भाव । अरुणजी की 'ऐसे में' शीर्षक कविता में वह भाव बहुत गहन रूप में व्यक्त हुआ है । कवि को संपूर्ण पृथ्वी डोलती हुई लगती है, जिस पर वह खुले, स्थिर मैदान की खोज में अपने को दौड़ता हुआ महसूस करता है । उसकी शायद ही कोई ऐसी उक्ति हो, जिसमें कोई नया और सटीक बिंब न मिलता हो । देखिए–

भग्न है ब्रह्मांड का आर्केस्ट्रा
हर दीवार में पड़ी है दरार
यह इतना पुराना पेड़ अंतिम दाँत सा
बस लगा भर है पृथ्वी के मसूढ़े से
हिल रहा है सब कुछ हिल रहा है
जो अंतिम आधार थी धरती वह भी

एक कविता में कवि ने अपने व्यर्थ हो जाने की आशंका व्यक्त की है । वह कहता है कि मैं फालतू हो जाने के बाद टूटी हुई सुराही से जाड़े में बोरसी तो बन सकता हूँ, खेत में अन्न न उगा सकूँ, पर धान के पास बैठ कौआ तो हाँक सकता हूँ; पेड़ की कटी हुई जड़ किसी थके बैल या गाभिन गाय का खूँटा बन जाती है ! एक अन्य छोटी कविता में वह अपने को पिंजड़े में बंद पक्षी की तरह देखता है । वह पक्षी उसमें इतने दिनों से बंद है कि उसे शक है कि अब अगर मुक्त होऊँ, तो शायद एक पंख फड़के और दूसरा हिले भी नहीं । लेकिन असल चीज जो इसमें है, वह है मुक्ति की आकांक्षा ।

काफी पहले हृषीकेश मुखर्जी की एक फिल्म आई थी 'गुड्डी' । उसमें एक किशोरी फिल्म के नायक धर्मेंद्र पर फिदा है । उसके अभिभावक उसे

मुंबई ले जाते हैं और वहाँ सिने-जगत् के उस कारखाने का दर्शन कराते हैं, जिससे हाड़-मांस का साधारण युवक भी असाधारण नायक में परिवर्तित कर दिया जाता है । वह धर्मेंद्र को भी देखती है और उसे एक साधारण युवक पाकर आसमान से गिरती है । इधर उसका स्वप्न-भंग होता है और उधर फिल्म-निर्देशक का उद्देश्य नायक का मूर्ति-भंजन पूरा होता है । अरुणजी ने 'कर्णफूल' शीर्षक कविता में अत्यंत प्रौढ़ कला का परिचय देते हुए नायिका का मूर्ति-भंजन किया है । नाटक खत्म हो चुका है, कुर्सियाँ समेटी जा रही हैं और रंगभूमि उदास दिखलाई पड़ती है । इस बीच कवि देखता है कि उसके कोने में एक कर्णफूल चमक रहा था । उसने सोचा कि वह कभी आवेग में नायिका के कान से खुलकर गिर गया होगा । 'ऊपर चढ़ ज्यों ही उठाया/ध्रुवस्वामिनी ने देख लिया/जो धाई आ रही थी इधर ही/सहसा स्मरण पा ।' जब मैं कालेज में प्रथम वर्ष का छात्र था, तो निशांतकेतु के कमरे में नागार्जुन आए । चूँकि स्कूल के दिनों से ही मुझे उनका स्नेह प्राप्त था, उन्होंने मुझे भी बुलवाया और एक कविता सुनाने को कहा । उन्हें मैंने जो कविता सुनाई, उसमें 'धाना' (दौड़ना) क्रियापद का प्रयोग था । बाबा ने मुझसे कहा कि शब्द भी पुराने पड़ते हैं, इसलिए तुम 'धाए' वगैरह लिखना छोड़ो । कुछ दिनों के बाद मैंने अज्ञेय का यह कथन पढ़ा कि शब्द नए नहीं होते हैं, संदर्भ नया होता है । वही पुराने शब्द को भी नया बना देता है । तात्पर्य यह कि अरुणजी बिंब-कुशल ही नहीं, शब्द-कुशल भी हैं । उपर्युक्त पंक्तियों में उन्होंने 'धाई' क्रिया का ऐसा प्रयोग किया है कि ऐतिहासिक युग साकार हो उठता है । साथ-साथ उसमें जो एक उपहास का भाव है, वह नायिका के मूर्ति-भंजन में सहायक होता है । अब तक मुझे उनकी कोई नाजुक कविता नहीं मिली थी, बावजूद इसके कि प्रत्येक सफल कविता किसी न किसी नाजुक बिंदु पर ही टिकी हुई होती है । प्रस्तुत संग्रह में 'ढेला और पत्ता' शीर्षक एक ऐसी नाजुक कविता है, जिसकी नजाकत को कविता को नजाकत के साथ लेने वाले पाठक ही पकड़ सकते हैं । त्रिलोचन ने मुझसे कहा था कि भाषा में शब्दों को ऐसे पकड़ना चाहिए, जैसे उँगलियों से तितली को । वह पकड़ में भी आ जाए और उँगलियों में उसका पराग भी न लगे ! यह कविता के शब्द-प्रयोग में बरती जाने वाली नजाकत को ही एक उदाहरण से समझाना था । 'शब्द' को हमें कविता के अर्थ में लेना चाहिए । कबीर के पद 'सबद' कहलाते हैं । बहरहाल 'ढेला और पत्ता' में ये दोनों मित्र हैं । दोनों गरीब थे । रास्ता लंबा था और वे थकान से चूर थे । भूख भी लगी थी और प्यास भी और दोनों की जेब में कुछ पैसा भी था, लेकिन वे भूखे और प्यासे

चलते गए । कवि बड़ी सादगी से कहता है : 'दोनों खा सकते थे थोड़ा/दोनों पी सकते थे थोड़ा/दोनों जी सकते थे थोड़ा/मैं भी वह भी ढेला-पत्ता।' यह सादगी कितनी वेधक है, इसे सहृदय पाठक समझेंगे ।

आज के कवि की स्थिति विचित्र है । वह विरोधाभासों में जीने को अभिशप्त है । इसी कारण कभी वह संत्रस्त होता है और कभी अपने व्यर्थ होने की आशंका से पीड़ित । दूसरी तरफ उसमें जीवन में अटूट आस्था भी है । इसकी घोषणा इस कवि ने 'हमारे युग का नायक' शीर्षक कविता में की है—

समानता का लक्ष्य अभी पूर्ण नहीं हुआ
खत्म नहीं होगा स्वतंत्रता समानता का स्वप्न
जो उतना ही झूठ है उतना ही सच
जितना कि शून्य जितना अनंत—
तब, खड़े होंगे करोड़ों करोड़ एक साथ
और चलेंगे सब प्रकाश की ओर ।

इस उद्धरण में आस्था और विश्वास तो है ही, जो बात सबसे अधिक ध्यातव्य है वह यह कि स्वतंत्रता और समानता का स्वप्न जितना ही झूठा है, उतना ही सच । यही *यथार्थ* है, जो उँगलियों की पकड़ में आने से इनकार करता है और पारे की तरह फिसलता चलता है ।

बिंब की चर्चा अरुणजी के प्रसंग में कई बार हो चुकी है । वे उसका सही स्थान पर प्रयोग करते हैं, तो कविता का प्रभाव अमोघ सिद्ध होता है, और गलत स्थान में प्रयुक्त होने पर वही बिंब कोई असर नहीं पैदा करता । 'वृत्तांत' शीर्षक से अरुणजी की सात कविताएँ हैं । आप अनुमति दें, तो मैं तीसरी कविता को पूरा उद्धृत करूँ, जिससे एक अनमोल बिंब का आप आनंद उठा सकें और जान सकें कि सही जगह पर आने पर बिंब क्या चमत्कार करता है । कविता है—

अकेला जगा घूम आता हूँ
एक दरवाजे से दूसरा दरवाजा
सोया है जैसे तैसे सारा डब्बा
भरे हैं सारे पटरे
फर्श पर भी लोग गठरियों की तरह
चाँदनी रात और मैदान चारों ओर
दूर में पहाड़ियाँ कभी-कभी चाँद
पेड़ों के भीतर अँधेरा

दौड़ती है ट्रेन धृष्ट वेग से पुल पर
कट कर गिरता है चाँद एक फाँक
जल में

फिर वे ही मैदान पसरते जाते ढलते

यह जरूरी नहीं है कि कविता को वजनी बनाने के लिए अनूठे बिंब उसके अंत में ही आएँ । कविता में कोई गुर नहीं चलता । वे बिंब बस स्थान पर होने चाहिए, अस्थान पर नहीं । उक्त कविता में ट्रेन से कवि के सफर करने का वर्णन है । दूसरे बंद की तीनों पंक्तियाँ कविता के समाप्त होने के पहले आती हैं । पहले प्रायः सामान्य दृश्य थे और बाद में भी पसरते मैदान ही दिखलाई पड़ते हैं । बीच में कुछ क्षणों के लिए चाँद की एक फाँक कटकर जल में गिरते दिखलाई पड़ती है, जब तेजी से ट्रेन पुल से नदी पार करती है । सही स्थान में प्रयुक्त होने के कारण यह बिंब पूरी कविता को एकबारगी आलोकित कर देता है। इसका ठीक उलटा इस संग्रह की अंतिम कविता 'चरथ भिक्खवे चारिकं' में हुआ है। यह थोड़ी लंबी कविता है, जिसमें बीच-बीच में कवि ने पाँच सुंदर बिंब डाले हैं, यथा 'अंतिम ठोप तक ऐंठती गारती', 'गैंडे के सींग की तरह अकेला', 'मंझा सूत-सी पहाड़ी नदी', 'धरती कदंब का फूल' और 'ढेले सा भरक रहा है शरीर' । लेकिन इसके बावजूद यह कविता सफल कविता नहीं बन पाती, क्योंकि मन पर उसका कोई समेकित प्रभाव नहीं पड़ता । मैं पुनः इस बात को दुहरा दूँ कि कविता की सफलता के लिए उसमें एक सौंदर्यात्मक पूर्णता ('एस्थिेटिक परफेक्शन') होनी ही चाहिए । सिर्फ अंश, सुंदर होने पर भी, कविता की जगह नहीं ले सकते । प्रबंध-काव्य की बात और है ।

'पुतली में संसार' (2004) अरुणजी का चौथा कविता संग्रह है । इसमें नई बातें भी हैं, पर हम पहली कविता से, जिसके शीर्षक पर पुस्तक का नामकरण किया गया है, इस पर विचार करना शुरू करते हैं । पुतली में संसार को देखना ही महत्त्वपूर्ण कवि का लक्षण है । तात्पर्य यह कि बिंदु में सिंधु और अंश में पूर्ण का दर्शन ही 'दीद-ए-बीना' है । कवि ने इस कविता में एक पौराणिक संदर्भ उठाकर उसे आधुनिक संदर्भ में रख दिया है और इस विदग्धता से कि यह कविता एक दृष्टि प्रदान करनेवाली कविता हो गई है । प्रसिद्धि के अनुसार प्रसंग द्रौपदी के स्वयंवर का है । महाराज द्रुपद ने यह निश्चय किया था कि ऊपर टँगी हुई मछली के प्रतिबिंब को नीचे तेल से भरे हुए पात्र में देखकर जो राजकुमार उसकी आँख में बाण मारने में सफल होगा, वही उसकी पुत्री का वरण कर

सकेगा। महाभारत के अर्जुन ने तो मछली की आँख को बेध दिया था, लेकिन अरुणजी की कविता का अर्जुन उनका सृजन है, जो गुरु द्रोण से कहता है—

और मैं देखता हूँ, तो मुझे केवल पुतली नहीं
पूरी आँख दिख रही है गुरुदेव
और मछली और वह खंभा
और आकाश और आप और ये सब जन धनुर्धर
इतनी भीड़ इतनी ध्वनियाँ
और मैं तो केवल नीचे ताक रहा हूँ, तेल के कुंड में
फिर तो पूरा आकाश घूमता लग रहा है
और मुझे मछली की पुतली में घूमती
एक और छवि दिख रही है देव
किसकी छवि है यह
मछली किसे देख रही है
और कोई मुझे उसके भीतर से देख रहा है

कहने की आवश्यकता नहीं कि आज के संदर्भ में यही अर्जुन अपेक्षित है, जो बिंदु में केवल बिंदु को नहीं और अंश में केवल अंश को नहीं देखे । आज जब विश्व के एक ग्राम में परिवर्तित होने की बात कही जा रही है, तो यह अनिवार्य हो उठा है ।

संत्रास और असुरक्षा का भाव इस पुस्तक की कई कविताओं में भी है । 'जिसने खून होते देखा' शीर्षक कविता में एक स्त्री के दुधमुँहे बच्चे का कुछ बंदूकधारी हत्यारों द्वारा खून कर दिया जाता है । इस दुर्घटना पर उस स्त्री की प्रतिक्रिया पहले तो यह होती है कि नहीं, मैंने कुछ नहीं देखा । लेकिन अंत में वह कहती है कि मैं सब कुछ जानती हूँ । उन सबों को भी जानती हूँ, जो खून को धाँगते हुए गए हैं । मैं एक-एक जूते का तल्ला पहचानती हूँ । फिर वह डर जाती है और उसका डर इन शब्दों में व्यक्त होता है : 'धीरे-धीरे वो बंदूक घूम रही है मेरी तरफ/चारों तरफ'। इस कविता में तो संत्रास है, लेकिन 'साथ' शीर्षक कविता में असुरक्षा-भाव । इसमें कवि कहता है कि पता नहीं क्यों, हर रात मैं ढेर सारी आवाजें सुनता हूँ, अचानक किसी की चीख, किसी के भागते हुए गिरने और फिर अचानक डूबने की आवाज । उसके बाद भी शोर होता है, तो लगता है, 'जैसे सैकड़ों खुर मुझ पर होके गुजर गए'। 'शाम' शीर्षक कविता में कवि उन बुद्धिजीवियों की ओर से बोलता है, जो वर्तमान स्थिति में अपने को विभ्रांत पाते हैं । वह अकेले घबराई हुई सड़कों पर आता है और कुछ दूर तेजी से चलने के

बाद साँस लेने के लिए ठहरता है, 'सोचता कि किधर जाना है/किसी के घर कि किसके घर/कि यों हि...'। अंतिम पंक्ति में 'ही' की जगह जो 'हि' आया है, वह इस बात की सूचना देना है कि कवि अनिश्चय में पड़े होने के कारण सोचते ही ठहर जाता है । साधारण जन के प्रति अरुणजी की सहानुभूति लगातार गहरी होती जाती है । 'तड़ाग' शीर्षक कविता में उन्होंने बहुत सादगी से कहा है कि मुझे याद ही करना हो, तो सुसज्जित बैठकों में गाव तकिए पर पसरे पीकदान भरते भद्र रसिकों के बीच या शाम को विदेशी काव्य और रमणियों की चर्चा में गर्क शराब की तीसरी डेग पर वयस्कों के बीच नहीं । 'अगर याद ही किया जाय मुझे तो उनके बीच/जो अभी-अभी सोकर उठे हैं और आधी नींद में नहा रहे हैं/स्कूली बच्चे और पहली पाली के कामगार' । जब कवि को कोई साधारण-सा दृश्य दिखलाई पड़ता है, तो वह निहाल हो जाता है । इसे देखना हो, तो 'दाना' शीर्षक एक छोटी कविता में देखना चाहिए । उसे पूरा उद्धृत करने में कोई हर्ज नहीं है । उससे चित्र आँखों के सामने उपस्थित हो जाएगा और फटके जाते हुए अन्न की झनकार से कानों को भी सुख मिलेगा :

वह स्त्री फटक रही है गेहूँ
दोनों हाथ सूप को उठाते गिराते
हथेलियों की थाप थाप्प
और अन्न की झनकार
स्तनों का उठना गिरना लगातार—
घुटनों तक साड़ी समेटे वह स्त्री
जो खुद एक दाना है गेहूँ का—
धूर उड़ रही है केश उड़ रहे हैं
यह धूप यह हवा यह ठहरा आसमान
बस एक सुख है बस एक शांति
बस एक थाप एक झनकार ।

यह कविता इस कदर एकान्वित है कि मुझे इसकी थोड़ी-सी पंक्तियाँ उद्धृत करना इसे बिखेर देने-जैसा लगा । यह देखने की चीज है कि इसके अंत में आनेवाले एक 'झनकार' शब्द ने कविता समाप्त करते-करते पूरी कविता को झनत्कृत कर दिया है । कविता की आरंभिक तीसरी पंक्ति में जो 'थाप' के बाद 'थाप्प' आया है, उसे वही समझ सकते हैं, जिन्होंने किसी औरत को सूप से अन्न फटकते देखा है । वह एक लय में यह काम करती है, जिससे पहले 'थाप' सुनाई पड़ती है,

फिर तबले पर दूसरी चोट 'थाप्प' । लगता है, स्वयं यथार्थ के भीतर इतना संगीत है कि हम उसे पूरा समेट नहीं पाते । 'कथा' शीर्षक कविता में कवि ने आज के युग के बारे में कहा है कि 'जब उस युग की कथा कही जाएगी/तब कहा जाएगा/घर सबसे असुरक्षित थे/और कब्रगाह सब से सुरक्षित ।' इसे निराशा के रूप में न लेकर सभ्यता के वर्तमान दौर के प्रति प्रचंड असहमति और विद्रोह के रूप में लेना चाहिए । यदि कवि के भीतर मनुष्य-मात्र को सुखी देखने की आकांक्षा न होती, तो वह ऐसी कविता नहीं लिख सकता था ।

इस संग्रह में जो नई चीज है, वह यह कि कवि इसकी अनेक कविताओं में आत्मपरक हो उठा है । आत्मपरकता बुरी चीज नहीं है, बुरी चीज है आत्मग्रस्तता, जो अरुणजी की कविताओं में कहीं नहीं है । एक कविता में उन्होंने अपने को रोना-धोना बंद करके फिर से छोड़ा हुआ काम करने को कहा है । 'बहुत हुआ बहु रोए गाए/अब साँझ हो रही है/बत्ती जलाओ और शुरू करो फिर वही पाठ/वहीं जहाँ छोड़ा था कल' । कहने को यह कवि की स्वोक्ति है, पर उसके रोने-धोने में मुझ-जैसे लोगों को उसके-जैसे सभी लोगों का रोना-धोना सुनाई पड़ता है । निराला की पंक्तियाँ याद आती हैं : 'अपने आँसुओं अतः बिंबित/देखे हैं अपने ही मुख-चित'। एक कविता में कवि ने अपने जीवन-संघर्ष का वर्णन किया है । यह कहने के बाद कि मैं रोज अपने नाखूनों से मिट्टी खोदता हूँ, क्योंकि मुझे खींचकर लानी है 'पानी की डोर' । कविता का अंत एक सशक्त बिंब से होता है : 'दूर चमकती है नदी/एक नदी बहुत दूर जैसे/थर्मामीटर में पारे की डोर' । 'पानी की डोर' और 'पारे की डोर' क्या लाजवाब रूप-साम्य है । एक डोर श्रम से खिंचती है और दूसरी शरीर के ताप से । यहाँ भी यह कहने की जरूरत नहीं कि कवि का जीवन-संघर्ष साधारण जन-मात्र का जीवन-संघर्ष है । 'सींग' शीर्षक कविता में कवि ने जैसे आत्मनिरीक्षण किया है । इसमें वह कहता है कि मेरा सींग मुझी से फूटकर मुझी को बेधता है । इससे पता चलता है कि कवि अत्यंत सजग है और निरंतर अपने-आप पर पहरा देता है । 'ओराँग-उटाँग' वाली कविता में मुक्तिबोध ने भी यह कहा है कि हमें सावधान रहना चाहिए कि दबी हुई मध्यवर्गीय मनोवृत्ति हमारे भीतर फिर सिर न उठाए । यह प्रसन्नतामिश्रित विस्मय की बात है कि अरुणजी ने एकाधिक प्रेम-कविताएँ भी लिखी हैं । निश्चय ही उस प्रेम में उनका युग-बोध घुला-मिला है । 'रात की गाथा' प्रेम की एक ऐसी मनोरम स्थिति का वर्णन है, जो मन के तारों को हर्ष से छेड़ देती है । इस सात पंक्तियों की कविता में कवि करवट बदलकर पत्नी की पीठ पर हाथ रखे सो

जाता है । कविता इस प्रकार है :

जैसे उतरने में एक पाँव पड़ा हो ऐसे
मानो वहाँ होगी एक सीढ़ी और
पर जो न थी
ऐसे ही हाथ पीठ पर पड़ते लगा उसे

और ऐसे ही सुबह हुई
हाथ पीठ पर रक्खे रक्खे ।

कवि जैसे अगली सीढ़ी न होने पर गिरने-गिरने को होता है, पर उसे कोई थाम लेता है । ऐसे ही उसका हाथ पत्नी की पीठ पर पड़ता है और उसी अवस्था में सवेरा हो जाता है । 'आतप' शीर्षक कविता में वस्तुतः वसंत ऋतु का, जो ग्रीष्म का आरंभ भी है, वर्णन है, जिसमें 'बहुत दूर भीतर उठती है हूक/यह किसकी कूक है किसकी पुकार/कौन मुझे उठाता है धूल-सा,/कैसा बवंडर'। इसकी आगे की पंक्तियों से कवि की प्रेमजनित निराशा का बोध होता है, पर यह भी प्रेम की एक भंगिमा ही है, अतः अंततः आनंददायक । तत्पश्चात् एक कविता शरद ऋतु पर है, जिसके अंत में कवि कहता है कि 'इतनी इच्छाएँ ऐसी लालसा/मैं भर जाता हूँ, जौ के अंकुरों से' । स्मरणीय है कि जौ के अंकुर कालिदास का 'यवांकुर' है, जिसके बिना दुर्गा की आराधना नहीं हो सकती । यह दुर्गाराधना शरद ऋतु में ही पड़ती है । इन पंक्तियों में जिन इच्छाओं और लालसा का जिक्र किया गया है, वह प्रेम से ही ताल्लुक रखता है, क्योंकि इसमें शोरगुल भी कवि को प्यारा लगता है । एक कविता वर्षा ऋतु पर भी है । इसमें धारासार वर्षा का ऐसा जोरदार वर्णन है कि कवि उसके आगे सब कुछ भूल जाता है, यह भी कि जो स्त्री कल तक मेरे लिए बादल थी, अब मरहम की गंध-सी मेरे कमरे में फैल रही है । स्पष्टतः यह तीव्र बिछोह की कविता है । जब हम पुस्तक के अंत की ओर बढ़ते हैं, तो 'भार' शीर्षक एक कविता मिलती है, जिसमें कवि ने अपने परिवेश का दर्दनाक वर्णन करने के बाद कहा है कि—

मैं तुम्हें अचानक सोचता हूँ जैसे एक ट्रक की तेज हेडलाइट
और फिर एकदम ढहता गिरता अँधेरे खड्ड में
इतने सितारे
इतनी हवाओं के झालर
कोई पीछे से छूता है मेरा कंधा
घूमता हूँ तो खाली मैदान और हवा...

'ट्रक की तेज हेडलाइट' और 'अँधेरा खड्ड' बहुत सटीक बिंब हैं । तेज रोशनी की बगल से गुजरने के बाद अँधेरा और घना हो जाता है । इसमें जो कचोट से भरा बिछोह है, वह प्रगाढ़ मिलन के बाद का है ।

अब कुछ दूसरे प्रकार की कविताएँ । 'इच्छा' शीर्षक कविता को भी मैं पूरा उद्धृत करने की छूट चाहूँगा । वह कविता इस प्रकार है :

जब मैं उठूँ तो भादों हो
पूरा चंद्रमा उगा हो ताड़ के फल सा
गंगा भरी हो धरती के बराबर
खेत धान से धधाए
और हवा में तीज त्योहार की गमक

इतना भरा हो संसार
कि जब मैं उठूँ तो चींटी भर जगह भी
खाली न हो ।

कवि की यह इच्छा निस्संदेह उसी की नहीं, अलग-अलग क्षेत्रों में अपने-अपने ढंग से संघर्ष कर रहे सभी लोगों की इच्छा है। बूढ़े होते जाने की अनुभूति पश्चिमी कविता का एक सुपरिचित विषय है । एक कविता अरुणजी ने भी उस पर लिखी है । यह कविता बहुत ही अच्छी है, जिसमें कवि कहता है, 'तो क्या मैं बूढ़ा हो रहा हूँ/क्या सचमुच ढीली हो चली हैं पंखुड़ियाँ'। उन्हें पुराने कवियों में जैसे तुलसीदास प्रिय हैं, वैसे ही आधुनिक कवियों में निराला। स्वभावतः उनकी कविताओं में उनकी कविताओं की पंक्तियों में जहाँ-तहाँ निराला के दर्शन हो जाते हैं। दूसरी पंक्ति हमें उनकी 'पँखड़ियाँ हो चलीं ढीली' की याद दिला देती है । लेकिन इस कविता का अंतिम अंश उद्धृत करना जरूरी है, क्योंकि वह कवि की विशेषता यानी उसकी बिंब-निर्माण-क्षमता से फिर एक बार हमें परिचित कराता है । बिंब अपने आप में कोई चीज नहीं है । असल चीज है वह भाव, जो उसे अनुप्राणित करता है । वह अंश देखें :

तो क्या अब मेरा काम सुबह शाम माथा थाम
देर तक बैठना भर होगा
मिट्टी में मिलना ठोप ठोप

और यह देह विवाह के वस्त्र सी
संचित रहेगी जर्जर संदूक में

जिसे कभी खोल देखूँगा और फिर तह लगा
वापिस रख दूँगा
जिसके बदले फेरीवाले से अलमुनियम गिलास भी
कभी ले नहीं पाऊँगा
और किमखाब से उड़ जाएगी पुराने इत्र की खुशबू ।

डा. रामविलास शर्मा ने मुक्तिबोध में पाए जानेवाले तीव्र आत्मभर्त्सना के स्वर की प्रचुर प्रशंसा की है । वह चीज अरुणजी की एक कविता में भी है । उनका बच्चा एक बार उनकी आँख झिप जाने से उनके हाथ से छूटकर गिर गया । कविता में उनकी उक्ति है : मुझे सोना नहीं था और अपनी पलकों को अंकुशों से खींचकर उन्हें सटने से रोकना था । मैं चीख सकता था, जोरों से रो सकता था और मेरे तलबे भूकंप से काँप सकते थे, लेकिन वैसा कुछ नहीं हुआ । अपने पर खीझकर वे कहते हैं : 'जिसमें इतनी आग थी/उसकी इतनी कम राख !' गंभीर अथों में अरुणजी विद्रोही कवि रहे हैं, इसलिए अपनी आग के थोड़े-से भस्म में परिवर्तित होने से उन्हें खीझ नहीं, असहनीय पीड़ा होती है । पुस्तक की अंतिम कविता है 'धमक', जिसमें कवि ने मरने के पहले अपने कहीं गिर जाने के बाद की बेहोशी का वर्णन किया है। बच्चों के दौड़ने से अभी भी उनके शरीर में उनके पैरों की धमक भर जाती है और उन्हें अफसोस है कि मरने के बाद 'उतर जाएगी आखरी फिल्म पुतली पर से'। इसे हम साठोत्तरी कवियों का मृत्यु-बोध नहीं कह सकते, क्योंकि यह एक उस बूढ़े की मृत्यु है, जो अपने ललाट से काम का अंतिम पसीना पोंछते हुए हतचेत हुआ है ।

जिस कविता में कहीं भी झोल हो, शमशेर की तरह इस नाचीज को भी पसंद नहीं आती । इस कारण ऊपर मैंने अरुणजी की निर्दोष और सफल कविताओं का ही जिक्र किया है, जो बेमिसाल हैं । लेकिन यहाँ कुछ सदोष कविताओं का, जो संख्या में काफी हैं, जिक्र करके ही मैं 'पुतली में संसार' पर अपने विचार को पूरा करना चाहता हूँ । इसमें 'स्वप्न' शीर्षक एक बहुत अच्छी कविता है, जिसमें एक पीड़ित स्त्री घर से छुटकारे के लिए बार-बार भागती है, पर वहीं तक, जहाँ तक खूँटे से बँधी बछिया की रस्सी उसे जाने देती है । उसकी नियति है बार-बार उसी घर में लौटना । वह 'जीवन से मृत्यु नहीं/मृत्यु से जीवन के लिए भाग रही थी' । आगे कवि ने उसकी मुक्ति की आकांक्षा को अपनी भाषा में लिखा है, जिससे रस-भंग हो जाता है । यदि उसे उसी की अचेतन की भाषा में लिखा जाता, तो कविता निर्दोष होती । इसी तरह 'राजकीय सम्मान' शीर्षक कविता में कवि ने कहा है कि 'जो मंजिल में आए थे सब जले/मृतक के ऐश्वर्य

पर'। यह बात सही नहीं है, क्योंकि लेखक के राजकीय सम्मान से लेखक को ईर्ष्या हो सकती है, सबको नहीं । ईर्ष्या-भाव सबों में रहता है, पर उसके उद्रेक के लिए उपयुक्त आलंबन चाहिए । यह कोई शास्त्रीय बात नहीं, हमारे प्रतिदिन के अनुभव में आनेवाला तथ्य है । 'बिछावन' शीर्षक कविता में भी कवि ने एक मंत्री के बिस्तर को वायसराय के बिस्तर से ज्यादा कीमती और नरम बतलाया है, पर ऐसा नहीं है । उसके पास तोशक-भर होगी, जो मेरे और उनके पास भी है । मंत्री के प्रति घृणा जगाने को अयथार्थ का सहारा लेना कविता के प्रति पाठकों में अविश्वास उत्पन्न करता है । 'अयथार्थ' एक चीज है, जिसे कलात्मक अतिरंजना-जैसी दूसरी चीज से उलझाया नहीं जा सकता । जहाँ तक ऐशोआराम की बात है, मंत्री वायसराय के पासंग में भी नहीं आएगा । और कविताओं को मैं प्रबुद्ध पाठकों के विवेक पर छोड़ता हूँ ।

'मैं वो शंख महाशंख', जो 2012 में छपकर बाहर आया है, अरुणजी का एक दमदार संग्रह है, क्योंकि इसमें अच्छी कविताओं की संख्या सबसे ज्यादा है । संत्रास उनकी कविता में अभी भी है । इसका प्रमाण 'निर्बल के गीत' की पहली कविता ही देती है, जिसमें ऐसी पंक्तियाँ मिलती हैं : 'हर रात डर लगता है/कोई भारी पत्थर मुझे दबाने लगता है/साँस फँसती है/दूर लगता है कहीं नगाड़ा बज रहा है/किसी को वे ले जा रहे हैं बलि के लिए'। इसी तरह व्यर्थता-बोध भी कवि में मौजूद है, जो हम उसकी छठी कविता में देखते हैं : 'जीता रहूँगा/उस पेड़ की तरह जिस पर ठनका गिरा' । साठोत्तरी दौर में विशेष रूप से कहानी में 'सरप्लस मैन' यानी फालतू आदमी की बहुत चर्चा थी । पता नहीं, कितनी कहानियों में उसे दिखलाया गया । लेकिन अरुणजी के व्यर्थता-बोध का संदर्भ फैशन से नहीं, वर्तमान-युग की अनुभूति से आया है । वह उनकी और कविताओं में भी मिलता है । उदाहरणार्थ उस कविता में, जिसमें एक वृद्धा कुछ सोचकर घर से निकल जाती है । वह सोचती है कि 'मैं तो पेड़ की देह से छूटी हुई छाल हूँ/कड़ी चढ़ाई के बाद पड़ी ढाल'। उसे ढूँढ़ने या लेने के लिए कोई नहीं आता । जैसे सजायाफ्ता कैदी अपनी जमानत लेने वाले का रास्ता देखता रहता है, वह भी इंतजार ही करती रहती है । 'डर' शीर्षक से एक छोटी कविता है, जिसमें कवि के लिए कोई स्थान निरापद नहीं रहा । कहीं अपनी जाति से डर है, तो कहीं अपने धर्म से; कहीं अपनी भाषा से डर है, तो कहीं अपने क्षेत्र से । उसके साथ उलटे पाँव वाला उसका भूत भी घूम रहा है । 'सामने भविष्य था सूर्य/जिधर बढ़ता जा रहा था और वह लगातार सरकता/पीछे' । विवेकानंद से लेकर महात्मा गाँधी तक ने सेवा-भाव पर जोर दिया है । बुद्ध और ईसा करुणा के अवतार बतलाए

गए हैं । आज भी ईसाई मिशनरियाँ सारे संसार में अस्पताल, स्कूल और अनाथ शिशु–गृह खोलकर मनुष्यता की सेवा कर रही हैं । मदर टेरेसा पटने से ही कोलकाता गई थीं, जिनके सेवा–भाव को ध्यान में रखकर उन्हें शांति के लिए दिए जानेवाले नोबेल पुरस्कार से सम्मानित किया गया । लेकिन कवियों के लिए सेवा–भाव एक अकाव्यात्मक विषय है । उनके बीच रहते हुए भी अरुणजी ने 'सेवक' शीर्षक एक ऐसी कविता लिखी है, जो हमें नए सिरे से करुणा और सेवा–भाव का मतलब समझाती है । उसकी कुछ पंक्तियाँ तो देखिए : 'जिसकी देह तुमने धोई–पोंछी उसके लिए तुम ही हो/रक्त के सबसे नजदीक, पुराने अखबारी कागज–सी देह;/सुबह जब उठकर जाने लगता तब वे इस तरह देखते/जैसे उनका जहाज छूट रहा हो' । इस क्रम में मैं उनकी एक अद्‌भुत–अपूर्व कविता का जिक्र करना चाहूँगा । युवतियाँ जब पहली बार माँ बनती हैं, तो किसी–किसी के स्तनों से दूध नहीं निकलता । बच्चा दूध पीने की कोशिश करता है, पर निराश होकर रोने लगता है । अस्पताल में तो नर्सें स्तनों को जोरों से दबाकर दूध का सोता खोल देती हैं, पर घर पर प्रसव होने के बाद मुश्किल पेश आती है । ऐसी स्थिति स्वयं कवि के घर में एक बार उत्पन्न हुई । घर और मुहल्ले की औरतों को नर्सों का तरीका मालूम नहीं था, इसलिए सब निरुपाय खड़ी थीं । इसी बीच कवि की माँ ने सभी औरतों को बाहर करके उसे बुलाया और कहा कि तुम इसका थन मुँह में लेकर जोरों से खींचो और इतना कहकर वे भी बाहर चली गईं । अब कवि के शब्दों में :

तुमने हुक खोले और
गाय की बड़ी–बड़ी आँखों से मुझे देखा
मैं काँप गया
दोनों स्तन इतने कठोर कैंता के फल से
और बच्चा रो रहा था एक ओर

नहीं कह सकता वह सुख था या शोक
मैं तुम्हारा देवर तुम्हारा पति या पुत्र
मैंने कंठ में रोक लिया था वह दूध

आज दोनों के चूल्हे अलग हो चुके हैं । वह बच्चा भी अब सयाना हो गया है और वह युवती भी ढल गई है। कवि आज भी नहीं समझ पाता कि 'यह कैसा संबंध है/मैं तुम्हारा देवर तुम्हारा पति तुम्हारा पुत्र ?'

प्रस्तुत संग्रह में एक–दो कविताएँ प्रेम की भी हैं । पहली कविता

'किसी के लिए तीन कविताएँ' की पहली ही कविता है, जिसमें कवि अपनी प्रेमिका से अनुरोध करता है कि तुम अपनी जाँघ से उतार कर मेरा माथा धूल पर रख दो, क्योंकि 'शुरू हो गई है शाप की वो शाम / वर समाप्त हो रहा है'। इस कविता में अकूत गहराई है, जिसे व्यक्त करने में गद्य के शब्द असमर्थ हैं । दूसरी कविता में भी कवि ने जुदाई का ही वर्णन किया है । इसमें वह अपनी प्रेमिका से कहता है कि 'वे दिन गए जब तुम ग्रीष्म की दोपहर के स्तब्ध अँधेरे में/पके जामुन की गंध से श्लथ थी/वे दिन गए जब तुम कच्चे आम गोर देती चावल की कोठी में/और वे धीरे-धीरे पकते रहते' । गाँव-देहात के बिंबों और लोकभाषा के शब्दों और मुहावरों से आज की कविता को समृद्धि प्रदान करने का श्रेय केवल अरुणजी को है । बचपन की यह स्मृति उस व्यक्ति के लिए कितनी मारक है, जो उन दिनों के अपने निश्छल प्रेम को पीछे छोड़ आया है !'मैंने लाहौर में एक तोता देखा' में कवि ने बतलाया है कि पाकिस्तान हो, या भारत, दोनों जगह जनता मुक्ति के लिए संघर्ष कर रही है । यह बात वह एक तोते को देखकर कहता है : 'यहाँ भी वो लोहे के पिंजड़े में बंद था/जैसे वहाँ/और यहाँ भी वो पिंजड़ा काटने की मुहिम में जुटा था जैसे वहाँ' । प्रतीकत्व स्वयं स्पष्ट है, इसलिए इस सुंदर कविता पर कोई टिप्पणी दरकार नहीं । प्रस्तुत संग्रह में एक और आत्मपरक कविता है, जिसमें कवि अपनी इच्छा जताता है कि उसका भी अपना कोई घर होता, उसमें मेहँदी वाला अहाता होता, एक गाय होती और बरामदे पर बेंत की कुर्सी । ऐसी इच्छा करते हुए वह भूल गया था कि स्वप्न भी यथार्थ के दास होते हैं । वह सोचता है कि जब इतना कट गया, तो बाकी भी गुजर जाएगा । अपना घर और जमीन न हो, पर आसमान तो होगा कुछ न कुछ अपना, नदी तो होगी ! निम्न-मध्यवर्ग के व्यक्तियों की सारी इच्छाएँ पूरी नहीं होतीं, पर अरुणजी के पाठकों को यह बतलाकर मैं आश्वस्त कर दूँ कि अब वैसे ही उनका भी एक फ्लैट हो गया है, जैसे पुत्र के प्रेम से मेरा ।

राजनीति को अपराधकर्मियों ने अपने कब्जे में कर लिया है । वैसे ही धर्मोत्सवों को गुंडों ने । एक शोभा-यात्रा निकल रही है । छोटे हनुमानजी बड़े हनुमानजी से मिलने आ रहे हैं । समिति के सदस्यगण शराब में सराबोर हैं, क्योंकि 'अच्छा चंदा उठा है इस बार/कृपालु रहे भक्तजन' । प्राचार्य और कवि मानबहादुर सिंह को लेकर एक घटना घटी थी । एक गुंडा प्राचार्य-कक्ष से उन्हें घसीटकर बाहर लिए जा रहा था और हजारों विद्यार्थी जमा होकर यह दृश्य देख रहे थे । यदि वे लोग थूक भी देते, तो वह गुंडा उसमें डूब जाता, पर 'कितना कम थूक है अब इस देश के कंठ में !' जीभ पर भी एक छोटी, लेकिन चोखी कविता

है । इसमें दाँतों और जीभ का संवाद है । दाँत जीभ से कहते हैं कि हम बत्तीस हैं और तू अकेली, चबा जाएँगे । अरुणजी ने बहुत कँटीले शब्द का प्रयोग करते हुए कहा है कि बाबा आदम के जमाने से *लोकतांत्रिक* मुँह में बेचारी जीभ उसी तरह रहती आ रही थी । अल्लामा इकबाल ने भी जम्हूरियत पर चोट करते हुए कहा था कि इसमें 'बंदों को गिना जाता है, तोला नहीं करते' । लेकिन अरुणजी उनसे आगे जाकर दाँतों को कही गई जीभ का यह जवाब नोट करते हैं कि मालिक, आप सब झड़ जाओगे एक दिन, फिर भी मैं रहूँगी, जब तक यह चोला है । जैसे तोते वाली कविता में, वैसे ही इस कविता में भी जीभ बिना किसी आरोपण के जनता का प्रतीक बन गई है । प्रधान आनेवाले हैं, इसलिए राजमार्ग पर बिजली के खंभों को रँगकर चाँदी की तरह चमकाया जा रहा है । इसमें एक मजदूर करंट लगने से मर जाता है । उसके बाद दूसरे मजदूर उस मजदूर की लाश देने को तैयार नहीं होते और अपने शब्दों में उसका जुर्माना माँगते हैं । तभी एक अधिकारी एक मजदूर को थप्पड़ मारता है और कहता है : 'काम करता था पैसा पाता था मर गया मर गया...चलो/साफ करो भीड़, जल्दी करो, जल्दी आ रहे होंगे सुप्रीमो' । सरकारें कितनी अमानवीयकृत हो चुकी हैं, इसका यह एक ज्वलंत प्रमाण है । भारत सरकार की हालत ऐसी है कि अस्पतालों में रुई-पट्टी तक नहीं होती और नर्सें स्वेटर बुनती रहती हैं । डाक्टर कभी-कभी सैर पर आते हैं और बेड के नीचे कुत्ते सोए रहते हैं । कविता की अंतिम पंक्तियाँ घन की तरह प्रहार करनेवाली हैं, यथा—

> *सरकार बिगड़े जमींदार की तरह सारे कल कारखाने चम्मच कटोरी*
> *बेच रही थी और अंत में उसने बच्चों के दूध की बोतलें भी बेच दीं*
> *तब एक माँ ने कहा—सरकार जी,*
> *ऐसा करें कि संसद भी बेच दें*
> *और आप भी वैसे रहें जैसे हम यानी भारत के लोग ।*
> *अब सरकार ही क्या करेगी रहकर?*

अरुणजी को क्या यह बतलाना पड़ेगा कि देश की संसद बिक चुकी है? यह इससे प्रमाणित है कि कारपोरेट हाउस सरकार गिराने और बनाने में अपनी सर्वोपरि भूमिका निभा रहे हैं । 'प्रजातंत्र' 'जनतंत्र' से अधिक उपयुक्त शब्द प्रतीत होता है । उसकी क्षमता आज कसौटी पर चढ़ी हुई है । ऐसे ही एक अन्य कविता में कवि ने अपने ऊपर यह बंदिश पाई है कि वह न विश्व की ओर से बोल सकता है, न किसी अन्य देश की ओर से, न अपने देश की ओर से और न अपने राज्य की

ओर से । इतना ही नहीं, वह अपने राज्य, अपने धर्म और अपनी जाति तथा ध ानिकों के बारे में भी कुछ नहीं कह सकता । वह है क्या? सबसे दरिद्र, सबसे कमजोर और 'महज एक कवि मनुष्यता का फटा हुआ दूध' । उसे चेतावनी दी जाती है कि वह किसी ओर से नहीं, केवल अपनी ओर से बोल सकता है, क्योंकि 'उसके लिए राष्ट्र की संसद काफी है' । संग्रह की अंतिम कविता में कवि ने यह बहुत सही कहा है कि उसे यह संसार एक निगेटिव फोटो–जैसा दिखलाई पड़ रहा है, जहाँ अंधकार और प्रकाश अपनी लड़ाई अभी भी लड़ रहे हैं । अब चकले के मालिक पर लिखी गई यह लाजवाब कविता देखिए–

चकले का मालिक सत्तर से ऊपर था
नैष्ठिक संतभाव मानुष धीर गंभीर सहज प्रशांत
जगत गति से ऊपर दो बाँस;
तमाम व्यभिचारों यातनाओं क्रूरताओं के बावजूद
किसी में यह कहने की हिम्मत न थी
क्योंकि स्वयं वह शुद्ध निर्विकार था जैसे
विष–पात्र का ताम्र ढक्कन
और पैसा तो उसे दूर से गड़ता वह ऐसा पवित्र था;
जहाँ तक चकले का सवाल था तो यह तो
उसका पुश्तैनी पेशा था पूर्व जन्म का कर्मभोग
वरना वह तो कब का वन में जा चुका होता ।

मजदूरों पर एक कविता हम पढ़ चुके हैं । उन पर लिखी गई एक दूसरी कविता में दो मजदूर फ्लैट रँगने के लिए गंगा पार से साइकिल पर आते थे । एक नौजवान ने बिगड़कर एक दिन दोनों की साइकिलें उठाकर बाहर फेंक दीं, क्योंकि साइकिल से उसकी कार में खरोंच लग गई थी । तत्पश्चात् दोनों मजदूरों ने काम रोक दिया और धरने पर बैठ गए । कवि के शब्दों में, 'वे असंगठित मजदूर थे खुली हुई मुट्ठी–/देश खड़ा हो रहा था' । असंगठित मजदूरों के लिए 'खुली हुई मुट्ठी', जिसमें पाँचों उँगलियाँ अलग–अलग रहती हैं, एक ऐसी उपमा है, जिसकी जितनी दाद दी जाए, कम है । देश, राज्य और समाज के बारे में अरुणजी की ये कविताएँ पढ़कर ऐसा लगता है कि वे भारत में जो महाभारत छिड़ा हुआ है, उसको अपनी स्फुट कविताओं में अधिक से अधिक समेटने के लिए प्रयत्नशील हैं । संपूर्ण महाभारत को शब्दबद्ध करने के लिए तो कोई दूसरा व्यास चाहिए, पर उनके इंतजार में क्या शेष कवि बैठे रहेंगे?

दो कविताओं में कवि ने कवियों के बारे में लिखा है । पहली कविता

बहुत दिलचस्प है, जिसमें कवि अमरता की खोज में सोपान-क्रम से पहले आलोचक के पास पहुँचता है, फिर अकादेमी के अध्यक्ष के पास, फिर मंत्री के पास और सब जगह से निराश होकर प्रधानमंत्री से मिलता है, जो उसे तुरत राजकवि घोषित कर देते हैं और वह अतिथि-कक्ष में ठहराया जाता है । वहाँ नियम के विरुद्ध दबाते-दबाते भी उसे खाँसी आ जाती है । अपने लावलश्कर के साथ भागे-भागे प्रधानमंत्री आते और उससे कहते हैं– 'हे कविराज मेरा कुछ तो खयाल करो जनता सुन लेगी तो क्या होगा' । तब जाकर कवि ने समझा कि चलो, फिर उसी गली के टूटे हुए अपने घर में । अमरता वहीं है, जहाँ जीवन का नरक है । मैंने तो इस कविता का सारांश-मात्र आपको बतलाया है, लेकिन इसकी संरचना में कवि ने प्रत्येक 'महापुरुष' का जो चित्रण किया है, उसे कविता से बाहर देखना या दिखला सकना असंभव है । तात्पर्य कि इस कविता की संरचना और संग्रंथन के बीच ऐसा तनाव है कि अरुणजी की कलम को चूम लेने की इच्छा होती है । उचित ही दूसरी कविता में कवि ने सितारा बनने से अच्छा गंदी गली का लैंपपोस्ट बनने को बतलाया है । यह कविता भी अपने पूरेपन में पढ़ने लायक है । इसका मतलब कतई नहीं है कि जिन कविताओं की मैंने चर्चा की है या कर रहा हूँ, वे अपनी संपूर्णता में पठनीय नहीं हैं । मैं चर्चा ही ऐसी कविताओं की कर रहा हूँ, जिनमें एक कलात्मक या सौंदर्यात्मक पूर्णता है । दो कविताएँ रेल-यात्रा से संबंधित हैं, जो कमाल की कविताएँ हैं । पहली कविता है 'रेल में बात' शीर्षक, जो इतने सटीक व्यंग्य से युक्त है कि बड़ी-बड़ी बातें करने वालों को अमोघ बाण-सी लगेगी । इसे पूरा उद्धृत करने की अनुमति दीजिए–

आदमी कहाँ से कहाँ पहुँच गया
आज ऐसी कोई बीमारी नहीं जिसकी दवा न हो
जल्दी ही ऐसी तरकीब आ रही है कि आदमी कभी मरे ही नहीं
और अगर मर भी जाए तो हू ब हू वैसा ही आदमी फिर बन जाए

सामने वाली सीट पर बैठे आदमी ने जोर की साँस ली और बोला–
हमको तो बस साफ पानी चाहिए भाई जी !

यह कविता भी देश-दशा पर ही प्रकाश डालती है । बातें बड़ी-बड़ी की जाती हैं, पर गाँवों और ऊँचे पहाड़ी इलाकों की कौन कहे, सरकार नगरों को भी पेय जल मुहैया नहीं करा पाती । नागार्जुन ने एक बार पंचवर्षीय योजना का बजट देखकर एक कविता में लिखा था :

कैसी लगती है यह पंचवर्षीय योजना ?
हिडिंबा की हिचकी, सुरसा की जम्हाई ।

दूसरी कविता ठीक उसके बाद की है, जिसमें एक बेचारा यात्री रेल से सफर कर रहा था और बैठने के लिए जगह तलाश रहा था । पुरकस भीड़ थी, लेकिन एक आदमी एक पूरा बर्थ छेंके हुए था । वह यात्री जब उसकी बगल में बैठा, तो उसने मना किया कि उधर फटी हुई पन्नी में दूध है; जब वह दूसरी तरफ बैठने लगा, तो उसने कहा कि इधर चूड़ी का डब्बा है । जब हारकर उसने उसे अपना पैर समेटने के लिए कहा, जिससे कि जगह बन जाए, तो वह बोला—नीचे पैरों के बीच में मुर्गा है । जरा भी हिल-डोल हुआ कि गया । मेरे पाँव समेटने से जगह तो बन जाएगी, पर मुझे सौ का धक्का लग जाएगा । विवश होकर वह यात्री दूसरी तरफ चला गया । इस पर कवि कहता है—'कुकड़ूँ कूँ...'। वह किसे चिढ़ाता है ? पहले तो ऐसा लगता है कि वह उस यात्री को चिढ़ा रहा है, पर उसका लक्ष्य मुर्गा वाला यात्री है । प्रेमचंद ने ठीक लिखा है कि चोट पड़ती है ताँत पर और धुनती है रुई । ऐसी ही एक बहुत चुभती हुई कविता है 'हिचक', जिसे भी पूरा देखिए—

जिसने सच-सच कह दी अपनी कहानी
उसे कैसे कहूँ कि इसे सजाकर लिखो ।
जिसके पास कुछ नहीं सिवा इस देह के
उसे कैसे कहूँ आज बाजार का दिन है ।
जो खो चुका है घर-परिवार
उसे कैसे कहूँ पानी उबालकर पियो ।

इस कविता को आत्मपरक नहीं, बल्कि वस्तुपरक समझना चाहिए । हम बिना कुछ समझे-बूझे लोगों को मशविरा देने में उस्ताद हैं । इसमें अरुणजी ने ऐसे लोगों की अच्छी खबर ली है । ऊपर उनकी कई ऐसी छोटी कविताओं का जिक्र किया गया है, जो चित्र-मात्र हैं और जिनसे स्वयं किसी न किसी प्रकार की व्यंजना होती है । एक वैसी कविता और, जिसमें व्यंग्य संघर्ष है :

धरना से वापस घर लौट रहा था
एक बाप और बेटा उँगली पकड़े,
झंडा था छड़ी में लपेटा हुआ कंधे पर
और अभी भी सीने पर टँका था बिल्ला,
शाम हो रही थी भीड़ थी जगमग बाजार था

चुपचाप चला जा रहा था एकटक ताकता आगे
धरना से वापस घर, एक बाप एक बेटा ।

इस संग्रह की भी ढेर सारी कविताएँ असफल हैं । हम पहली ही कविता को लें । जनगणना में एक व्यक्ति के छूट जाने से कोई फर्क नहीं पड़ता, लेकिन पूरी कविता उसी बात को ध्यान में रखकर लिखी गई है । इसका छूटा हुआ व्यक्ति शंख–महाशंख का प्रतिनिधित्व करने में असमर्थ है । यदि वह समर्थ होता, तो कविता सफल होती । एक बात यह भी है कि जनगणना में शंख–महाशंख आबादी छूट जाए, यह असंभव है । 'निर्बल के गीत' की दूसरी कविता सिर्फ 'याद' की जगह 'याददाश्त' शब्द का प्रयोग करने से अपना असर नहीं छोड़ पाती । ऐसे ही अपने तीसरे संग्रह की 'जीवन का चौथाई' शीर्षक गद्य–कविता में कवि ने एक जगह अमलतास का रंग पीला के बदले लाल बतलाया है । वसंत में पटने में गुलमुहर के साथ अमलतास की बहार रहती है । यदि कवि उसे स्वयं नहीं पहचानता, तो उसे निराला की ये पंक्तियाँ तो याद रहनी चाहिए थीं : 'हेम–हार पहने अमलतास;/हँसता रक्तांबर वर पलास' । 'दूसरा आँगन' शीर्षक कविता की पहली कविता सांप्रदायिक हत्या पर आधारित है । बड़े से बड़े दंगे में भी कोई मित्र बनकर 'विधर्मी' के घर नहीं जाता, उसकी हत्या करने की नीयत से और न उसे अपने जैसा पाकर जाग्रत् विवेक से चाकू अपनी आस्तीन में खोंसकर दबे पाँव बाहर आ जाता है। 'एक पुराना गान' शीर्षक कविता का अंत वक्तृत्व से हुआ है। अफसोस कि कवि उसे कविता में तब्दील करने में सक्षम नहीं सिद्ध हुआ। 'संधि–पत्र' शीर्षक कविता में उसने यह कहकर कि 'उधर है हृदय, इधर निष्ठुरता/कैसा तमाशा/उधर मर्म इधर हिंसा', कविता का भाष्य कर दिया है। जब वह करने के लिए हम हैं ही, तो फिर उन्होंने ऐसा क्यों किया? तब हम क्या करेंगे?

इस लेख का अंत मैं अरुणजी के ही कुछ शब्दों से करना चाहूँगा, जिनमें उन्होंने कहा है—

सबसे सुंदर अर्धाली कविता की
शहद की बूँद
यह मत पूछो किस फूल का है यह शहद
यह बस है
जीवन–छत्ते से स्रवित शहद–बूँद डंकभरी

मुक्तिबोध ने भी कहा है कि हमारा व्यक्तित्व मधुमक्खी की तरह होना चाहिए, जिसमें शहद भी होता है और डंक भी । मित्रों के लिए शहद और शत्रुओं के लिए डंक ।

●●●